建筑产业互联网研究与实践探索

JIANZHU CHANYE HULIANWANG YANJIU YU SHIJIAN TANSUO

出　　品　中建电子商务有限责任公司
主　　编　陶　锋
执行主编　张江波

图书在版编目(CIP)数据

建筑产业互联网研究与实践探索 / 中建电子商务有限责任公司出品;张江波执行主编;陶锋主编. 西安:西安交通大学出版社,2024.7. — ISBN 978-7-5693-3898-0

Ⅰ. F426.9-39

中国国家版本馆 CIP 数据核字 20240L4U97 号

书　　名 建筑产业互联网研究与实践探索
出　　品 中建电子商务有限责任公司
主　　编 陶　锋
执行主编 张江波
策划编辑 祝翠华
责任编辑 韦鸽鸽　赵化冰
责任校对 刘莉萍
封面设计 任加盟

出版发行 西安交通大学出版社
(西安市兴庆南路1号　邮政编码 710048)
网　　址 http://www.xjtupress.com
电　　话 (029)82668357　82667874(市场营销中心)
(029)82668315(总编办)
传　　真 (029)82668280
印　　刷 陕西天意印务有限责任公司

开　　本 787 mm×1092 mm　1/16　**印张** 16.75　**字数** 344 千字
版次印次 2024 年 7 月第 1 版　2024 年 7 月第 1 次印刷
书　　号 ISBN 978-7-5693-3898-0
定　　价 98.00 元

如发现印装质量问题,请与本社市场营销中心联系。
订购热线:(029)82665248　(029)82667874
投稿热线:(029)82665249
读者信箱:2773567125@qq.com

《建筑产业互联网研究与实践探索》编委会

前言

在数字经济时代的大潮中，各行各业正经历着前所未有的变革与重塑，建筑业亦不例外。作为国民经济的支柱产业，建筑业不仅承载着基础设施建设的重任，更是推动经济社会发展的重要引擎。然而，传统建筑业长期面临着效率低下、资源浪费、信息不对称等诸多挑战，亟须通过数字化转型来破解发展难题，实现高质量发展。正是在这样的背景下，建筑产业互联网应运而生，成为引领建筑业转型升级的新引擎。

中建电子商务有限责任公司（以下简称中建电商），作为中国建筑集团有限公司在数字经济领域的先锋队，自成立以来便致力于将互联网、大数据、人工智能等先进技术与建筑业务深度融合，探索建筑产业互联网的新路径、新模式。我们深知，建筑产业互联网的发展不仅关乎企业自身的转型升级，更关乎整个建筑行业的未来走向。因此，我们始终站在行业前沿，积极投身建筑产业互联网的研究与实践，力求为行业的数字化转型贡献智慧和力量。

本书正是中建电商在多年探索与实践基础上的一次系统总结与成果展示。全书分为理论篇、实践篇和案例篇三大部分，旨在从理论到实践、从宏观到微观，全面剖析建筑产业互联网的内涵、价值、关键技术、实施路径、运营模式及成功案例，为行业发展提供有价值的参考与借鉴。

理论篇。我们首先从产业互联网的基础理论入手，阐述了产业互联网的概念起源与演进过程，辨析了产业互联网与工业互联网的关系，并明确了建筑产业互联网的定义与范畴。在此基础上，我们深入分析了建筑产业互联网的价值体系，揭示了其在提升产业效率、优化资源配置、推动创新发展等方面的巨大潜力。同时，我们还对建筑产业互联网的关键技术进行了概览，探讨了标准与规范的重要性，为后续的实践探索奠定了坚实的理论基础。

实践篇。我们结合国内外工业互联网及产业互联网的发展实践，深入剖析了国内建筑产业互联网的实施路径与建设现状。通过对工业互联网平台的介绍、体系架构的解析以及五大关键技术的阐述，我们展示了工业互联网在建筑产业中的广泛应用与深远影响。同时，我们还专门探讨了建筑产业互联网的技术方案与运营模式，通过对案例的分析，为行业提供可复制、可推广的经验与模式。

案例篇。我们精心选取了政府级、行业级、企业级和项目级四个层面的典型案例，通过翔实的数据、生动的叙述和深入的分析，展示了建筑产业互联网在不同场景下的应用成效与价值创造。这些案例不仅涵盖了从顶层设计到具体实施的全过程，还涉及从技术创新到模式创新的多个维度，提供了丰富的学习素材与灵感来源。

我们深知建筑产业互联网的发展任重而道远。未来，我们将继续秉承开放合作、创新发展的理念，加强与产业链上下游企业的合作与交流，共同推动建筑产业互联网的持续健康发展。同时，我们也期待更多的行业同仁加入这一行列，共同探索建筑产业互联网的新领域、新机遇，携手开创建筑业数字化转型的美好未来。

最后，我们要感谢所有为本书撰写提供支持与帮助的同事、专家及合作伙伴。正是有你们的智慧与力量，本书才得以顺利完成。我们也期待本书的出版能够为建筑产业互联网的发展贡献一分力量，为行业的转型升级注入新的活力与动力。

中建电子商务有限责任公司
2024 年 6 月

目录

CONTENTS

理论篇

第一章　产业互联网基础理论……………………………………………………… 1

第一节　产业互联网概念的起源与演进 ………………………………………… 3

第二节　产业互联网与工业互联网辨析 ………………………………………… 8

第三节　产业互联网与其他概念的区别………………………………………… 10

第二章　建筑产业互联网理论框架 ……………………………………………… 13

第一节　建筑产业互联网的定义与范畴………………………………………… 13

第二节　建筑产业互联网价值体系……………………………………………… 15

第三节　建筑产业互联网关键技术概览………………………………………… 16

第四节　建筑产业互联网标准与规范…………………………………………… 17

实践篇

第三章　工业互联网的实践发展 ………………………………………………… 21

第一节　工业互联网是驱动制造业深刻变革与高质量发展的基石……………… 21

第二节　国内外工业互联网发展规划…………………………………………… 25

第三节　工业互联网平台………………………………………………………… 32

第四节　我国工业互联网的体系架构…………………………………………… 38

第五节　工业互联网五大关键技术……………………………………………… 42

第四章　国内外产业互联网发展概述…………………………………………… 46

第一节　美国和欧洲产业互联网发展…………………………………………… 46

第二节　国内产业互联网发展背景与机遇……………………………………… 54

第五章　建筑产业互联网实施路径 …………………………………………………… 62
第一节　建筑产业互联网建设……………………………………………………… 62
第二节　建筑产业互联网建设现状………………………………………………… 75

第六章　建筑产业互联网技术方案 …………………………………………………… 94
第一节　技术方案详解……………………………………………………………… 94
第二节　关键技术…………………………………………………………………… 97

第七章　建筑产业互联网运营模式 ………………………………………………… 104
第一节　运营模式探索 …………………………………………………………… 104
第二节　成功案例分析 …………………………………………………………… 108

第八章　建筑产业互联网标准体系 ………………………………………………… 111
第一节　标准体系构建 …………………………………………………………… 111
第二节　面临的挑战与对策以及未来趋势 ……………………………………… 114

案例篇

第九章　政府级案例………………………………………………………………… 119
第十章　行业级案例………………………………………………………………… 136
第十一章　企业级案例……………………………………………………………… 189
第十二章　项目级案例……………………………………………………………… 207

理论篇

第一章 产业互联网基础理论

第一节　产业互联网概念的起源与演进

产业互联网的概念，其根源可追溯至消费互联网的成熟与发展。随着互联网技术的不断进步和应用领域的广泛拓展，人们开始探索如何将互联网的力量深入融入传统产业，以推动产业的转型升级和效率提升。产业互联网作为一种新的经济形态，最早由美国通用电气公司(GENERAL ELECTRIC COMPANY;GE)提出，当时更多地被理解为工业互联网，即利用互联网、大数据、云计算等先进技术，优化和重构传统工业的生产制造和服务模式。

在国内，腾讯公司董事长马化腾于2015年首次明确提出"产业互联网"的概念，强调在消费互联网已经取得显著成就的基础上，应进一步拥抱产业互联网，推动互联网与实体经济的深度融合。这一观点的提出，迅速得到了业界的广泛关注和积极响应，产业互联网开始成为继消费互联网之后的新一轮创业和投资热点。

一、产业互联网的发展历程

产业互联网的发展历程，大致可以划分为以下几个阶段。

1. 萌芽阶段

在互联网技术初步普及和应用阶段，一些前瞻性的企业开始尝试将互联网技术引入传统产业，以提高生产效率和管理水平。这一时期的探索虽然零星且不成体系，但为产业互联网的后续发展奠定了基础。

2. 探索阶段

随着互联网技术的不断成熟和应用场景的日益丰富，越来越多的企业开始系统性地探索产业互联网的发展路径。这一阶段，企业主要聚焦于如何利用互联网技术优化内部流程、提升运营效率，并着手尝试与外部合作伙伴构建数字化连接。

3. 快速发展阶段

随着政策环境的不断优化和市场需求的持续释放，产业互联网进入快速发展的阶段。

在这一时期，各类产业互联网平台如雨后春笋般涌现，覆盖了制造业、农业、服务业等多个领域。这些平台通过提供数字化解决方案和服务，帮助传统产业实现转型升级和效率提升。

4.深度融合阶段

当前，产业互联网正逐步进入深度融合阶段。在这一阶段，互联网技术与传统产业的融合变得更为紧密，其应用已不仅仅局限于优化内部流程及提升运营效率，而是进一步渗透至产品设计、生产制造、营销服务等各个环节。同时，产业互联网还开始与智慧城市、数字政府等领域相结合，推动社会治理体系和治理能力的现代化。

在产业互联网的发展历程中，有几个里程碑式的重要事件值得特别关注：首先，产业互联网概念的提出，为产业互联网的发展指明了方向。其次，工业互联网平台的兴起，为传统产业提供了更加便捷、高效的数字化解决方案和服务。这些平台通过整合产业链上下游资源，实现了信息共享和业务协同，推动了传统产业的转型升级和效率提升。再次，政策环境的不断优化，近年来，国家层面出台了一系列支持产业互联网发展的政策措施，为产业互联网的发展提供了有力的政策保障。这些政策涵盖了技术创新、标准制定、人才培养等多个方面，为产业互联网的持续健康发展奠定了坚实基础。

二、工业互联网的源起与产业互联网的深化探索

在数字化的浪潮中，产业互联网作为一个新兴概念，正逐步成为推动全球经济转型升级的重要力量。然而，由于业界对产业互联网与工业互联网界限的模糊认知，使得这一“新兴领域”在初期显得尤为神秘且难以把握。实际上，产业互联网的概念深深植根于工业互联网的土壤之中，两者既相互关联又各具特色，共同绘制出一幅产业互联互通的宏伟蓝图。

1.工业互联网的萌芽与成长

工业互联网的兴起，可以追溯至21世纪初科技界对于信息技术与实体经济深度融合的深刻洞察。2006年，美国国家科学基金会（NATIONAL SCIENCE FOUNDATION，UNITED STATES；NSF）提出的“赛博物理系统”（Cyber－Physical System；CPS）这一概念，为工业互联网的诞生奠定了理论基础。CPS强调网络空间中的通信、计算和控制与实体系统在全尺度上的深度融合，这一理念预示着互联网将不再局限于虚拟世界的交互，而是将触角延伸至物理世界，改变了人类的生产生活方式。

2012年，美国通用电气公司发布的工业互联网白皮书 *Industrial Internet：Pushing the Boundaries of Minds and Machines*，犹如一颗石子投入平静的湖面，在工业互联网领域激起了层层涟漪。在这份具有里程碑意义的文件中，GE首次明确提出“工业互联网”的概念，时任GE董事长兼首席执行官的杰夫·伊梅尔特以其前瞻性的视野指出：互联网已

经深刻改变了我们利用信息和沟通的方式，而现在，它还能做更多。通过智能机器间的连接，最终实现人机融合，结合先进的软件和大数据分析技术，我们将能够突破物理和材料科学的限制，彻底改变世界的运行方式。

工业互联网的提出，标志着互联网概念的一次重大飞跃。互联网不再局限于消费领域的娱乐、社交和购物，而是深入工业生产的每一个环节，通过数字化、网络化、智能化手段提升生产效率、优化资源配置、促进产业创新。在工业互联网中，连接对象从消费者转变为工业设备、生产线乃至整个工厂，使用者也从个人用户扩展至企业用户，使用场景更是涵盖了从原材料采购、生产制造到产品服务的全生命周期。

值得注意的是，虽然工业互联网在英文中统一表述为“Industrial Internet”，但这一术语在中文语境下却引发了关于“工业”与“产业”界线的讨论。事实上，从 GE 白皮书的内容来看，其涉及的领域远不止电力、石油、天然气等传统工业部门，还包括航空、医疗、铁路等领域。因此，将“Industrial Internet”翻译为“产业互联网”在某种意义上也是贴切的，它更加全面地涵盖了工业互联网在推动跨行业、跨领域的互联互通。

2. 从工业互联网到产业互联网的深化

进入 21 世纪第二个十年，随着技术的不断进步和应用场景的持续拓展，人们逐渐意识到互联网的力量远不止于此。一些具有前瞻眼光的互联网公司开始积极探索互联网在生产制造、供应链管理、金融服务等领域的巨大潜力，产业互联网的概念应运而生。与消费互联网聚焦于个人用户的生活娱乐不同，产业互联网的服务对象是企业，其核心目标是帮助企业实现“降本增效”，提升整体竞争力。

在国内，腾讯被视为最早明确提出并拥抱产业互联网的企业之一。2018 年，腾讯宣布进行战略升级和组织机构调整，组建云与智慧产业事业群（CLOUD AND SMART INDUSTRIES GROUP；CSIG），标志着这家以社交、游戏等 To C 业务见长的互联网巨头正式进军 To B 市场。马化腾在公开信中强调：“没有产业互联网支撑的消费互联网，只会是一个空中楼阁。……接下来，腾讯将扎根消费互联网，同时积极拥抱产业互联网。”这一战略转型不仅体现了腾讯对于未来发展趋势的敏锐洞察，也引发了业界对于产业互联网价值的广泛讨论和深刻思考。

与此同时，阿里巴巴等互联网企业也积极在产业互联网领域扩大其影响力。阿里巴巴通过升级阿里云事业群为阿里云智能事业群，加大对技术、智能互联网领域的投入和建设力度，旨在促进云计算、大数据、人工智能等先进技术赋能传统产业的转型升级。这些举措不仅推动了企业自身业务的多元化发展，也为整个产业互联网的生态构建注入了新的活力。

三、产业互联网的内涵与特征

产业互联网作为互联网与产业深度融合的产物，自 2014 年起在中国逐渐受到关注。

在中国互联网协会(INTERNET SOCIETY OF CHINA;ISC)等机构的推动下,产业互联网大会相继召开,成为探讨产业发展新趋势的重要平台。工信部电子情报研究所等国家机构也积极发起成立产业互联网发展联盟,旨在推动产业互联网的健康发展。

腾讯等互联网巨头企业更是将产业互联网视为未来发展的重要方向之一。腾讯在2018年明确提出:扎根消费互联网,拥抱产业互联网的战略转型,进一步提升了产业互联网的热度。与工业互联网侧重于制造业不同,产业互联网更强调企业服务范围的全面性,旨在通过数字化手段提升整体产业效率与竞争力。

产业互联网作为互联网与实体经济深度融合的产物,其内涵丰富而深远。从广义上讲,产业互联网是指通过互联网、大数据、云计算、人工智能等现代信息技术手段对传统产业进行全方位、全链条的改造升级,实现产业内部的互联互通和产业间的协同共生。这一过程不仅涉及生产方式的变革和生产效率的提升,还包括商业模式的创新和服务模式的优化等多个方面。

具体来说,产业互联网具有以下几个显著特征。

1.跨行业融合

产业互联网打破了传统产业的壁垒,推动了不同行业的交叉融合与协同创新。通过构建开放共享的产业互联网平台,实现资源的高效配置和价值链的重构优化。

2.数据驱动决策

在产业互联网时代,数据已成为企业决策的重要依据。通过收集、分析和利用海量数据资源,企业能够更精准地把握市场需求的变化、优化生产流程,并提升产品质量和服务水平。

3.智能化升级

人工智能、物联网等先进技术的应用使得生产制造过程更加智能化、自动化。通过引入智能设备和系统,实现了对生产过程的实时监控和动态调整,提高了生产效率和调整的灵活性,降低了运营成本。

4.个性化定制

产业互联网使企业能够更加有效地满足消费者的个性化需求。通过构建以用户为核心的价值创造体系,企业能够实现产品的个性化设计和定制化生产,从而提高用户的体验感和提升用户的忠诚度。

5.生态化协同

产业互联网强调产业生态的构建与协同共生。搭建开放合作的产业互联网平台,可以吸引产业链上下游企业共同参与,形成互利共赢的生态系统,推动整个产业的健康可持续发展。

四、与产业互联网相关的概念发展

1. 物联网的崛起与演进

自21世纪以来，随着科技的飞速发展，物联网(internet of things;IoT)作为一股新兴力量迅速崛起，与产业互联网并驾齐驱，共同塑造着数字时代的新格局。物联网的萌芽可追溯至20世纪60年代的越南战争，美军首次将传感器网络应用于战场监控，这一实践为物联网的诞生奠定了初步基础。

进入80年代，美国卡内基梅隆大学的大卫·尼科尔斯教授团队发明了世界上第一台远程监控自动可乐机，这一创举标志着物联网设备雏形的初现。然而，物联网概念的正式提出，则要归功于美国科学家凯文·艾什顿(Kevin Ashton)教授。1999年他在宝洁公司工作期间，为解决供应链管理中物品信息追踪难的问题，首次提出了“物联网”这一概念。

随着无线通信技术、嵌入式系统技术和互联网技术的飞速进步，物联网技术已逐渐从理论构想迈向了广泛应用。2005年，国际电信联盟(INTERNATIONAL TELECOMMUNICATION UNION;ITU)在《ITU互联网报告2005:物联网》中正式定义了物联网，并展望了其广阔的应用前景。自此，物联网技术如雨后春笋般在全球范围内蓬勃发展，已渗透到智能家居、智能交通、智能医疗、智能工业等多个领域，开启了万物互联的新时代。

从连接对象的角度审视，物联网的兴起促使互联网被划分为人联网与物联网两大阵营。值得注意的是，尽管产业互联网广泛运用物联网技术，但二者并不等同。产业互联网侧重于互联网技术与具体产业的深度融合，而物联网则更加关注物理世界与数字世界的无缝连接。

2. “互联网+”的兴起与影响

“互联网+”这一理念，自2012年被易观国际董事长于扬首次提出以来，迅速成为社会各界的热门话题。于扬在演讲中强调，互联网应成为改造传统行业和服务的强大力量，这一观点深刻影响了后续的技术发展与社会变革。

“互联网+”不仅仅是一个简单的加法概念，它代表着一种全新的生产、销售、消费模式，旨在通过互联网的连接能力，打破行业壁垒，促进跨界融合与创新发展。在《国务院关于积极推进“互联网+”行动的指导意见》中，明确提出了推动互联网与制造业深度融合的目标，旨在提升制造业的数字化、网络化、智能化水平，构建基于互联网的协同制造新模式。

与产业互联网相比，“互联网+”更注重连接的广泛性和普遍性，而产业互联网则强调互联网技术与产业内部的深度融合与改造。二者虽有所区别，但共同推动着数字经济的蓬勃发展。

3. 工业互联网平台的构建与价值

工业互联网平台作为实现万物互联和智能制造的关键基础设施，其核心在于将人、机器与数据紧密相连，形成高效协同的生产体系。优秀的工业互联网平台不仅能够提供一站式的数字化解决方案，还能根据企业的需求提供个性化服务支撑，整体优化企业制造流程，为决策提供有力的数据支持。

工业互联网平台具有多重特点：首先，它是对传统工业云平台的迭代升级，通过叠加制造能力开放、知识经验复用等功能，显著提升了工业知识的生产效率与利用价值；其次，它类似于新工业体系的“操作系统”，支撑工业智能化应用的快速开发与部署；最后，它还是资源集聚共享的有效载体，推动信息、资金、人才等要素在云端汇聚融合，形成社会化的协同生产模式。

第二节　产业互联网与工业互联网辨析

工业互联网与产业互联网作为信息技术与实体经济深度融合的产物，各自承载着推动产业升级转型的重要使命。工业互联网侧重于工业领域的数字化、网络化、智能化改造；而产业互联网则在此基础上进一步拓展至更广泛的产业领域，实现跨行业、跨领域的互联互通与协同共生。两者相辅相成，共同绘制出一幅产业互联互通的宏伟蓝图，为全球经济的高质量发展注入新的动力与活力。在未来的发展中我们有理由相信，随着技术的不断进步和应用场景的持续拓展，工业互联网与产业互联网将迎来更加广阔的发展空间和更加美好的发展前景。

一、概念与特点

工业互联网和产业互联网在概念和应用上存在一些关键的区别，尽管它们在某些方面有重叠之处，但各自侧重的领域和目标并不相同。

1. 工业互联网

工业互联网是一种将物联网、大数据、云计算、人工智能等先进技术应用于工业生产领域的综合性技术体系。其核心在于通过技术手段实现工业设备的互联互通、信息共享和智能协同，进而提升生产效率和产品质量，推动工业生产的智能化和自动化进程。工业互联网主要聚焦于工业领域的数字化转型和智能化升级，重点在于提高生产效率和产品质量，通过自动化和智能化手段减少人工干预，降低生产成本，并推动工业生产的灵活性和创新性。

工业互联网的特点包括以下内容。

(1)技术深度融合。

工业互联网不仅仅是单一技术的应用，而是多种先进技术的深度融合。例如，物联网技术用于设备连接和数据采集，大数据技术用于数据分析和处理，云计算技术用于资源共享和管理，人工智能技术用于实现生产过程的自动化和智能化。

(2)生产流程优化。

工业互联网通过对生产全过程的实时监控和数据分析,能够及时发现生产中存在的问题并进行优化调整。这种优化不仅限于单个环节,而是贯穿整个生产流程,可以使从原材料采购到成品出厂的每一个环节都得到提升。

(3)灵活性与创新性。

工业互联网的应用使得工业生产更加灵活和智能。企业可以根据市场需求快速调整生产计划,实现定制化生产。同时,通过引入新技术和新工艺,可以推动产品和服务的持续创新。

(4)安全性与可靠性。

工业互联网注重数据和网络的安全性,采用多层次的安全防护体系和标准化的安全协议,确保生产过程和数据的安全性。这对于维护企业的商业秘密和客户隐私至关重要。

2. 产业互联网

产业互联网是一个更为宽泛的概念,它基于互联网技术和生态,对各个垂直产业的产业链和内部价值链进行重塑和改造。产业互联网不仅限于工业领域,还涵盖农业、服务业等多个行业。它利用信息技术与互联网平台,实现互联网与传统产业的深度融合,从而提升产业的整体效率和竞争力。

产业互联网的主要特点包括以下几点。

(1)跨行业应用。

与工业互联网主要聚焦于工业领域不同,产业互联网的应用范围更加广泛,涵盖农业、制造业、服务业等多个垂直领域。它通过对不同产业的数字化改造,推动整个产业链的升级和转型。

(2)多元化应用模式。

产业互联网的应用模式多种多样,包括但不限于交易平台、增信融资平台、智能制造平台、物流交付平台和服务业重构平台等。这些平台通过提供不同的服务和功能,来满足企业和消费者的多元化需求。

(3)生态化构建。

产业互联网强调产业生态的构建与协同共生,通过搭建开放合作的产业互联网平台,吸引产业链上下游企业共同参与,形成互利共赢的生态系统。这种生态化的构建有助于提升整个产业的竞争力和可持续发展能力。

(4)服务化转型。

随着产业互联网的深入发展,越来越多的传统企业开始向服务化转型。它们不再仅仅关注产品的生产和销售,而是更加注重提供全方位的服务解决方案,以满足客户不断变化的需求。

3. 区别总结

(1)聚焦领域。

工业互联网主要聚焦于工业领域的数字化转型和智能化升级;而产业互联网则涵盖更广泛的垂直领域,包括农业、服务业等,推动整个产业链的升级和转型。

(2)核心目标。

工业互联网的核心在于提高生产效率和产品质量,推动工业生产的智能化和自动化进程;而产业互联网则更侧重于提升整个产业的效率和竞争力,推动传统产业的转型升级和服务化转型。

(3)应用模式。

工业互联网的应用主要围绕工业生产的过程展开,包括设备互联、数据分析、智能控制等;而产业互联网的应用模式则更加多元化,包括交易平台、融资服务、智能制造、物流配送等多个方面。

(4)生态构建。

虽然两者都强调生态的重要性,但工业互联网的生态更多关注于工业设备和系统的互联与协同;而产业互联网的生态则更加广泛,涵盖整个产业链上下游企业的合作与共生。

综上所述,工业互联网和产业互联网在概念和应用上虽各有侧重,但两者都是推动产业转型升级、提升效率和质量的重要力量。

第三节　产业互联网与其他概念的区别

一、产业互联网与供应链创新

产业互联网与供应链关系密切。从概念上讲,供应链是指由供应商、制造商、仓库、配送中心和渠道商等构成的物流网络,经过几十年的发展,随着互联网技术的应用推动了供应链管理的创新。供应链创新的核心是在供应链的各个环节充分运用互联网、物联网等新技术,从而提升供应链的效率,降低供应链的成本。

产业互联网的核心虽然也是围绕供应链的效率提升、成本降低,但是更强调从全产业的供应链角度,通过互联网、大数据等技术手段,构筑更加完善、更加广泛的产业服务体系。产业互联网强调构建服务的基础设施,强调服务创造价值,通过整合资源、共享资源和服务,从而实现生产方式(智能制造)、服务方式(共享服务)、价值创造(合作共赢)等多方面的转型发展。

二、产业互联网与消费互联网

消费互联网时代的主角是百度、阿里巴巴、腾讯等企业,它们分别在搜索、电商和社交等领域取得了令人瞩目的发展。消费互联网时代是以"眼球经济"为主的商业模式,极大地冲击了传统的零售业、娱乐业等,并逐步渗透到人们的衣、食、住、行等方方面面。但消费互联网的触角主要集中在线上和个人消费者,难以有效解决线下实体产业优化、产品服务附加值提升、生产效率提高等核心问题。因此,2016 年阿里巴巴率先提出"新零售"概念,强调"线上服务、线下体验以及现代物流进行深度融合的零售新模式",开启从消费端往产业端的改革推进。腾讯也在 2018 年 9 月发布公司转型产业互联网的重大战略调整:"互联网的下半场属于产业互联网。上半场腾讯通过连接为用户提供优质的服务,下半场我们将在此基础上,助力产业与消费者形成更具开放性的新型连接生态。"

产业互联网更多关注于产业链供给侧的制造商和服务商,通过互联网技术对冗长而分散的产业链进行整合优化,去掉传统产业链的不增值环节,推动产业链中介环节向增值服务商转化,实现对产业链生产关系的改造优化和生产力的赋能提升。产业互联网需要更加专业的行业积累和对产业的深刻洞察与业务理解,因此很难出现百度、阿里巴巴和腾讯三分天下的局面,在每个垂直产业领域都有可能出现产业互联网的平台型企业。

综上,消费互联网和产业互联网最终将走向打通融合,实现从源头到终端的全产业链优化。目前的大部分产业互联网平台解决的依然是局部的产业链优化,而产业链打通连接的环节越多,其所创造的价值也越大。产业链越是冗长、分散和复杂,通过建立产业互联网平台所带来的价值提升空间也越大。

三、产业互联网与电子商务

电子商务是指通过使用互联网等电子工具,以计算机网络为基础,所进行的各种贸易活动,这些活动主要围绕商业活动中的买卖和交易环节展开。在企业对顾客电子商务(business to customer;B2C)中,由于线上交易平台所带来的便利性获得消费者的极大认可。然而在传统的企业对企业电子商务(business to business;B2B)业务中,由于产业上下游都有相对稳定的供应商和客户群体,销售过程复杂,仅提供线上交易平台很难满足企业(business)端客户的要求,必须考虑其他增值服务,以形成足够的吸引力,从而推动电商平台逐渐向产业互联网的综合服务平台升级。因此,产业互联网是从交易到生产、流通、金融等衍生的生产服务环节的综合服务化升级,最终形成产业链集成服务体系。

四、产业互联网与企业互联网

企业互联网是通过在企业内部研发、生产、销售各个环节的信息化和新技术应用,从而达到优化流程、提升效率、降低成本的目的。而产业互联网则是跳出企业局限,站在整个产业链的更大格局和视野上,进行价值链的优化和资源的整合,以推动整个产业链的优化升级。

企业互联网是产业互联网的基础,同时也是核心企业转型为产业互联网过程中所积累的赋能能力的体现。在产业互联网中，核心企业的优势领域所构建的信息系统，有潜力成为产业互联网的基础系统；同时，产业链中的企业内部互联网都将与产业互联网平台相连接，并逐步实现融合。

五、产业互联网与行业互联网

行业互联网是指按生产同类产品或具有相同工艺过程，或提供同类劳动服务划分的经济活动，以实现行业全面或部分互联网化的过程，比如服装行业的互联网化、物流行业的互联网化、金融行业的互联网化等。而产业互联网是由利益相互联系的、具有不同分工的、由各个相关行业共同构建的生态体系，它代表了行业互联网的跨界融合与协作。尽管行业间的经营方式、经营形态、企业模式和流通环节有所不同，但是，它们的经营对象和经营范围是围绕着共同的产品和服务需求的满足而展开的，由此形成一个完整的产业生态圈。

六、产业互联网与工业互联网

工业互联网指支撑制造业数字化、网络化、智能化发展的集成化技术平台，帮助制造业实现智能化生产、网络化协同、个性化定制和服务化延伸。

1. 两者的区别

产业互联网包含第一、第二、第三产业；工业互联网主要针对工业和制造业。产业互联网强调通过“商业模式创新＋利益机制优化”模式进行整个产业的重新分工和要素重组，实现产业链上下游大、中、小企业融合发展；工业互联网则更多关注制造企业本身的智能制造和转型提升。

2. 两者的联系

对于制造业的转型升级而言，工业互联网构成了产业互联网的基础与前提。行业内的骨干企业唯有通过工业互联网的数字化、网络化、智能化改造，构建并强化其内部核心能力，方有可能进一步将平台能力开放化，进而转型升级为面向整个行业的赋能与共享服务平台。

建筑产业互联网理论框架

第一节　建筑产业互联网的定义与范畴

一、建筑产业互联网的概念

目前，建筑产业互联网尚未形成统一的定义，本书认为，建筑产业互联网平台是一种新兴的平台＋产业生态体系载体，旨在服务建筑产业发展，通过将物联网、大数据、人工智能、云计算等信息技术与建筑产业相融合，对建筑全流程、全要素（包括数字、绿色、产业、科技、资本）进行采集与深入分析，以实现上下游产业间的紧密协作、不同产业链间的协同发展，以及产品全生命周期的互联互通。这一过程旨在重新塑造整个行业的分工格局，促进资源的优化配置与重组，进而提升建筑产业的总体价值，推动行业实现高质量发展。建筑产业互联网平台的内涵如图 2－1 所示。

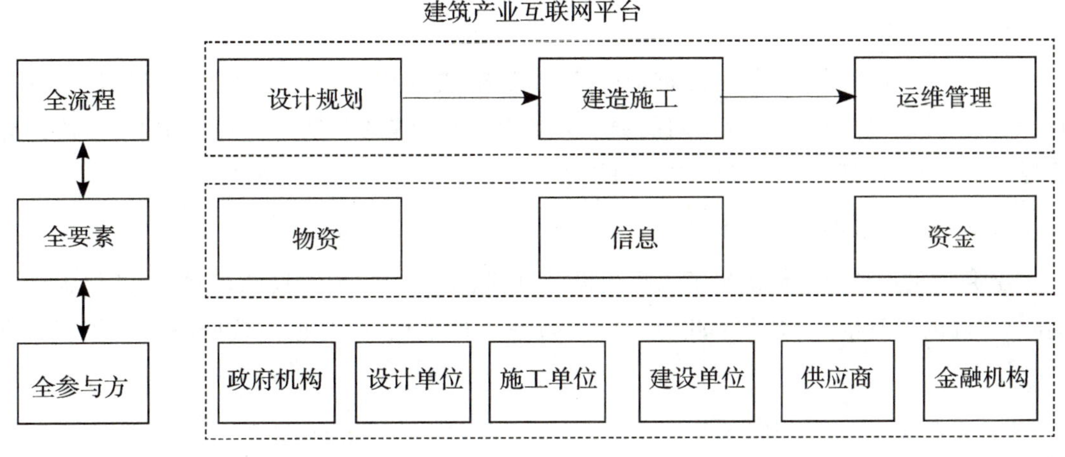

图 2－1　建筑产业互联网平台的内涵

建筑产业互联网以服务建筑产业发展为最终目的，是推动建筑产业数字化转型的关键基石。它通过集成先进的信息通信技术，实现数据的实时收集、处理和分析，从而优化生产建设流程，提升效率，降低成本，并促进企业间的协同与创新。建筑产业互联网的应用，不仅使企业能够快速响应市场变化，而且通过构建数字化的供应链和价值链，可以加强企业之间的互动，推动整个产业生态的智能化和互联互通。因此，建筑产业互联网对于加速传统产业的数字化进程，实现产业的升级和可持续发展具有不可替代的作用。

二、建筑产业互联网的价值

建筑产业互联网是建筑业数字化转型的核心驱动力与重要抓手，能够从多个维度显著提升建筑行业的整体水平。

1.促进生产效率和管理水平的提升

建筑产业互联网平台通过集成先进的信息技术，如建筑信息模型(building information mode;BIM)、云计算、大数据分析等，实现设计、施工、运维等各环节的数字化管理，极大提高了工程项目的管理效率和建筑质量，有效降低了资源浪费和建设成本。

2.助力中小企业数字化转型

建筑产业互联网平台可以为中小企业提供全方位的数字化服务，包括市场信息、技术支持、管理经验等，帮助这些企业突破传统管理模式的局限，加快数字化转型的步伐，提升市场竞争力。

3.推动产业链整合与协同发展

建筑产业互联网平台通过整合上下游企业的资源，打通设计、施工、材料供应、运维服务等环节，促进产业链各环节的协同合作，实现资源共享和优势互补，推动整个产业链的高效运转和价值最大化的实现。

4.创新生产组织模式

建筑产业互联网平台依托先进的数字化技术，能够推动建筑行业生产组织模式的创新，实现工程建设项目全生命周期的数字化管理，从传统的分散式管理向集成化、协同化管理转变，从而提高工程建设的质量和效率。

5.支撑政府监管和服务

建筑产业互联网平台集聚了工程建设全过程、全要素的数据资源，为政府部门提供了实时、准确的监管信息，提高了政府监管的效率和精准性，同时也为政府决策提供了数据支持。

6.推动行业高质量发展

建筑产业互联网平台借助数字化手段，积极推动建筑行业与新技术、新业态、新模式的深度融合，有力促进行业的创新发展，显著提升行业的整体竞争力，为建筑行业的高质量发展源源不断注入新动能。

第二节 建筑产业互联网价值体系

建筑产业互联网的价值体系是推动建筑产业转型升级、提升行业效率与竞争力的核心所在。这一价值体系通过深度融合信息技术与传统建筑业,构建起一个全新的产业生态,实现资源的高效配置与价值创造的最大化。

一、提升产业效率

建筑产业互联网通过数字化、网络化、智能化等手段,优化了建筑设计、施工、运营等各个环节的流程,显著提升了产业效率。例如,利用 BIM 技术,可以实现设计、施工、运维等全生命周期的信息集成与共享,减少设计变更,提高施工精度与效率;通过物联网技术,可以实时监控工地的现场情况,及时调整施工方案,确保工程的进度与质量。

二、降低成本与风险

建筑产业互联网的应用有助于降低建筑企业的运营成本与风险。通过对大数据的分析,企业可以精准预测市场需求、材料价格波动等趋势,制定更加合理的采购计划与成本控制策略;同时,利用智能合约、区块链等技术,可以增强合同执行的透明度与可信度,减少违约风险与纠纷成本。

三、促进创新与发展

建筑产业互联网为建筑业带来了前所未有的创新机遇。通过开放共享的平台模式,企业可以更容易地获取外部创新资源,加速新技术、新工艺、新材料的应用与推广;同时,基于互联网的协同设计模式,可以打破地域限制,促进设计理念的交流与碰撞,激发更多的创新灵感。

四、增强用户体验与满意度

建筑产业互联网不仅关注生产端的效率与成本,更重视消费端的用户体验与满意度。通过数字化手段,企业可以更加精准地把握用户需求,提供更加个性化、定制化的建筑产品与服务;同时,利用物联网、人工智能等技术,可以实现建筑设施的智能运维与管理,提高居住环境或工作环境的舒适度与安全性。

五、推动可持续发展

建筑产业互联网在推动建筑业可持续发展方面也发挥着重要的作用。通过绿色建筑、智慧城市等理念的应用与推广,可以减少能源消耗,降低环境污染,提高资源利用效率；同时，利用大数据、人工智能等技术手段，可以对建筑能耗进行实时监测与优化调控，为实现碳中和目标贡献力量。

综上，建筑产业互联网的价值体系涵盖提升产业效率、降低成本与风险、促进创新与发展、增强用户体验与满意度，以及推动可持续发展等多个方面。这一价值体系的实现离不开信息技术的不断创新与应用推广，同时也需要政府、企业、社会等各方的共同努力与合作。

第三节　建筑产业互联网关键技术概览

建筑产业互联网作为建筑业与信息技术深度融合的产物，其关键技术是推动整个产业转型升级和智能化发展的核心要素。建筑产业互联网关键技术包括以下几个方面。

一、建筑信息模型技术

建筑信息模型技术是建筑产业互联网的核心技术之一，它通过创建并维护一个包含丰富建筑信息的三维数字模型，实现建筑设计、施工、运维等全生命周期的信息集成与共享。BIM 技术不仅可以提高设计效率与精度，还可以促进各专业之间的协同工作，减少设计变更和冲突，能够为施工阶段的精确管理与运维阶段的智能维护提供基础数据支持。

二、物联网技术

物联网技术将各种智能设备、传感器等连接到互联网，实现数据的实时采集、传输与处理。在建筑产业互联网中，物联网技术被广泛应用于工地现场管理、智能建筑运维等领域。通过部署在施工现场的各类传感器，可以实时监控工程进度、质量、安全等关键指标，为项目管理者提供及时、准确的数据支持；而在智能建筑中，物联网技术则用于实现设备的远程监控、自动调节等功能，目的在于提高建筑的舒适度与能效。

三、大数据与云计算技术

大数据与云计算技术为建筑产业互联网提供了强大的数据处理与分析能力。通过收集建筑设计、施工、运维等全生命周期的海量数据，利用大数据分析技术挖掘数据背后的价值，为企业决策提供科学依据。同时，云计算技术为数据存储与处理提供了灵活、高效的解决方案，降低了企业的信息技术（information technology；IT）成本，提高了数据的安全性和可靠性。

四、人工智能技术

人工智能（artificial intelligence；AI）技术正在逐步渗透到建筑产业互联网的各个环

节。在设计阶段，AI技术可以辅助设计师进行方案优化与创意生成；在施工阶段，AI技术可以通过图像识别、自然语言处理等技术提高施工管理的智能化水平；在运维阶段，AI技术则可以实现设备的预测性维护、故障智能诊断等功能，从而提高运维效率与服务质量。

五、区块链技术

区块链技术以去中心化、不可篡改的特性，在建筑产业互联网中展现出巨大的应用潜力。通过区块链技术，可以实现合同、支付、证书等关键信息的透明化、可追溯化管理，降低信任成本，提高交易效率。同时，区块链技术还可被应用于建筑材料的追溯、质量监管等领域，保障建筑产品的安全与可靠。

综上，建筑产业互联网的关键技术涵盖建筑信息模型、物联网、大数据与云计算、人工智能以及区块链等多个领域的技术。随着这些技术的不断创新与应用推广，将推动建筑业向更加智能化、高效化、可持续化的方向发展。

第四节　建筑产业互联网标准与规范

随着建筑产业互联网的快速发展，建立一套完善的标准与规范体系显得尤为重要。这些标准与规范不仅能够确保不同系统间的互操作性和数据共享，还能促进整个产业的健康有序发展。建筑产业互联网的标准与规范具体如下。

一、总体标准

总体标准是建筑产业互联网标准体系的基础，它定义了平台的基本架构、功能要求、性能指标等关键要素。这些标准旨在确保不同平台之间具有一致性的设计理念和开发规范，以便于后续的标准扩展和应用对接。

二、基础标准

1.平台与支撑标准

建立建筑产业互联网平台的技术标准，涵盖网络、云计算、物联网、大数据、人工智能、区块链、数字孪生等新技术在建筑产业互联网平台建设方面的支撑标准。这些标准可以确保平台能够稳定、高效地运行，并支撑各种智能化应用的部署。

2.集成标准

制定建筑产业互联网平台内外接口的标准规范，确保不同系统、不同平台之间能够实现无缝对接和数据交换。这有助于提高整个产业的信息流通效率和协同作业能力。

3.数据标准

建立数据资源、数据模型、数据服务、数据管理、数据交换等方面的标准规范。这些标准旨在统一数据格式、提高数据质量、保障数据安全，为建筑产业互联网的数据分析和应用提供有力支持。

4. 安全标准

建立建筑产业互联网平台的信息安全基础支撑、安全管理及服务、设备、网络、数据、应用等安全标准规范。这些标准可以确保平台在运行过程中抵御各种安全威胁，保障用户信息和业务数据的安全。

三、应用标准

根据总体标准中定义的建筑产业互联网平台的参考架构，建立各应用场景的标准规范。这些标准明确了各应用场景的适用范围及约束条件，为开发者提供了明确的指导和参考。例如，在智能建筑设计领域，可以制定 BIM 模型交换标准、智能设计流程规范等；在智能施工领域，可以制定施工进度监控标准、施工质量管理规范等。

四、扩展标准

扩展标准对建筑产业互联网平台建设、评价、管理、运营等起着重要的规范指导作用。这些标准可能涉及新技术与新应用的引入标准、平台性能评估指标、运营管理流程等多个方面。随着技术的不断发展和应用场景的不断拓展，扩展标准将不断更新和完善。

五、智能建筑数据标准

智能建筑数据标准是建筑产业互联网标准体系中的重要组成部分。它使不同的智能化建筑系统间可以互相通信，并进行数据交换，为智能化建筑的运作提供保障。智能建筑数据标准的建立需要强大的技术支持，包括深度集成传感器、云计算和人工智能等技术。这些技术和标准的结合将提高建筑智能化的水平，促进智能建筑技术的进一步发展。

综上，建筑产业互联网标准与规范体系的构建是一个复杂而长期的过程。它需要政府、行业协会、企业等多方共同努力，制定科学合理、具有前瞻性的标准与规范。通过这些标准与规范的实施和推广，推动建筑产业互联网向更加规范化、标准化、智能化的方向发展。

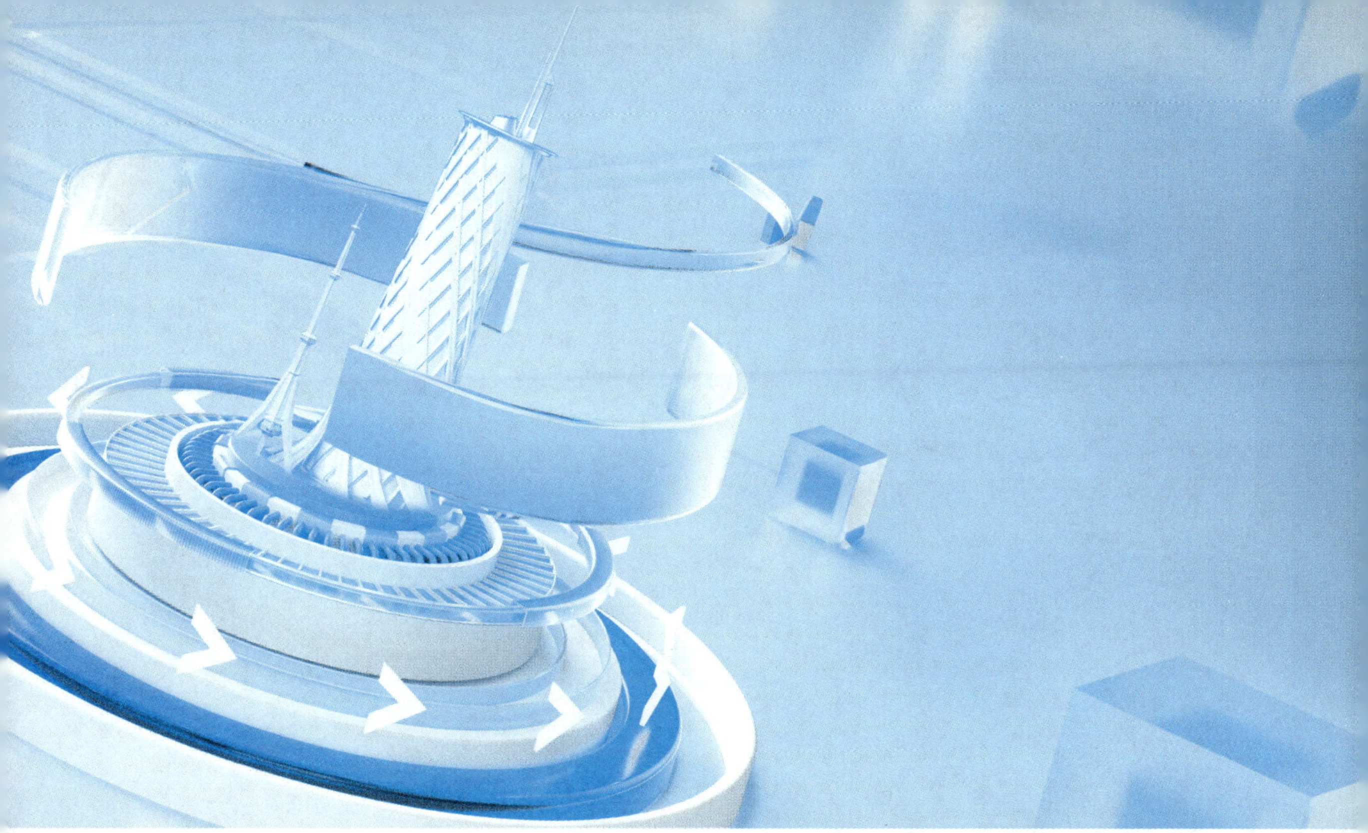

实践篇

第二章 工业互联网的实践发展

第一节 工业互联网是驱动制造业深刻变革与高质量发展的基石

工业互联网，作为智能制造的核心引擎，正引领全球制造业迈向数字化与智能化的新纪元。它不仅深刻改变了企业的微观运营生态，提高了运营效率，降低了成本，增强了市场响应速度，更在宏观层面重塑了国家与地区间的比较优势与竞争格局，推动了全球产业版图的重构。在此背景下，美国、德国、日本及中国等制造业大国纷纷发布各自的工业互联网参考架构，这些架构既体现了共性追求，又融入了各国独特的产业与技术优势，展现出多元化的发展路径。

一、工业互联网是制造业的全面革新力量

工业互联网是智能制造的核心，智能制造在微观层面能够帮助制造企业提高运营效率、降低成本、增强市场反应，在宏观层面会改变国家和地区间的比较优势、竞争优势，使世界产业格局发生重构，同时智能制造相关技术与服务也会催生规模可观的新兴产业。

自通用电气公司提出工业互联网的概念以来，世界主要制造大国都在积极推动制造业的智能化转型，大型制造企业、系统集成企业、工业软件企业和互联网企业也纷纷进军智能制造领域。

在国家层面，工业大国也都推出各自的工业互联网参考架构体系，以其凝聚共识、汇聚力量、加快发展，强化本国在智能制造领域的话语权和掌控力；在企业层面，不同行业背景的企业基于各自优势构建智能制造（工业互联网）平台，在优化自身产业生态的同时，也为中小企业的智能化发展提供了便利条件。

二、中国工业互联网：政策引领下的快速发展之路

1. 政策支持

为加快工业互联网与实体经济的深度融合，提高制造业智能化水平，中国政府多部门联动，密集出台了一系列针对工业互联网的扶持政策与财政激励措施。其中，《国家工业

互联网发展规划》明确，至 2025 年实现工业互联网作为制造业转型升级关键支撑的战略地位，并细化了加强标准化、推动技术创新、构建工业互联网平台等具体路径。自 2017 年国务院发布《关于深化“互联网＋先进制造业”发展工业互联网的指导意见》以来，国家层面不断加大对工业互联网的投入，将其纳入新型基础设施建设的重要范畴。工业和信息化部等部门相继发布了涵盖工业互联网平台、App、安全、标准化体系及“5G＋”工业互联网等多个领域的指导性文件，并通过试点示范活动推动行业快速发展。这一系列政策组合拳，为中国工业互联网的蓬勃发展奠定了坚实的政策基础，确保了其在推动制造业转型升级、提升国际竞争力中的核心作用。

2. 发展沿革

中国工业互联网的发展历程，犹如一部技术革新与产业升级的交响曲。它大致经历了以下四个阶段。

(1)工业自动化阶段(20 世纪 50 年代至 70 年代)：工业自动化技术初露锋芒，显著提升了工业生产效率与智能化水平。

(2)信息技术阶段(20 世纪 80 年代至 90 年代)：随着计算机与网络技术的普及，工业生产实现了信息化管理与控制的新跨越。

(3)互联网技术阶段(21 世纪初至今)：物联网、云计算、大数据等互联网新技术的广泛应用，标志着工业互联网的初步构建与发展。

(4)工业互联网爆发阶段(2015 年以后)：政府加大支持力度，企业积极探索，工业互联网进入快速发展的黄金时期，深度链接人、机器、货物、系统，构建全产业链、全价值链的生产服务体系。

中国工业互联网的发展历程清晰展现了从工业自动化到信息技术，再到互联网技术，直至工业互联网爆发阶段的跨越。这一过程不仅见证了技术的飞速进步，更体现了中国制造业转型升级的坚定决心与显著成效。如今，工业互联网已成为推动我国制造业高质量发展的关键力量，为构建现代化产业体系奠定了坚实的基础。

3. 产业链条

当前，中国工业互联网产业链已构建起一个全面涵盖上游软硬件设备制造商、中游平台服务商与下游应用服务提供商的完整生态系统，各环节协同发力，共同推动产业高质量发展。

(1)上游软硬件设备制造商。

汇聚了电子元器件、传感器、工业计算机、芯片、智能机床等一系列智能硬件与软件，为数据采集、存储、分析提供了强大的支撑，代表企业有西门子、施耐德电气等，展现了中国在智能制造装备领域的深厚积累。

(2)中游平台服务商。

作为工业互联网的核心枢纽，平台服务商通过数据采集、工业 PaaS(PLATFORM AS

A SERVICE；平台即服务）、工业 App（也称工业互联网 App）及 IaaS（INFRASTRUCTURE AS A SERVICE；基础设施即服务）支撑，实现设备、系统与业务的快速互联互通。它们不仅提供开发运营环境、软件应用和安全保障，还通过数据分析与机器学习，助力企业实现数字化、网络化、智能化转型，涵盖边缘计算平台、通用 PaaS 平台等多种类型，形成了多层次、多维度的服务体系。

（3）下游应用服务提供商。

广泛覆盖家电、装备等工业领域的企业集团，如三一重工、海尔电器等，它们依托工业互联网平台与软硬件解决方案，优化生产流程，提升产品质量与服务水平，实现了从传统制造向智能制造的华丽转身。

这一生态系统中，各类企业各司其职，共同推动工业互联网技术的创新与应用。上游软硬件设备制造商通过提供先进的智能硬件设备与软件解决方案，为数据采集、存储与分析提供了有力支撑；中游平台服务商则通过构建开放共享的平台体系，促进资源集聚与协同创新；下游应用服务提供商则依托工业互联网平台，实现生产服务的智能化升级与业务模式创新。这一产业链的协同发展，不仅提升了企业的整体竞争力，也为我国经济的高质量发展注入了新的活力。

4. 产业规模

工业互联网产业呈现出强劲的增长势头，持续为经济稳定增长注入坚实的动力。数据显示，2022 年度，我国工业互联网核心产业实现显著扩张，增加值跃升至 1.26 万亿元，其辐射效应显著，带动渗透产业增加值高达 3.2 万亿元，二者合力推动工业互联网产业总体增加值达到 4.46 万亿元的庞大规模，占国内生产总值的比重攀升至 3.69%，彰显了其在国民经济中的重要地位。图 3－1 为工业互联网产业增加值持续提升情况。

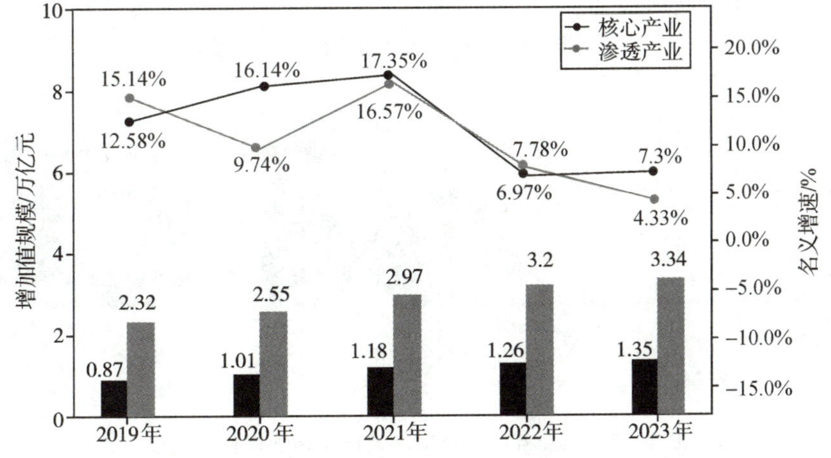

图 3－1　工业互联网产业增加值持续提升情况

步入 2023 年，工业互联网产业的发展势头不减反增，核心产业增加值进一步增长至 1.35 万亿元，其广泛的渗透力与影响力促使核心产业增加值也提升至 3.34 万亿元。在这一双重增长效应下，工业互联网产业增加值总体规模实现了新的飞跃，达到 4.69 万亿元，占 GDP 的比重稳步提升至 3.72%，不仅巩固了其作为经济增长新引擎的地位，更成为推动我国经济稳健回升、向好发展的关键力量。

各地区工业互联网发展持续深入推进，部分头部城市规模优势显著。2022 年我国工业互联网产业增加值规模超千亿元的省、区、市达到 17 个，广东、江苏、浙江排名前三，山西、宁夏、内蒙古、湖北、山东等 10 个省、区、市增速超过 10%。工业互联网发展头部城市规模优势突出，北京、上海等 7 个城市工业互联网产业增加值规模已超千亿元，前 30 座城市的工业互联网产业增加值总规模占全国总量比重达到 46.19%。图 3－2 为 2022 年全国各省区工业互联网产业增加值情况。

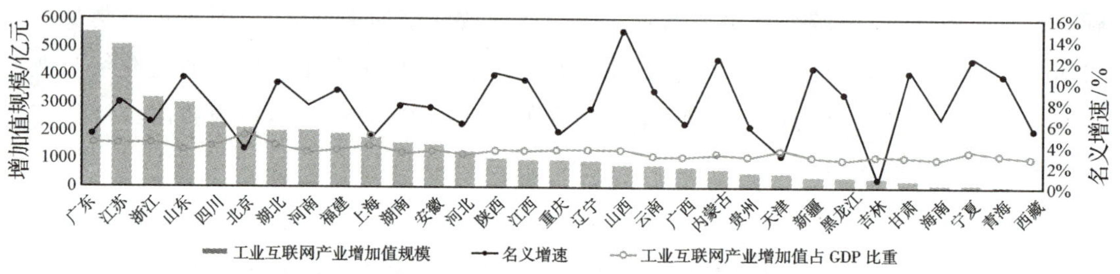

图 3－2　2022 年全国各省区工业互联网产业增加值情况

工业互联网持续为三大产业赋能，促进其融通发展。2022 年，工业互联网带动第一产业、第二产业、第三产业的增加值规模分别为 0.06 万亿元、2.28 万亿元、2.12 万亿元，名义增速分别为 7.76%、8.60%、6.41%。2023 年，工业互联网带动第一产业、第二产业、第三产业的增加值规模分别为 0.06 万亿元、2.29 万亿元、2.34 万亿元，对各产业的带动作用不断增强。图 3－3 为工业互联网带动三大产业增加值贡献规模。

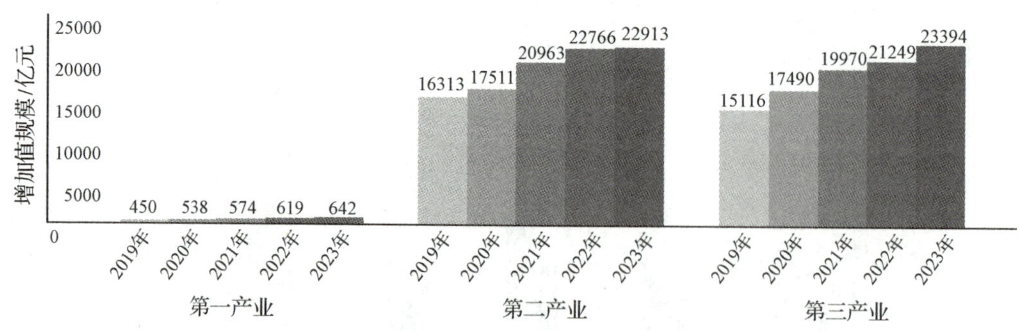

图 3－3　工业互联网带动三大产业增加值贡献规模

三、工业互联网仍是一个不断完善的新事物

工业互联网在我国及其他主要工业国家中，对经济发展的带动作用均十分明显，然而，在发展过程中，依然存在诸多亟待解决的问题。现阶段，工业互联网仍处于不断完善中，对行业来说，它仍然是一个持续成长的新生事物。

工业互联网平台及智能制造的发展需国内、国外众多领域的企业、科研机构、公共服务机构的共同参与，以建立广泛的连接和数据共享机制，因此，有必要建立工业互联网参考架构，在平台接口、网络连接、数据标准、信息安全等关键领域达成共识，从而确保参与者之间能够实现“互联互通”；同时，工业互联网平台的建设和运营同样需要多方参与，以构建多元化的层次与类型。工业互联网架构与平台已成为制造业智能化转型的核心基础设施。

第二节　国内外工业互联网发展规划

世界各国都紧抓新一轮科技革命和产业变革带来的机遇，通过推动工业互联网的发展加快制造业的数字化、智能化转型，并出台了一系列战略和具体政策，如美国的“先进制造业伙伴计划”、德国的“工业 4.0 战略计划”、英国的“英国工业 2050 战略”、法国的“新工业法国计划”、日本的“超智能社会 5.0 战略”、韩国的“制造业创新 3.0 计划”，但其中最具代表性和影响力的是美国、德国、日本和中国。它们不仅是制造业规模最大的四个国家，而且在制造业、自动控制与工业软件、互联网信息服务等领域具有各自的优势。制造业的智能化或智能制造的发展需要以工业互联网作为支撑，因此美国、德国、日本和中国都由政府或制造业知名企业主导，发布了工业互联网参考架构、推动了工业互联网平台的发展。

一、美国“工业互联网”

2012 年 11 月 26 日，GE 发布了《工业互联网：打破智慧与机器的边界》白皮书，首次提出工业互联网的概念。GE 认为，过去的 200 年里人类先后经历了工业革命、互联网革命和工业互联网三次创新和变革浪潮，工业互联网是工业革命和互联网革命创新、融合的产物，前者带来无数机器、设备组、设施和系统网络，后者催生出计算、信息与通信系统等更强大的进步。工业互联网使全世界的机器都能连接在一起，并通过仪器、仪表和传感器对机器的运行进行实时监控和数据采集，海量的数据经过强大算力和高效算法的处理，实现了机器智能化并显著提高了生产系统的效率。

2014 年 3 月底，GE 联合 AT&T、Cisco（思科）、IBM 和 Intel（英特尔）等 5 家企业联合成立工业互联网联盟（Industrial Internet Consortium；IIC），意在建立一个致力于打破行业、区域等技术壁垒，促进物理世界与数字世界融合的全球开放性会员组织，并通过主导标准设立来引领技术创新、互联互通、系统安全和产业提升。目前，IIC 的成员已达到 170 多个。

2015 年 6 月，工业互联网联盟发布了全球第一个针对工业互联网且具有跨行业适用性的参考架构——工业互联网参考架构（Industrial Internet ReferenceArchiteture；IIRA），意在使工业物联网（IIoT）系统架构师能够基于通用框架和概念设计，开发可以互操作的 IIoT 系统，加快工业互联网的发展。2017 年 1 月，美国工业互联网联盟发布工业互联网参考架构 1.8 版，在 1.7 版的基础上融入新型 IIoT 技术、概念和应用程序，2019 年 6 月又进一步发布了 1.9 版。IIRA 从商业、使用、功能和实施 4 个视角对工业互联网进行描述，从商业视角描述了企业所希望实现的商业愿景、价值和目标；从使用视角描述了工业互联网系统的操作使用流程；从功能视角确定了工业互联网系统所需要具备的控制、运营、信息、应用和商业等关键功能及其相互关系；从实施视角来看，包括边缘层、平台层和企业层三层架构。

二、德国“工业 4.0”

2012 年 10 月，德国信息技术、通信、新媒体协会、德国机械设备制造业联合会（VERBAND DEUTSCHER MASCHINEN－UND ANLAGENBAU；VDMA）以及德国电气和电子工业联合会（ZENTRALVERBAND ELEKTROTECHNIK－UND ELEKTRONIKINDUSTRIE；ZVEI）（它们拥有六千多家会员公司）组成的工作组交付了名为《保障德国制造业的未来：关于实施“工业 4.0”战略的建议》的报告。

2013 年，“工业 4.0”被德国联邦经济事务和能源部（BUNDESMINISTERIUM FüR WIRTSCHAFT UND ENERGIE；BMWi）、德国联邦教育及研究部（BUNDESMINISTERIUM FüR BILDUNG UND FORSCHUNG；BMBF）纳入德国《高科技战略 2020》中，成为德国政府确定的面向未来的十大项目之一。《实施“工业 4.0”战略建议书》在 2013 年 4 月的汉诺威工业博览会上正式发布，德国电气和电子工业联合会于 2013 年 12 月发布了“工业 4.0”标准化路线图。2015 年 4 月，“工业 4.0”平台得到扩展，来自企业、协会、联盟、科学和政治领域的大量参与者加入该平台。

“工业 4.0”是指工业革命的第四个阶段或第四次工业革命。第一次工业革命于 18 世纪末开始，以纺织机的出现为标志。这一阶段，水力及蒸汽动力推动了生产过程的机械化。第二次工业革命开始于 20 世纪初期，电力驱动工业规模扩大，大规模生产时代到来。第三次工业革命开始于 20 世纪 70 年代，以可编程逻辑控制器（PROGRAMMABLE LOGIC CONTROLLER；PLC）的发明为标志，至此，工业生产进入自动化时代。目前正在进行的第四次工业革命，将形成一个资源、信息、物品和人互联的信息－物理系统（Cyber－Physical System；CPS），实现“智能生产”和“智能工厂”。“工业 4.0”的核心包括纵向集成、端到端集成和纵横集成这三大集成。纵向集成是将包括机器设备、供应链系统、生产系统和运营系统等企业内部流程连接起来，以实现信息的实时沟通。端到端集成是从价值链的角度，由产品的创意、设计到制造，再到运行服务，实现对产品的全生命周期管理。

纵横集成指的是企业的供应链上下游的供应商、合作伙伴之间的互联。“工业 4.0”包括智能工厂(smart factory)、智能产品和智能服务三大议题。

2015 年,德国“工业 4.0”平台(Industrie 4.0)发布了“工业 4.0”参考架构模型(Reference Architecture Model Industrie 4.0;RAMI 4.0)。RAMI 4.0 包括三个维度。第一个维度是类别维度,也就是物质世界与信息世界的资产功能体系结构,由下向上依次为资产、集成、通信、信息、功能、业务,下层为上层提供接口,上层使用下层的服务;第二个维度是全生命周期和价值流,包括从规划、设计到仿真、制造直至销售和服务的完整生命周期;第三个维度是层次维结构,包括产品、现场设备、控制设备、站、工作中心、企业到互联世界的不同生产环境。

三、日本“互联工业”

2016 年 1 月,日本政府发布的《第五期科学技术基本计划》提出“社会 5.0”(Society 5.0)即超级智能社会(Super Smart Society)概念,将人类社会划分为相继出现的五个阶段:狩猎社会、农业社会、工业社会、信息社会和智能社会。2017 年 3 月在德国汉诺威工业博览会上,日本则有关于“互联工业(Connected Industries)”政策概念的演讲。2018 年 6 月,日本经济产业省(简称经产省)发布《日本制造业白皮书(2018)》,将互联工业作为制造业发展的战略方向。互联工业是“社会 5.0”在工业领域的具体表现,通过人、机器、技术跨越边界和代际的连接,从而持续创造新的价值。互联工业聚焦于自动驾驶、移动出行、制造业、机器人、生物技术、医疗健康、工厂和基础设施维护、智慧生活。互联工业的通用政策措施包括数据使用规则、IT 技能和培训、网络安全、人工智能、知识产权和标准等。

在日本经产省的支持下,日本工业价值链促进会(Industrial Value Chain Initiative;IVI)在 2015 年 6 月成立并于 2016 年 6 月成为一般社团法人。目前,日本工业价值链促进会共有包括三菱电机、富士通、东芝、日立、丰田等日本制造企业、设备厂商、系统集成企业等在内的 738 名成员,其目标是使不同企业实现互联互通,解决企业间的“互联制造”问题。2016 年 12 月,日本工业价值链促进会提出“工业价值链参考架构(INDUSTRIAL VALUE CHAIN REFERENCE ARCHITECTURE;IVRA)”。2018 年 3 月发布《日本互联工业价值链战略实施框架》,提出了新一代工业价值链参考架构(IVRA - NEXT)。工业价值链参考架构是一个三维结构,包括资产视角、活动视角、管理视角等三个维度。资产视角包括人员、供需、产品和设备四个层次。活动视角包括计划(Plan)、执行(Do)、检查(Check)和改进(Action),形成“PDCA”循环,体现出丰田精益制造的思想;管理视角包括质量(QUALITY)、成本(COST)、交付(DELIVERY)和环境(ENVIRONMENT),构成“QCDE”活动。

工业价值链三维架构中的每一个块被看作一个“智能制造单元(SMART MANUFACTURING UNIT;SMU)”,多个 SMU 的组合被称为“通用功能块(GENERIC FUNC-

TION BLOCK;GFB)”。制造企业的活动可以由几个具有一般功能的单元来理解,这些单元可以由几种“流”的交叉点来定义:需求-供应流、工程-知识流。穿越工程流、供需流、组织科层层级这三条轴线,可以将智能制造作为一个整体被建模为“通用功能块”的组合。GFB的纵向是组织科层层级,包括设备层、车间层、部门层、企业层4个层次;横向表示知识-工程流,包括市场和设计、建设与实施、制造执行、维护和修理、研究与开发5个阶段;内向表示需求-供应流,包括总体规划、物料采购、制造执行、销售和物流、售后服务5个阶段。

四、中国“智能制造”

中国是世界最大的制造国,以云计算、人工智能等为代表的新一代信息技术对于加快中国制造业转型升级具有重要作用。中国政府高度重视利用新一代信息技术改造提升制造业,先后出台了一系列政策。如,2015年7月发布的《国务院关于积极推进“互联网+”行动的指导意见》,提出推动互联网与制造业融合,大力发展智能制造,发展大规模个性化定制,提升网络化协同制造水平,加速制造业服务化转型;2016年5月国务院印发《关于深化制造业与互联网融合发展的指导意见》,提出打造制造企业互联网“双创”平台,推动互联网企业构建制造业“双创”服务体系,支持制造企业与互联网企业跨界融合,培育制造业与互联网融合新模式,强化融合发展基础支撑,提升融合发展系统解决方案的能力;2017年11月国务院印发《关于深化“互联网+先进制造业”发展工业互联网的指导意见》,提出夯实网络基础,加强产业支撑,促进融合应用,完善生态体系,强化安全保障,推动开放合作。

为加快推进智能制造发展,工业和信息化部、国家标准化管理委员会在2015年发布了《国家智能制造标准体系建设指南(2015年版)》,并于2018年进行了修订。《国家智能制造标准体系建设指南(2015年版)》提出了一个三维的智能制造系统架构。生命周期包括设计、生产、物流、销售、服务等产品生命周期的各个阶段相互联系的一系列价值创造活动。系统层级是指生产活动开展所依托的不同层次的组织,包括设备层、单元层、车间层、企业层和协同层,实际上涵盖了生产活动的整个生态系统。智能特征是指生产过程具有自感知、自学习、自决策、自执行、自适应等一个或多个功能的层级划分,包括资源要素、互联互通、融合共享、系统集成和新兴业态五层智能化要求。智能制造标准体系与“工业4.0”的理念非常相似,智能特征对应“工业4.0”的横向集成,生命周期对应端到端集成,系统层级对应纵向集成。为加快我国工业互联网发展,在工业和信息化部的指导下,由工业、信息通信业、互联网等领域百余家单位于2016年2月共同发起成立工业互联网产业联盟。工业互联网产业联盟在2016年8月发布了《工业互联网体系架构(版本1.0)》,提出了工业互联网的内涵、目标、体系架构、关键要素和发展方向;2020年4月又发布了《工业互联网体系架构(2.0版)》。工业互联网产业联盟提出的“工业互联网体系架构”以网络、数据、安全三大体系为核心,基于三大功能体系构建打通设备资产、生产系统、管理系统和供应链条，实现生产过程的智能分析与决策优化。

五、各国工业互联网规划的异同

1. 架构共性

美国、德国、日本和中国等几个世界主要制造大国提出并推广工业互联网参考架构，以加快本国工业互联网和智能制造的发展。不同国家的工业互联网参考架构具有共性，主要包括以下几部分。

第一，重视物理世界与数字世界的融合，将物理-信息系统作为技术使能系统。

第二，强调数据在其中的作用，通过数据感知、传输、集成、处理、分析、决策与反馈，提升设备和运营效率。

第三，认为工业互联网应该涵盖广泛的范围，包括全价值链、全产品生命周期、全商业生态。

第四，各国的工业互联网参考架构在竞争的同时，也在加强合作，推动互联互通。例如，美国工业互联网联盟与德国"工业 4.0"平台自 2015 年底起就开始开展合作，并成立了涵盖生产系统和工业物联网解决方案对接、参考架构协同、测试床协作、互操作标准需求研究、安全规范、文档管理及路线图制定 6 大工作组，以推动合作的深入实施，双方专家于 2017 年 12 月 5 日联合发布了《架构对接和可互操作性》白皮书，旨在促进工业互联网与"工业 4.0"在标准制定、架构设计以及业务层面上的合作与互操作性，从而进一步推动智能制造的深入发展。日本的工业价值链参考架构参考了美国工业互联网参考架构和德国"工业 4.0"参考架构。我国的智能制造标准体系与工业互联网体系架构也受到 IIRA 与 RAMI 4.0 很大的影响。

2. 架构差异

各国工业互联网参考架构也存在明显的差异，而这些差异在根本上是由各国制造业、信息技术产业发展的条件、优势不同所决定的。

第一，名称表述不同。美国称为"工业互联网"，德国称为"工业 4.0"，日本称为"互联工业"，在中国"工业互联网"与"智能制造"均有使用。名称的差异一方面反映了各国想要建立自己的工业互联网标准，在强化本国产业优势的同时，推动本国智能制造技术、装备和系统解决方案在全球的推广。例如，在德国联邦政府及企业的推动下，德国"工业 4.0"获得广泛的认可，包括世界经济论坛发布了多个第四次工业革命的专著或报告。另一方面，主要工业大国的工业互联网参考架构的侧重点不同，反映出各国的制造业和产业发展的条件和目标差异。美国的工业互联网参考架构从 IT 出发，强调互联网的作用；德国"工业 4.0"参考架构强调设备，侧重于现有工业标准的对接；日本的工业价值链参考架构强调连接；中国则强调新一代信息技术与制造业的深度融合，落脚在提高制造业的发展水平上。

第二，工业互联网的优势不同。发展理念和产业条件、优势的差异决定了几个国家的智能制造各具特色。美国的优势在于引领前沿技术，互联网高度发达，核心零部件和精密仪器、设备水平领先，但由于长期离岸外包，制造业出现“空心化”现象，劳动密集型产业比重很低、产业链不完整。与此相适应，工业互联网突出了美国在互联网等领域的全球领先优势。德国拥有强大的机械和装备制造业，嵌入式系统和自动化工程的技术水平世界领先，但是在新一代信息技术和数字经济领域的亮点不突出，因此德国提出“工业 4.0”旨在通过制造业与嵌入式系统、自动化两方面优势的融合，保持德国在制造业的国际竞争地位。2019 年德国正式发布《国家工业战略 2030》，提出工业占德国国内生产总值(GDP)的比重要从目前的 23%提高到 2030 年的 25%，保持产业链的完整性和在优势产业领域的技术能力。日本制造业的优势在于高端与精密制造业，汽车及其零部件、机床、机器人以及电子电器构成了日本制造业的四大支柱。此外，日本制造业在发展历程中形成了世界闻名的精益制造模式。然而，日本在新一代信息技术和数字经济领域的表现并不突出，因此，日本提出了“互联工业”战略，旨在凸显工业的核心地位，并期望通过人、机器、系统、技术的紧密连接，持续创造价值。精益制造模式下人的因素非常关键，因此 IVRA - NEXT 特别重视人员的作用和知识的价值，SMU 中包含人员的因素，而 GFB 中强调了知识的流动，体现了日本版“智能制造”的特有价值导向。中国制造业具有门类齐全、配套完善、产业链完整的优势，但是国际竞争力主要体现在劳动密集型的产业和环节，而且不同地区、不同企业间的发展水平非常不平衡，同时中国又与美国一起是世界数字经济的两极，拥有一批世界级的互联网平台企业，这些平台企业衍生出强大的人工智能技术能力，因此通过智能化技术与制造业的结合，可以推动中国制造业的转型升级，特别是通过提高制造业的经营效率来应对工资水平的上涨和低成本发展中国家在劳动密集型产业及产业链环节的竞争。表 3 - 1 为各国工业互联网相关领域比较情况。

表 3 - 1　各国工业互联网相关领域比较情况

国家	制造业特点	制造业优势产业	数字经济特点	数字经济优势产业
美国	前沿科技，产品研发设计、核心零部件，汽车，精密仪器、先进装备，品牌，制造业“空心化”	汽车，电子，化工、新材料、制药、精密仪器，航空航天等大多数高科技产业	前沿数字技术，商业模式、大型平台企业，独角兽企业，创业活跃	云计算、AI 算法、芯片、5G，智能传感器，商业模式，智能终端
德国	产品研发设计，核心零部件，先进装备，产业集群和中小企业(隐形冠军)	汽车、机械，机器人、化工、制药	数字经济亮点不突出	工业软件，机器人、系统集成
日本	产品研发设计，核心零部件，先进装备，精益制造	汽车、制药、电气设备，精密仪器，新材料，机床	数字经济亮点不突出	精密传感器，机器人

续表

国家	制造业特点	制造业优势产业	数字经济特点	数字经济优势产业
中国	产业体系齐全,制造业发展不平衡,拥有最丰富的智能制造应用场景产业配套完善,产业规模大;创新型制造,产业化能力强,价格相对较低;处于全球价值链底层(以劳动密集型产业和加工组装环节为主)	纺织,服装,电子制造,工程机械	消费互联网发达、基础设施完善,大型平台企业,独角兽	电子商务,共享经济,人工智能,5G,智能终端

第三,形成与推动的力量不同。在美国,工业互联网是由通用电气最早提出,并联合其他企业成立工业互联网联盟加以推动。虽然在美国国家科学技术委员会发布的《美国先进制造业领导战略》等战略或政策中也提到智能和数字制造、先进机器人,但是并没有明确列入国家的战略。德国“工业 4.0”是由下而上提出的,最早是由民间机构发起,随后获得联邦政府的认可并纳入国家战略,经济事务和能源部、教育及研究部在研发、人才培养、中小企业等方面给予支持。“工业 4.0”平台汇集了商业、科学、工会、消费者和政界等各界代表的广泛参与,其中行业协会、科研机构、企业是“工业 4.0”的主要推动者,各类行业协会在推动相关研究、标准化、安全、“工业 4.0”论坛等方面发挥着重要作用。日本的“互联工业”也是由政府提出并纳入日本“社会 5.0”的国家战略,日本工业价值链促进会作为一般社团法人,提出了工业价值链参考架构。在中国智能制造和工业互联网的提出和发展中,政府发挥了重要的作用,包括发布专门的智能制造、工业互联网相关政策,编制和发布智能制造标准体系,开展工业互联网、智能制造及相关领域(如企业上云、工业 App、服务型制造)的试点示范。随着中国市场化改革的深入与产业政策的调整,非政府机构在智能制造领域发展中的作用日益加强。

第四,智能制造的应用领域不同。工业互联网产业联盟发布的《工业互联网平台白皮书(2019)》报告了国内外工业互联网平台的主要应用领域,我们从中可以看到中国与国外工业互联网应用领域既有相似性,也有很大的差异。从应用领域大类来看,中外在制造与工艺管理、产品研发设计、企业运营管理三个领域中,企业应用工业互联网的比例大致相同;在资源配置系统、生产过程管理领域,中国企业应用的比例明显高于国外企业;而在设备管理服务领域,国外企业的应用比例明显高于中国。从小类应用领域来看,中国企业在金融服务、全流程系统性优化、供应链管理、生产管理优化等领域的应用比例明显高于国外,在客户关系管理、产品售后服务、设备健康管理等领域的应用比例明显低于国外。

工业互联网平台的应用领域取决于数据分析的深度与工业机理的复杂程度。数据分析、挖掘及利用的深度,在很大程度上决定了工业互联网平台的应用价值。数据分析深度越高，企业使用的动力越强；工业机理越复杂，工业知识越难以显性化、软件化，因此，就越难以在企业中推广。数据分析深度高、工业机理复杂程度适中的大数据深度优化分析类应用的使用率合计达到 62%，相比之下，工业机理复杂度高、数据分析深度低的数字化工艺设计与辅助制造、数字化设计与仿真验证、全流程系统性优化等应用的使用率较低。除了受到行业一般性特征的影响外，国内外工业互联网平台的应用差异，一方面凸显了中国制造业主要集中在价值链的加工组装环节，而发达国家则在价值链的服务化环节占据明显优势；另一方面，这种差异也离不开政策对加工制造环节数字化、智能化转型的积极推动作用。

第三节　工业互联网平台

智能制造是“基于新一代信息通信技术与先进制造技术深度融合，贯穿于设计、生产、管理、服务等制造活动的各个环节，具有自感知、自学习、自决策、自执行、自适应等新型生产方式”的一种生产模式。工业互联网是“互联网和新一代信息技术与工业系统全方位深度融合所形成的产业生态和应用生态，是推动工业智能化发展的关键综合信息基础设施”。从二者的内涵界定我们可以认为，在智能制造企业的实际操作层面，智能制造是依托工业互联网平台开展的，工业互联网平台基本等同于智能制造平台。

一、工业互联网平台的主要类型

智能制造具有数据驱动、软件定义、平台支撑、服务增值、智能主导五个方面的特征，其实施与运转离不开连接、数据、算力、算法等技术与设施的支撑。只有实现对原材料和零部件、设备、软件、人员、场景乃至全产业链、全生命周期和全商业生态的连接，才能产生实时的大数据；在对数据采集、传输、储存、清洗、分析的基础上，能够利用数据优化企业生产流程，更好地响应市场变化；对数据的分析、训练需要强大的计算能力作支撑；基于工业大数据，针对特定产业场景开发算法，并形成可复用的软件、App，以驱动工业的智能化运行。工业互联网或智能制造平台则扮演着为广大制造企业提供第三方连接、数据、算力、算法及安全服务的综合基础设施体系的角色。

工业互联网平台可以划分为多种不同的类型。王峰从为制造企业提供的功能、产生的效果等角度，将工业互联网平台划分为资产优化平台、资源配置平台、通用使能平台三种类型。资产优化平台通过对设备运行状态与性能状况进行实时智能分析，为生产与决策提供智能化服务；资源配置平台则聚焦于对资源管理、业务流程、生产过程、供应链管理等进行优化，提高资源的配置效率。资源配置平台共同构成狭义工业互联网平台，狭义工业互联网平台再与通用使能平台一起构成广义工业互联网平台。但在产业实践中，智能制造平台往往同时具备资产优化与资源配置能力，很难将二者清晰地加以区分。工业互联网产业联盟从应用技术架构的角度，认为工业互联网平台可以分为基础设施即服务（infrastructure as a sevice；IaaS）层、平台即服务（platform as a service；PaaS）层与软件即服务（software as a service；SaaS）层，由于各层所需的知识和能力不同，其主要的推动者也分别以互联网企业和工业企业为主。肖鹏进一步将 PaaS 平台区分为通用 PaaS 平台和工业 PaaS 平台。表 3－2 为不同类型工业互联网平台的技术能力及服务情况。

表 3－2 不同类型工业互联网平台的技术能力及服务情况

平台类型	主要技术	平台能力及提供的服务	实现难易程度
边缘计算平台	设备接入、协议解析、数据采集、设备控制、数据预处理、边缘计算、智能分析	提供工业设备，工业产品、工业服务的连接管理及边缘计算服务	边缘计算通用性强，实现难易程度适中，连接管理需要工业协议积累，实现难度较大
IaaS 平台	计算、存储、网络资源池	提供通用的存储、计算资源	通用性强，容易实现，属于云计算范畴
通用 PaaS 平台	资源调度、应用开发架、中间件、人工智能和大数据框架	提供通用的开发架、计算架及中间件平台	通用性强，较易实现，属于云计算范畴
工业 PaaS 平台	工业数据管理、工业数字工具、工业数据建模、机理分析服务、数字孪生、工业知识服务、工业应用开发环境、人机交互支持	基于各行业，各领域的知识与经验构建数字化模型，以工业微服务组件的形式提供服务，简化 SaaS 应用开发	需要与工业知识结合，工业属性强，通用能力弱，较难实现
工业 SaaS 平台	产品设计类 App、制造与工艺 App、生产过程管理 App、设备健康管理 App、企业运营管理 App、资源配置协同 App	通过调用和封装工业 PaaS 平台开发工具与数字化模型，构建面向特定行业，特定场景的工业 App	与行业高度相关，实现难度最大，准入门槛最高

1. IaaS 平台

智能制造是制造技术（Industrial Technologies）与信息技术（Information Technologies）的深度融合。在信息技术方面，对数据的采集、传输、储存、处理是智能制造的基础。在边缘层，数据的采集需要制造企业推动产业链、产业生态的数字化、智能化改造，特别是在生产线需要使生产设备接入信息网络并具备数据的（实时）采集能力。在数据的储存、处理层面，存在着显著的规模经济性。对于中小企业来说，完全自建数据中心、计算中心成本高昂，以致企业无力承担，云计算的资源池化、弹性供给、按需付费等典型特征都能够使企业的成本大幅降低。在数字经济时代，包括智能制造在内的数字经济应用都离不开连接与数据，因此对数据的存储、计算、应用，成为数字产业化或产业数字化各相关领域企业不可或缺的支撑，也就是说与数据的存储、计算相关的资源成为全社会的基础设施，主要是以云计算及其相关硬件设施、系统架构、算法、软件等形式而存在。

2. 通用 PaaS 平台

PaaS 平台提供通用性的开发框架、计算框架及中间件，较少涉及工业行业的知识，仍然属于云计算的范畴。对于许多制造企业特别是中小制造企业来说，它的知识和能力主要存在于所处工业行业领域，通常缺乏数字技术方面的人才和技术储备，当他们开展智能制造时就会感到力不从心。而云计算厂商不但拥有强大的算力，而且互联网行业的背景使其在算法方面具有优势，因此可以在较少下沉到制造业行业知识的前提下，通过机器学习等手段，运用生产线运转、设备或产品运行中积累的海量数据进行算法训练，向制造企业进一步提供数字化升级或智能应用方面的服务，帮助制造企业进行资产优化或提高资源配置的效率。阿里云在《工业大脑白皮书》中做了一个形象的比喻：数据工厂是厨房，算法工厂是厨具，AI 创作间是配菜，阿里云 ET 工业大脑是负责帮助建造厨房、提供厨具以及配菜与配方，从而让制造企业成为“餐厅”，工程师成为“厨神”，能够为客户开发制作不同口味的菜肴。GE 在《工业互联网白皮书》中提出“1%的威力”(the Power of 1 Percent)，就是通过数据优化为机器、设备组、设施和工业系统网络带来各种收益。由于涉及的制造行业知识少、不需要制造企业数据的开放共享，因此在制造企业实施的障碍较小。但也正是因为较少涉及制造行业的知识，当通过数据挖掘达成“1%的威力”的目标后，如何进一步超越 1%，通用 PaaS 平台就力所不逮。

3. 工业 PaaS 平台

工业 PaaS 平台“把大量的工业的技术原理、行业知识、基础工艺、模型工具规则化、软件化、模块化，并封装为可重复使用的组件”，提供给广大工业企业使用。通用 PaaS 平台直接利用第三方制造企业的生产数据为其开发智能制造算法，其中包含了“大数据+深度学习”意义上的人工智能。而工业 PaaS 更像是在线化与自动化的整合，是另一种意义上的智能化。阿里巴巴集团学术委员会主席曾鸣认为，“企业智能=在线化+自动化”。在线化是指核心业务的在线化，由此全本记录用户数据；自动化是指业务环节的自动化。从这个意义上来看，智能制造是工业 PaaS 平台把具体工业行业的知识变成算法、软件，制造系统根据工作条件的输入和运行环境的变化自动运行，实现自动调整工艺参数、个性化定制等操作。工业 PaaS 平台是物理世界与数字世界深度融合的结果，集数字技术与工业知识之大成，成为工业互联网的核心。工业 PaaS 平台的本质是在 IaaS 平台上构建一个可扩展的操作系统，以搭积木的方式提供应用开发、创建、部署的基础环境，支撑工业 App 的开发部署与运行优化。主要的工业 PaaS 平台国外有 GE 的 Predix 平台、西门子的 MindSphere 平台、PTC 的 ThingWorx 平台；国内有中国航天科工集团的航天云网、三一重工的树根互联（根云平台）、海尔集团的 COSMOPlat、美的集团的美云智数、徐工集团的 Xrea 平台等。

4. 工业 SaaS 平台

工业 App 是为了解决特定问题、满足特定需要而将工业领域的各种流程、方法、数据、信息、规律、经验、知识等工业技术要素，通过数据建模与分析、结构化整理、系统性抽象提炼，并基于统一的标准，将这些工业技术要素封装固化后形成的一种可高效重用和广泛传播的工业应用程序。工业 SaaS 平台搭载了大量面向特定行业、特定应用场景的工业 App，也可以说工业 SaaS 平台是工业 App 平台。在这个意义上，工业 PaaS 平台具备双边平台的属性，也就是说，一边连接最终工业用户，一边连接 App 的供应商，而平台提供各种开发工具和数字化模型，发挥供应商与用户之间交易媒介的作用。工业 SaaS 平台与工业 PaaS 平台都是对工业知识的总结和软件化，但工业 PaaS 平台提供的主要是工业微服务组件，在具体的应用过程中还需要基于此进行深度开发，而且属于单边平台；而工业 IaaS 平台则能够提供各种场景下的具体应用服务，是工业技术、经验、知识和最佳实践的模型化、软件化，可以让用户通过对工业 App 的调用实现对特定制造资源的优化配置。就像互联网平台一样，工业 SaaS 平台能够吸引大量的企业将他们软件封装化的知识分享到平台甚至汇聚更多的开发者。工业 SaaS 平台降低了大量中小制造企业数字化、智能化转型升级的门槛，通过调用工业 App，制造企业可以低成本地实施数字化、智能化转型。从产业层面看，由于工业 App 将制造企业内部原本分散、隐性的工业技术挖掘出来，有利于破解我国国内工匠不足的局面。工业 App 的发展存在着供给侧和需求侧两方面的制约因素：从供给侧来说，由于工业 App 是制造业隐性知识的显性化，而这些隐性知识正是制造企业市场竞争力的来源（如更高的质量、更低的成本），因此制造企业缺乏分享 App 的动力；从需求侧来说，由于制造企业的设备、工艺、原材料和零部件、产品以及数字化水平各不相同，工业 App 的开发也没有统一的平台、框架和标准，因此工业 App 可移植性比较差，代码的可复用性低，很难像 PC 平台上的软件或智能手机平台上的 App 那样可以“即插即用”。

二、工业互联网平台的构建主体

大多数制造企业既不具备连接、数据、算力、算法的全方位能力，完全由自己开展智能制造所需的连接、数据、算力、算法等技术开发和相应支撑系统、设施建设也不经济，因此需要专业化的工业互联网平台向第三方制造企业提供所需要的各种服务。同时，由于数字化、网络化、智能化是制造业发展的大势所趋，提供相关服务将会形成一个规模巨大的市场，因此也会吸引企业进入智能制造平台领域。总体来看，构建工业互联网或智能制造平台的企业可以划分为装备制造企业、生产制造企业、自动控制与工业软件企业、信息技术企业、创业企业五类。表 3－3 为工业互联网平台的构建企业情况。

表 3-3 工业互联网平台的构建企业情况

平台企业类型	代表性企业	核心能力
信息技术企业	亚马逊 AWS IoT、微软 Azure IoT、IBM Waston IoT、阿里巴巴(阿里云)ET 工业大脑、百度天工开物	具有算力、算法优势
自动控制与工业软件企业	PTC Thingworx、和利时 Hi aClud、索为 SYSWARE、石化盈科 Pr oM-ACE	熟悉工业整体流程或特定细分行业领域,掌握大量显性化的工业知识
装备制造企业	GE Pre dix、西门子 Mind Sphere	熟悉生产装备、生产体系
生产制造企业	航天科工(航天云网)IN DICS、三一重工(树根互联)根云、美的(美云智数)美的云、海尔卡奥斯 COSMO Plat,徐工(徐工信息) Xrea	掌握产品的制造知识、产品的使用数据,与供应商联系紧密
创业企业	机智云 Git was、智能云科 SESOL 昆仑数据 KSTONE	对发展方向敏锐,具有颠覆性

1. 信息技术企业

信息技术企业特别是互联网企业在发展自身业务的同时,逐渐形成在算法、算力方面的能力。如亚马逊、阿里巴巴为网店经营提供便利发展起云计算能力,后来将云计算能力向电商平台之外的企业出租;互联网公司为了优化业务、为客户提供个性化定制服务,纷纷发展人工智能技术,形成强大的算法能力。基于在算力、算法上的优势,同时受到制造业行业知识的限制,信息技术企业主要构建智能制造的 IaaS 平台,有些信息技术企业也更进一步提供通用 PaaS 服务。世界云计算呈现高度集中的格局,主要云计算厂家基本是中美两强并立的格局,美国的云计算厂商有 Amazon 的 AWS、微软的 Azure、Alphabet 的 Google Cloud,中国市场的云计算厂商有阿里云、腾讯云、华为云以及三大运营商、百度云、金山云等。

2. 自动控制企业与工业软件企业

自动控制企业与工业软件企业长期服务于制造业,积累了大量制造业知识。自动控制企业掌握高档数控系统、现场总线、通信协议、高精度高速控制和伺服驱动等工业控制系统关键技术,同时熟悉工业生产流程及相关设备的构成与控制。工业软件是一个很宽的范围,例如 CAD(COMPUTER AIDED DESIGN)、CAE(COMPUTER AIDED ENGINEERING)、CAM(COMPUTER AIDED MANUFACTURING)、CAT(COMPUTER AIDED TESTING)、CApp(CUSTOM APPLICATION)、PDM(PRODUCT DATA MANAGEMENT)/PLM(PRODUCT LIFECYCLE MANAGEMENT)、ERP(ENTERPRISE RESOURCE PLANNING)、MES(MANUFACTURING EXECUTION SYS-

TEM)、MRO(MAINTENANCE, REPAIR, AND OPERATIONS)等制造业常用的信息化软件,以及物理模型建模软件、IC(INTEGRATED CIRCUIT)设计软件等应用于专业领域的软件。工业软件企业掌握制造业具体环节或特定制造业领域的大量显性化专业知识。自动控制与工业软件企业能够将自己关于制造业的知识封装、云化后,提供给制造企业使用。

3.装备制造企业

这里的装备是指应用于制造业生产线中生产其他制造业产品的设备,一般是制造业生产系统的核心。核心生产设备需要与其他辅助设备连接起来,并通过工艺参数设定,构成可以运行的生产系统。因此,装备制造企业不仅掌握核心生产设备的制造知识,而且了解与其他设备连接、组装的知识。近年来,装备制造企业为生产设备安装了传感器,使其具备了物联网功能,从而使得核心生产设备能够实时采集并传输数据,这让装备制造企业能够更加深入地了解设备的运行状况。鉴于工业 PaaS 蕴含丰富的行业专有知识——这构成了装备制造企业的核心竞争力,因此,众多工业 PaaS 平台均由装备制造行业的领军企业创立并开发,其中,最早且最为知名的工业 PaaS 平台,如 Predix 和 MindSphere,其建立者分别为通用电气与西门子,均隶属于装备制造企业之列。可以说,最早期的工业 PaaS 平台,正是由大型工业企业在对所在行业的深厚知识积累进行提炼、封装、软件化的基础上,为行业内其他企业提供服务的创新成果。例如,GE 推动工业互联网的策略就是 GE for GE—GE for Customer—GE for Industry—GE for World。也就是说,将 GE 在高端装备制造领域取得的成功经验、软硬件成果(GE for GE)进行提炼、通用化,研发出类似计算机操作系统那样的通用平台,为本行业的客户服务(GE for Custom)或其他行业的客户服务(GE for Industry)。

4.生产制造企业

虽然装备制造厂商能够了解使用装备的行业的许多知识,在一些情况下还能掌握设备的运作状况,但各个制造行业(包括装备制造行业本身)仍然有自己行业特有的知识。每个企业均会拥有自己的专利、技术诀窍和商业机密,这些共同构成了该企业竞争优势的核心来源。这些知识是装备制造企业、自动控制企业与工业软件企业很难获得的。对于生产最终产品的整机厂商(如计算机、家电、汽车等)而言,其生产活动需高效地组织众多供应商、供应链企业及分销商,这些厂商不仅需要掌握本行业的特有知识,还存在进一步提高供应链效率的需求。因此,一些行业内的龙头企业着手构建本行业的工业互联网平台,旨在将商业生态中的大量企业、产品相互连接,并实现数据驱动的运营。鉴于成熟的制造行业普遍呈现出多家大型企业寡头垄断竞争的态势,各龙头企业之间竞争激烈,因此,很难形成该行业统一的智能制造平台。通常,智能制造平台是围绕特定龙头企业的产品及其商业生态体系而构建的。在工程机械领域,国内知名的智能制造平台包括三一重工旗下名为树根互联的根云平台、徐工的 Xrea 平台；而在家电行业，则有美的集团旗下名为美云智数的美的云平台，以及海尔的 COSMOPlat 平台。由于各行业存在大量的共性运营知识，一个行业的智能制造平台往往会将自身积累的经验复制并应用到其他行业，以协助这些行业解决供应链管理、生产管理、个性化定制等难题。例如，海尔的 COSMOPlat 平台已成功跨界至服装、陶瓷、房车等多个领域。

5. 创业企业

除了各行业中的在位企业积极构建智能制造平台外，智能制造的广阔发展前景同样吸引了众多创业企业的加入。相较于在位企业，创业企业虽然缺乏系统的人才与知识积累，规模、实力也相对较弱，但其优势在于能够敏锐地发现智能制造发展的独特价值诉求，并有效整合各方面的人才和资源。此外，与许多已形成自身商业生态圈、涉及复杂利益关系的在位企业不同，创业企业可以作为独立的第三方，能够避免同行竞争或纵向控制的束缚，因此更容易赢得用户的信任。

第四节　我国工业互联网的体系架构

工业互联网是工业制造与 IT 深度融合所形成的一种新型应用架构，其核心价值在于推动相关支撑技术的发展，以促进工业生产生态的重构与优化。为了实现其快速、广泛地部署并推广应用，我国已相继发布了《工业互联网体系架构(版本 1.0)》和《工业互联网体系架构(版本 2.0)》。

一、工业互联网体系架构 1.0 版本

我国的工业互联网联盟(Alliance of Industrial Internet; AII)于 2016 年发布《工业互联网体系架构(版本 1.0)》。工业互联网体系架构 1.0 版本(图 3-4)从工业智能化发展角度出发，以基于全面互联而形成数据驱动的智能为核心，网络、数据、安全为工业和互联网的共性基础和支撑(其中，“网络”支撑数据传输交换，“数据”驱动智能化生产，“安全”保障工业生产中的数据与网络交互)。

工业互联网体系架构 1.0 版本全面涵盖了数据层面、网络层面和安全层面。在数据层面，其主要功能集中于生产数据的感知及产品反馈优化。通过 IoT(物联网)技术实现生产数据的广泛采集，随后运用数据建模与仿真技术，对这些数据进行深入分析，以得出优化决策，并将这些决策反馈至生产层面，从而实现产品生产的持续优化；至于网络层面，为适应智能制造的快速发展，它促使工厂内部网络呈现出扁平化、IP 化、无线化及灵活组网等特点；在安全层面，则致力于构建完善的工业互联网安全保障体系，以确保体系架构下的网络安全应用得以顺利实施，实现智能化生产环境下对设备安全、网络安全、控制安全、应用安全及数据安全的全方位保障。为了实现工业全流程智能化的目标，工业互联网体

系架构 1.0 版本构建了三大优化闭环。

(1)面向机器设备运行优化的闭环。实现生产设备的动态调整优化，构建智能生产线。

(2)面向生产运营优化的闭环。动态调整生产运营管理，构建智能生产模式，实现复杂环境下的优化管理。

(3)面向企业协同、用户交互与产品服务优化的闭环。满足资源和商业活动的创新优化，构建网络化协同、产品个性化定制及服务化升级的新模式。

工业互联网体系架构 1.0 版本从宏观主体层次的角度初步勾勒了整体工业互联网的体系框架，然而，该版本不足以构建一个通用、完善的工业互联网体系架构。为了更加贴切地适应各个领域的实际应用场景，特别是为了增强信息技术在解决方案与行业应用推广中的实操指导性，以便更有效地支撑我国工业互联网未来十年的发展。AII 在充分考虑到架构 1.0 存在的不足之后，于 2020 年正式推出了工业互联网体系架构 2.0 版本。

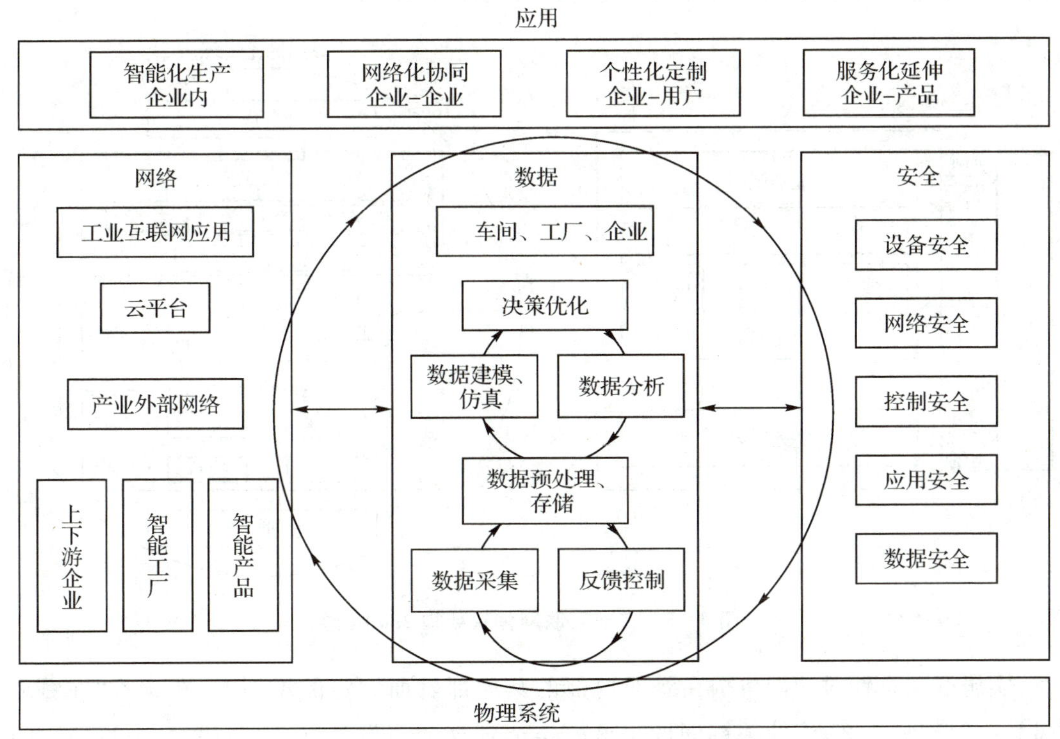

图 3-4　工业互联网体系架构 1.0 版本

二、工业互联网体系架构 2.0 版本

工业互联网体系架构 2.0 版本(图 3-5)旨在为工业企业提供一个更加全面、系统且具体的指导性框架，以便实现规模化的推广应用。该架构在继承了架构 1.0 版本的网络、

数据、安全三大功能体系的基础上，引入了工业互联网平台作为核心，以优化而非替代数据功能的方式，减少了架构1.0版本中的冗余部分。通过强化数据的集成、分析与优化能力，同时适当弱化单纯的数据传输及部分数据安全功能的比重，实现了架构的升级。此外，架构2.0版本还明确定义了业务视图、实施框架以及技术体系，为工业企业的数字化转型提供了更为清晰的路径。

工业互联网体系架构2.0版本通过采用自上而下的方式，将业务视图、功能架构、实施框架和技术体系有机融合，明确了功能架构的设计思路及实施部署的具体方式。

业务视图分别从宏观和微观两个维度出发，深入剖析了企业数字化转型的路径，指导企业准确理解工业互联网的定位与价值，明确其在转型过程中的业务需求，以及支撑转型所需的技术手段，从而为后续功能架构的设计奠定坚实基础。

在业务视图的引领下，功能架构构建了以互联网平台为核心、以网络基础设施为支撑、以安全保障体系为后盾的三大体系，并对这三大体系的运作进行高度抽象与概括，形成了一个促进工业数字化应用持续优化与提升的闭环系统。

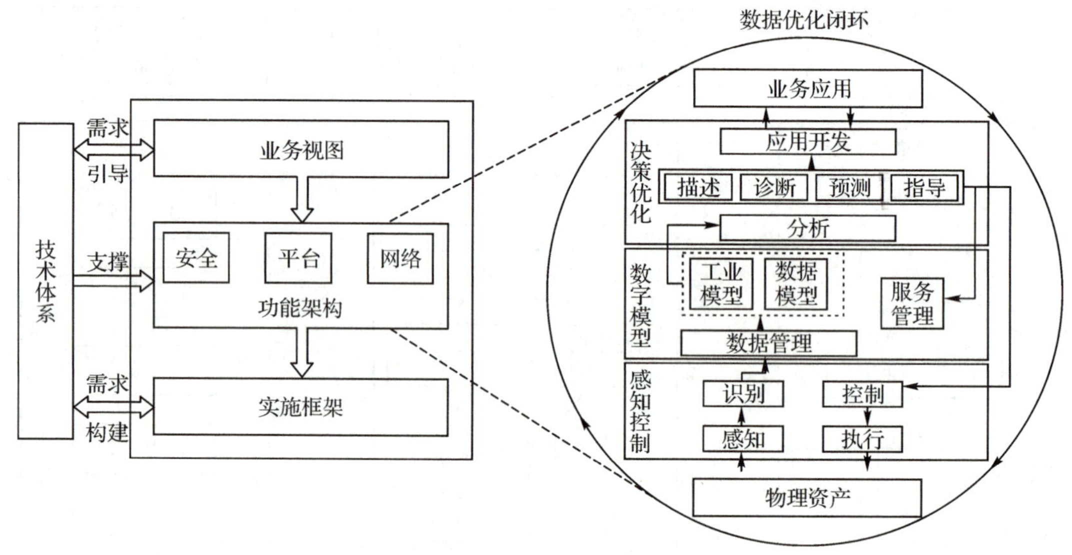

图3-5 工业互联网体系架构2.0版本

实施框架是针对功能架构在企业内部的具体部署而制定的规划，旨在解答“在哪做”“做什么”以及“怎么做”的关键问题。该框架清晰划分了设备层、边缘层、企业层、产业层等多个实施层级，并详尽阐述了在这些层级中如何部署网络、标识、平台、安全这四大实施系统，以确保其能够更好地与现有的制造体系相结合，推动企业的数字化转型进程。

技术体系是支撑整个工业互联网赋能工业转型升级的基石，它旨在保障功能架构的实现，并构建出实施框架所需的完整技术框架。

三、工业互联网技术体系

从工业互联网体系架构的 2.0 版本可以清晰地看出，工业互联网的广泛应用深深依赖于技术体系的坚实支撑。为了灵活适应各种业务场景对数字化转型的多样化需求，工业互联网技术体系在稳固支撑整体架构的同时，还需从宏观视角全面概览工业互联网的广泛应用，如图 3－6 所示。该技术体系是通过对工业互联网赋能企业全过程中所涉及的核心技术进行深入梳理与科学归类后构建而成的，其核心内容涵盖了制造技术、信息技术以及融合技术三大领域。

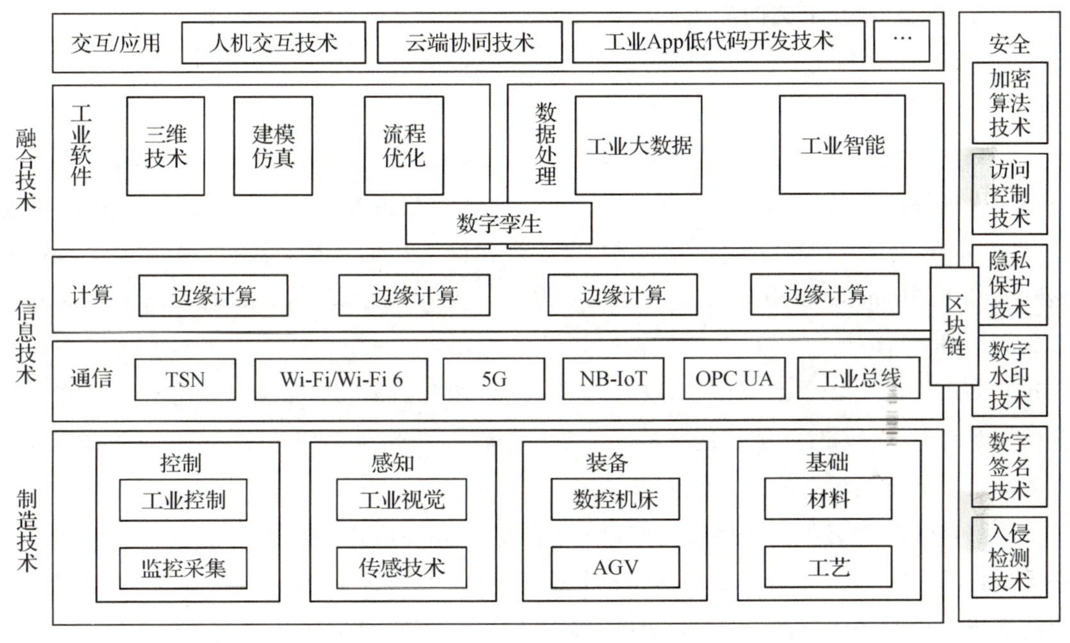

图 3－6 工业互联网技术体系

（1）制造技术及信息技术作为工业互联网发展的基础设施，其融合发展能够强化工业互联网在企业中的应用。制造技术所涵盖的感知与控制技术，分别作为起点和终点，实现了数字化的优化闭环，它们不仅负责采集制造物理系统的数据，还控制智能装备的运行。

（2）信息技术是构建工业互联网数字空间并实现数字优化闭环的基石，它负责将工业数据传输至工业互联网平台。主要包括 5G、窄带物联网（narrow band internet of things；NB－IoT）、边缘计算（ edge computing；EC）等技术。

（3）融合技术是联结数字优化闭环数据流、信息流与决策流的核心，它在制造技术与 IT 的基础上对工业数据进行深入分析处理，并将结果反馈至物理资产，主要包括工业软件、工业大数据、工业智能技术以及数字孪生技术。

第五节　工业互联网五大关键技术

由工业互联网技术体系可知，以5G、边缘计算、工业智能、区块链、数字孪生等技术为代表的关键技术，在支撑工业互联网体系架构中功能架构的网络、平台和安全三个层次的建设，以及促进数据优化闭环的形成方面，具有至关重要的作用，而功能架构则是赋予企业智能化落地实施能力的核心架构，因此，必须深入集成和融合这五大关键技术。本节将重点介绍这些关键技术如何解决在升级改造过程中企业面临的各种问题，并概括了当前的典型应用场景以及面临的应用挑战。

一、5G 技术

在工业领域中，业务场景复杂多样，需要具备海量连接、低时延特性的网络连接技术来实现人机物之间的全面互联互通。5G 作为最新一代蜂窝移动通信技术，具有海量连接、高可靠性、低时延等特点，是工业互联网实现全面连接的基础，能够广泛应用于增强型移动宽带（enhanced mobile broadband；eMBB）、大连接物联网（massive machine type commu－nication；mMTC）、超可靠低时延通信（ultra re－liable low latency communication；URLLC）三大场景。利用5G 无线技术、网络切片技术，以及结合其他与网络技术融合的方案，如"5G＋"时间敏感网络（Time Sensitive Network；TSN ）、"5G＋"云等技术，可有效应对不同工业场景的多样性需求。

当前，5G 赋能工业互联网已经得到了广泛的研究和应用。在生产制造场景下，5G 能够支持自动导引车（automated guided vehicle；AGV）的部署。Siriwardhanad 等将当地 5G 运营商与移动网络运营商（mobile network operator；MNO）架构相结合，将 AGV 与制导控制器进行连接，实现低时延，并且能够确保数据的安全性。5G 应用于机械手控制，与长期演进（long term evolution；LTE ）技术相比，具有显著优势，能够满足该场景超低时延以及超高可靠性的需求。在虚拟化技术基础上，利用 5G 切片技术灵活部署工业园区中不同业务的需求，实现逻辑资源上的隔离。同时，利用网络切片技术来应对具有子网络以及多个运营商的复杂园区场景。由此可见，5G 技术能够有效解决工业企业在生产制造以及业务运营方面遇到的困难。

尽管 5G 技术已经能够满足部分场景的需求，但其应用主要集中在大型企业中，对于众多中小型制造企业来说，它们的基础设施尚不具备智能化、数字化的能力，面临着部署成本高、难以实现大规模部署的问题。当前，5G 与工业互联网的融合仍处于探索阶段，在满足工业中硬件实时控制的需求方面还存在不足，且缺乏专门针对工业领域的解决方案。相信随着《工业互联网创新发展行动计划（2021—2023 年）》的实施以及工业互联网 2.0 体系的推广，将进一步加速推动"5G＋"工业互联网创新模式的发展，并最终为工业数字化转型提供坚实的技术支撑和智力保障。

二、边缘计算技术

工业领域的部分控制场景对计算能力的高效性有严格要求，将数据传输到云端进行计算可能会导致巨大的损失，此外，在工业现场中，存在大量异构的总线连接，设备之间的通信标准不统一，因此，需要将计算资源部署在工业现场附近，以满足业务高效实时的需求。边缘计算作为靠近数据源头或网络边缘侧的开放平台，融合了网络、应用核心能力以及计算存储能力，具有低时延、高效、近端服务、低负载等优点，能够就近提供边缘智能服务，是工业互联网中至关重要且不可或缺的关键性环节。

当前，边缘计算赋能工业互联网已经得到了广泛的研究和应用。通过利用边缘计算技术，将工业场景中的云计算及存储功能分散到工业互联网的边缘，从而降低云端计算和存储的压力，并解决云计算模式存在的实时性差、运维成本高、数据安全存在风险等问题。将边缘计算技术应用于工业生产中，旨在实现生产自动化，使“机器取代人力”的愿景成为现实。有学者提出了适用于工业网络的通用边缘计算模型，显著提升了动态环境下的服务质量。利用边缘计算技术也可以对工业设备进行实时监测，使得预测性维护成为可能。在实际部署过程中，边缘计算与云计算以及 5G 网络技术的融合也得到了深入应用。GSMA 联合全球运营商合作构建了电信边缘云平台。中国联通推出了 CUC－MEC 平台，并设计了 EdgePOD 一体化边缘解决方案。中国电信也开展了 5G＋MEC 的应用合作创新。由此可见，边缘计算技术能够满足工业领域中信息化与工业化深度融合的产能升级和高性能网络化的需求。

综上，边缘计算技术虽然已经广泛应用于工业互联网中，但仍面临设备接口标准不统一、测试标准不统一的问题，并且在应用过程中还存在诸多安全问题。在边缘计算的架构中，位于不同层次的边缘服务器拥有不同的计算能力，因此，未来需要继续提升边缘计算的性能，以在运行的过程中完成成本分析及负载的分发。此外，在行业应用中，对于网络传输的效率和可靠性要求普遍较高，因此边缘计算需要与行业应用、运营商网络进行高效协同，其系统隔离、数据安全能力仍有待进一步提高。未来，边缘计算的发展将为工业、制造业以及其他新兴产业提供更加强大的驱动力。

三、工业智能技术

工业互联网的核心功能是数据驱动的智能分析与决策优化。工业智能技术具备自感知、自学习、自执行、自决策、自适应等特点，通过运用知识图谱、机器学习、深度学习、自然语言处理等技术，能够有效解决工业互联网中数据量巨大、数据维度多、实时分析难、量化困难等问题，为精准决策和动态优化提供了有力支持，是构建工业互联网数据优化闭环的关键环节。同时，工业智能技术能够建立在全面感知、泛在连接、深度集成和高效处理的基础之上，更好地适应复杂多变的工业环境，帮助工业企业提升设备管理与维护效率。

目前，工业智能技术赋能工业互联网已经获得了广泛的研究与应用。面向设备级应用时，工业智能技术能够预测设备剩余寿命，从而实现设备的预测性维护，有效降低成本与故障率。有专家利用基于BP神经网络的刀具寿命预测模型，显著提高了预测精度，确保了制造系统的工效运行。面向企业级应用时，工业智能技术能够综合考量设备运行状况、原料状况、制造流程等多维度数据，精准找出最优参数，进而大幅提升运行效率与制造品质。此外，还有企业构建了生产全流程多源异构数据分析框架，借助全栈式机器学习平台高效搜集数据，并应用平台中的算法库进行模型构建，成功实现了质量溯源与生产线监控，有效解决了线材生产中椭圆度超差的质量问题。面向产业链级应用时，工业智能技术能够依托全新的知识组织方式，实现更为全面可靠的管理与决策支持。例如，华为通过汇聚多种信息资源，成功构建了供应链知识图谱，并借助企业语义网技术，实现了供应链风险的有效管理，为公司决策提供了有力辅助。

由此可见，工业智能技术能够深入挖掘数据潜藏的深层意义，最大化地利用工业数据的隐含价值，成为支撑工业互联网发挥重要作用的关键因素。尽管在工业智能技术的实施部署方面已经取得了一定的成果，但在面对实时性需求较高的特定场景时，仍缺乏高能效、低成本的架构芯片。此外，要在工业领域中广泛普及应用工业智能技术，仍面临数据标准不统一、算法模型可靠性不足、可解释性不强、算力平台维护成本高且集成难度大等问题。

未来，随着工业智能技术的不断发展，将有望进一步释放工业互联网的潜力，并推动其迈向更加成熟和高效的阶段。

四、数字孪生技术

在工业互联网中，通过生产设备之间的广泛连接获取生产数据，并对其进行整合、分析和决策，以实现生产过程的全流程优化。在此过程中，需确保物理实体和虚拟模型之间的虚实交互顺畅，并严格保障工业生产安全。数字孪生技术依托算法模型对数据进行深入分析与认知，旨在优化生产过程，该技术具备数据驱动、模型支撑、软件定义、精准映射及智能决策等显著优势。

目前，数字孪生技术虽然在一些场景中有所应用，但整体上仍处于发展的初期阶段，其赋能作用尤为显著地体现在高价值设备或相关产品的健康管理方面。在生产设计阶段，通过数字孪生技术为设计人员提供了辅助指导，实现装备的敏捷试验与应用，有助于提升试验效率，从而有效降低装备试验费用、缩短试验周期，并延长设备的使用寿命；在生产制造阶段，有的企业提出了一种基于压力驱动的筛板塔模型，该模型运用设计的相关性来精确计算压降以及液体和蒸气的滞留量，进而提升了生产工艺水平；在产品维护阶段，借助高精度物理模型、历史数据及传感器数据的集成，构建的数字实体模型为对航空发动机的维护提供了有力支持，能够预测安全事件、及时发现潜在问题并激活自修复机制，有效减轻损伤和退化。数字孪生技术实现了虚拟与现实的双向耦合，为物理现实的生产过程提供了扩展能力，有助于在一定程度上解决企业分工难题，进而显著提升生产力。

工业数字孪生是以数据与模型的集成融合为核心的新模式，通过在数字空间构建物理对象的精准数字化映射，进而基于分析预测形成最佳综合决策，实现工业全业务流程的闭环优化。然而，目前，数字孪生仍是一个新兴的技术，在诸多方面仍处于探索阶段，如建模工作量大、周期长，针对不同场景需要设计不同数据分析模型等。未来，随着工业互联网架构 2.0 的推广及应用，将极大促进 DT 技术的发展，DT 技术的应用也会反过来推动工业互联网的发展，从而驱动工业互联网生产方式和制造模式的全新变革。

五、区块链技术

工业互联网平台在部署过程中，工业数据需要上传至云端，但企业对自身隐私数据泄露的担忧导致它们不愿参与其中，从而阻碍了工业互联网平台的推广。因此，需要一项技术来解决工业互联网中多方博弈下的互信协作问题，以及各企业对自身数据的控制权问题。区块链作为一种由多种技术集成创新形成的分布式网络数据管理技术，通过其加密算法、访问控制、隐私保护、入侵检测等先进技术，能够实现工业企业内部各个环节的数据共享、网络加密及访问权限控制等功能，并且利用区块链的分布式特性，可以有效促进产业链的协同以及产融协同。

目前，区块链赋能工业互联网已经取得了一定的研究和应用成果。针对 IIoT（工业互联网）中传感器设备生成的图像泄露问题，有专家提出了一种基于私有链的面向 IIoT 网络计算系统的图像加密方案，该方案增强了图像数据的私密保护及安全性；针对工业互联网标识解析系统存在的数据完整性、真实性问题，有专家基于混合共识、一致性哈希等技术，设计了一种高性能的轻量级混合区块链模型——LHB，该模型以异步方式实现可信验证和冗余备份，通过对全网区块存证，有效防止篡改和伪造数据；针对工业服务层平台的安全保护问题，基于 oneM2M 物联网标准和区块链混合应用，开发了一种面向工业领域的物联网服务层平台。由此看出，区块链正深刻影响着工业互联网中物理设备安全、网络加密保护、平台隐私保护以及数据互联共享等多方面的发展与演变。

工业互联网平台下，两种技术的兼容与调和过程并非是简单的技术嵌入，而是需要在更多模式上进行深度升级。关于区块链如何与工业互联网平台实现业务上的集成与融合，以及各项标准的制定，均是未来研究的重点方向。随着“区块链＋工业互联网”融合研究的深入，以及各项标准制度的发展与完善，加之对区块链核心技术的持续研究和创新模式的升级与探索，区块链技术将在工业互联网的网络安全保障、资源高效分配、制造数据追溯、智能协同制造等方面发挥着更加显著的推动作用。

第四章

国内外产业互联网发展概述

我们将美国和欧洲两大区域的互联网实践分为消费互联网与产业互联网两大类别，凡与产业紧密相关的互联网业务及应用，均可归入产业互联网范畴，通过深入分析工业电子商务、数字化供应链、专业服务商等关键领域，我们梳理了美国和欧洲产业互联网的发展历程及当前现状，并对相关趋势进行了深入探讨，旨在为国内产业互联网的发展提供有价值的参考。

第一节　美国和欧洲产业互联网发展

一、美国和欧洲产业互联网发展历史概述

美国作为互联网的发源地，早在 20 世纪 90 年代便孕育了众多参与者，其中不乏延续至今的佼佼者，共同塑造了独特的产业互联网生态。在产业互联网萌芽初期，相关业务主要聚焦于工业电子商务模式，众多工业企业为抓住互联网带来的新机遇，纷纷设立专门的电子商务企业，以应对供求效率的挑战，随着产业互联网的深入发展，这些产业互联网企业历经多次战略转型，逐步演化为当前更为专业化、高效化的运营格局。

对于欧洲而言，其在消费互联网领域的表现并不突出，同时在产业互联网领域也显得行动迟缓。这种状况，与欧洲资本市场过于保守的特质密不可分。尽管德国在 1997 年创立了类似纳斯达克的 Neue Markt，然而，由于管理经验缺陷，该市场非但没有为产业互联网的发展提供助力，反而对传统投资者造成了伤害，进而影响了市场对产业互联网持续发展的信心和支持力度。

在互联网尚处于萌芽阶段时，美国各类实体企业就开始积极尝试与参与。航空与汽车两个大领域作为复杂产业链中的代表性行业，更是首当其冲，它们利用数字化技术对传统产业价值链进行改造，成为二十多年前这两个行业企业对互联网浪潮的直接回应。

与欧洲产业企业相比，美国企业历来具备敢想敢做的精神特质，即便是大型企业，也敢于探索互联网所带来的颠覆性创新机遇。为了分散风险并共同推进发展，美国航空领域的几家大型企业携手成立了 Exostar，而在汽车领域，三大巨头——通用、福特和克莱斯勒也联合创立了 Covisint。这两大产业互联网企业均于 2000 年诞生。

2000 年 7 月，BAE Systems、波音公司、Lockheed MARTIN 及雷神公司共同筹建了 Exostar 公司，该公司旨在满足航空和国防业务的电子化需求，其首任 CEO 为 Andy Plyler，他曾在 PartsBase 及霍尼韦尔航空部门等拥有丰富的电子商务运营经验。Exostar 的成立，正是希望借助 PLYLER 在航空领域的深厚背景与经验。在推进如 787 等新型飞机的研发与生产的过程中，美国波音公司对 Exostar 给予了高度评价，他们认为，通过 Exostar 对供应链的有效管理，不仅显著提升了工作效率，还大幅降低了供应链管理中的潜在风险。

除了行业企业在产业互联网领域的积极举措，美国还涌现出一批专注于工业标准件的工业电子商务公司，MFG 便是其中的佼佼者。该公司成立于 1999 年，并于 2005 年获得了亚马逊创始人 Jeff Bezos 的投资，2006 年 10 月，MFG 进一步拓展其全球布局，正式进入中国市场，成立了全球第二个运营基地。然而，随着阿里巴巴等本土互联网公司的崛起与发展，经过激烈竞争后，MFG 于 2015 年宣布正式关闭。

毫无疑问，美国在消费互联网和产业互联网领域均处于全球领先地位，相比之下，欧洲不仅在消费互联网领域未取得显著成绩，在产业互联网领域，欧洲的同类型企业也滞后了十余年时间。

2011 年欧洲媒体报道称，经过 4 年时间的筹备，EADS、达索系统、SAFRAN 和 ThalesGROUP 四家机构联合创建了 BoostAeroSpace，它直接对标美国的 Exostar。在成立之初，欧洲的空中客车公司并未加入，而是后来才正式成为 BoostAeroSpace 的一员，这与美国 Exostar 成立之时波音公司便加入的情况形成了鲜明的对比。我国类似的产业互联网平台——航天云网，则是在 2016 年才正式成立。

在美国，作为复杂供应链代表的汽车行业，很早就筹划进入产业互联网领域，计划与航空领域的产业互联网举措同步。2000 年针对汽车供应链的产业互联网公司 Covisint 应运而生，Covisint 由汽车领域的几家巨头公司联合创立，发起企业包括通用汽车、福特和戴姆勒-克莱斯勒。不难想象，当初这三家汽车巨头已感受到互联网带来的威胁，但单独开展产业互联网业务却力量单薄，因此选择了联合成立一家产业互联网企业。

然而，Covisint 成立之初就注定了多舛的命运。2004 年 2 月，Compuware 收购了 Covisint；2014 年 10 月 31 日，Compuware 又将 Covisint 剥离开，使其成为一家独立运营的公司；2017 年 7 月，一直寻求加强其产业互联网领域垄断地位的加拿大产业互联网公司 OpenText，花费了 1.03 亿美元收购了 Covisint。

2014 年 1 月 OpenText 收购的 GXS 也具有类似的命运。GXS 的历史可以追溯到 1962 年，它起源于 Dartmouth College 与通用电气合作的一个项目，到 1985 年，通用电气信息服务公司(GE Information Services，GEIS)推出了 GEnie 服务，该服务类似于美国在线。2000 年，通用电气信息服务公司更名为 GXS(Global Exchange Services)。2002 年，一家名为 Fransico Partners 的公司从通用电气手中收购了 GXS，直至 2014 年 1 月，GXS

再次被 OpenText 收购，成为其业务版图的一部分。

在美国产业互联网的发展历程中，不容忽视的是亚马逊所做的一些工作。亚马逊曾专门推出了 Amazon Supply 的服务，然而，在随后的几年中，亚马逊对此进行了调整，最终形成了 Amazon Business，替代了早期推出的 Amazon Supply。

除了这些相对独立的产业互联网应用，还有一些颇具规模的企业，它们通过自行建设系统或平台，为供应链和产业链上的其他企业提供服务，这些服务往往是以这些企业的金融服务业务形式存在。例如，通用电气的金融租赁业务，就提供了资产性能管理（Asset Performance Management；APM），该业务还逐步发展成为后来知名的工业互联网平台 Predix 的一项核心业务。

德国的西门子亦不例外，其金融部门（Siemens Financial Service；SFS），明确提供了大量的租赁业务，针对出租的工业设备，进行远程维护和管理，这一服务最终成为其产业互联网形态中的一项核心服务。

二、美国和欧洲产业互联网发展现状

经过过去几十年的发展，互联网已逐渐成为一个具有足够大规模的产业，开始受到各企业的重视，正如前面提及的，美国进入产业互联网领域较早，其产业基础扎实，互联网在产业领域的应用也相对成熟，可以介入的产业互联网空间较少，因此难以出现一鸣惊人的产业互联网领军者，这是中美两国在产业互联网领域最显著的差异。

从总体现状来看，目前美国和欧洲都存在传统互联网向产业互联网渗透的现象，同时，传统的实体企业也开始熟练地运用互联网工具，改变自己的生产和经营模式，从而形成了相辅相成、相互促进的产业互联网发展态势。

1. 传统的产业互联网以提高集中度为目标

在美国和欧洲过去几十年的互联网发展历程中，曾经涌现出不少探索产业互联网运行的先驱。由于各种原因，这些企业未能发展壮大，甚至走向消亡，即便是一些幸存下来、具有独特优势的产业互联网企业，也常因资本的力量，最终被收购，这样的情况屡见不鲜。

OpenText 便是其中一个典型案例，它起源于加拿大滑铁卢大学为《牛津词典》建立索引的项目，后从中剥离出来并成立了一家公司。该公司正式成立于 1991 年，并于 1996 年在美国纳斯达克上市。以市值来衡量，该公司在过去 30 年间市值上涨了 40 多倍，算是增长较为迅速的公司之一，当然，与阿里巴巴等互联网巨头相比，其增长速度尚显不足。然而，作为在产业互联网领域持续深耕的企业，OpenText 值得国内产业互联网领域的从业人士密切关注。在过去 5 年多时间里，它相继收购了多家行业内知名的产业互联网公司，包括 EasyLink、GXS、ANX、Covisint、Liaison Technologies 等，进一步巩固了其作为产业互联网服务领域领头羊的地位。

按照 OpenText 自身的说法，它还将持续进行收购活动，以期在产业互联网领域构建起足够强大的竞争优势。不仅如此，OpenText在人工智能、物联网、区块链等领域也不断加大投入，及时对传统的产业互联网应用进行升级，紧跟行业技术发展的步伐，跃居技术创新的领先地位。

除了OpenText之外，还有不少独具特色的产业互联网企业，仅在数字化供应链领域，就有如Infor GT Nexus、E2open、One Network、TrueCommerce、SPS Commerce、Bamboo Rose和Vecco等企业登上了咨询公司排行榜。

工业4.0研究院认为，美国之所以涌现出诸多产业互联网公司，与美国市场经济发达和专业化分工的明确不无关系。然而，有趣的是，国内大部分产业互联网都将供应链金融作为核心卖点，而美国产业互联网企业则往往扮演着辅助角色，致力于帮助企业提升效率、降低成本，简而言之，中国产业互联网的金融化路径过于凸显，这在一定程度上不利于风险的有效控制。

除了数字化供应链模式的产业互联网，美国和欧洲还存在着工业电子商务与专业服务商等多种模式，近年来，随着人工智能、物联网及数字孪生体等新兴技术的逐步应用与推广，欧美地区持续涌现出新的产业互联网企业。

以工业电子商务为例，美国和欧洲均拥有成熟的商业模式，早期知名的工业电子商务企业MFG，成立于1999年，然而，随着亚马逊、阿里巴巴等标准件工业电子商务大平台的崛起并形成规模，MFG逐渐落没，最终于2015年正式退出中国市场。尽管亚马逊和阿里巴巴等大型电子商务平台凭借高流量在标准件领域占据优势，但面对非标准件的工业电子商务运营，这些平台并未展现出明显的优势。非标准件的工业电子商务，往往需要平台提供一定程度的定制化服务，无论是产品还是服务层面的定制化，都促使传统的电子商务平台探索并拥有新的业务流程。

在德国也有类似的非标准件电子商务公司，Techpilot是比较典型的德国产业互联网企业，它自称为“欧洲定制工业部件的在线平台”，若以国内时髦的词汇来描述，则是C2M(Customer to Manufacture)。

美国的工业电子商务企业众多，知名的包括ThomasNet、TradeWheel、ImportAndExport、Fastenal和Grainger等，此外，还包括一些大型企业自营的电子商务平台，如埃克森美孚、惠普、通用汽车、通用电气及波音公司等。

波音公司运营的MyBoeingFleet电子商务网站，尽管界面略显陈旧，但它始终致力于服务其工业领域的供应链与客户，是美国数字化供应链和工业电子商务领域的典型代表。

当然，不仅是美国企业拥有自己的产业互联网门户，欧洲的大型企业也普遍建立了自己的数字化供应链和工业电子商务门户，从而成为产业互联网领域的重要一员。不仅如此，一些企业还根据实际需要，通过旗下的金融服务公司，提供融资租赁等服务，进一步拓展至智能资产管理服务领域。

总体而言，自互联网浪潮兴起之初就产生的数字化供应链、工业电子商务和专业服务商，现已发展成熟，并步入了资本驱动的阶段，它们正借助各类资本力量，加速整合市场，“淘汰”竞争对手，以谋求更广阔的发展空间。

2. 新的产业互联网领域机遇巨大

虽然早期的产业互联网运行模式比较成功，但是由于准入门槛降低，吸引了一些传统的实体企业介入，它们在各自擅长的领域推出了产业互联网门户，加上一些金控集团的介入，形成了供应链金融模式，这对参与方造成了巨大的压力。

美国和欧洲的产业互联网参与者没有停留在传统的产业互联网范畴，它们积极寻找可以创新的产业互联网领域。它们主要关注的有两个领域：一是全新的市场机遇，例如车联网、自动驾驶等；二是新型技术与传统产业互联网融合带来的机遇。

在云计算技术逐渐普及的过程中，美国的创业者发现了一个新的机遇，即“共享经济”。他们利用云计算技术对实体资产进行数字化改造与管理，使得有需要的人群能够根据实际使用情况付费，从而催生出一种新型的产业互联网模式。

优步便是最为典型的产业互联网应用之一，它通过构建一个产业互联网平台，吸引各类车辆加入，为社会公众提供便捷的出行服务。由于优步自身并不拥有汽车，这一模式极大地降低了固定资产的投入，为其运营提供了可能，并促使传统出租车行业的结构产生了根本性的变革。

进一步考虑，如果自动驾驶和车联网更加成熟，那么优步完全有能力运营一个自有汽车公司，并将这些车辆部署到利润丰厚的市场中，这无疑将对整个出行市场产生深远的影响。事实上，不仅互联网企业开始涉足这一领域，众多传统汽车厂商也敏锐地洞察到其潜力，纷纷加大在这一方面的投入。

早期的工业电子商务门户主要作为中介平台来销售产品，而产品的售后服务则往往由厂家自行承担。然而，随着物联网技术的日益成熟，通过物联网平台提供的大数据分析或智能服务，产品的售后服务或维修模式正在悄然改变。

美国的通用电气公司在过去几年中，尝试通过其工业互联网平台 Predix 来提供产品维保服务，并将此服务命名为资产性能管理（Asset Performance Management；APM），根据 ISO 55000 的定义，此服务确实属于资产管理类别的服务范畴，也是过去几十年间全球规模企业一直高度重视的服务类型。尽管通用电气因各种原因遭遇股价暴跌，企业经营受到巨大的影响，导致其工业互联网战略的执行出现波折，但通用电气在基于物联网的智能服务领域的探索，无疑对当今时代的工业企业产生了深远的影响。

德国的西门子、博世等工业巨头，纷纷借鉴通用电气的智能服务方法。以西门子为例，它紧随通用电气的步伐，推出了 MindSphere 平台，首要任务是将西门子的各类工业资产纳入管理范畴，涵盖机车、风机以及一系列贵重设备。西门子财报显示，通过 MindSphere 平台，公司不仅降低了以往的维保成本投入，还成功赢得了新的订单，这无疑在产业互联网应用领域中一举两得。当然，德国的汽车企业也并未放弃利用新兴技术进军产业互联网的机会。例如，德国大众集团近期宣布与微软的 Azure 云平台携手合作，推出了汽车云服务，该服务专注于为大众集团旗下的汽车提供服务，旨在帮助消费者更便捷地使用汽车，这无疑是汽车互联网业务的一个典型代表，也是新型产业互联网服务之一。

需要指出的是，传统的产业互联网企业，如美国的 Exostar 与欧洲的 BoostAeroSpace——这两家在航空国防领域具有影响力的产业互联网平台，近期都开始利用新型技术对其技术进行升级，致力于打造数字化供应链 2.0。

2018 年，美国的 Exostar 发布了《数字化：通往供应链成熟度》的报告，详细阐述了利用物联网、人工智能等新型技术开创供应链未来的愿景。2019 年 2 月，欧洲的 BoostAeroSpace 召开了 AirCyber 会议，重点探讨了加强数字化供应链安全的举措。

毋庸置疑，人工智能、物联网和数字孪生等技术与传统产业互联网领域的深度结合，将会催生新的产业互联网机遇，这正是欧美不少企业开始加大投入，进行新型技术研发的重要原因。

三、美国和欧洲产业互联网发展趋势

工业 4.0 研究院产业互联网研究中心一项主题研究显示，目前全球产业互联网在云计算、物联网和数字孪生等技术的驱动下，正逐渐显现出三大发展趋势，分别为数字孪生体设计及生产、智能资产管理和新一代的共享服务，这些新兴的业务和模式将重塑产业互联网的未来竞争格局。

美国作为产业互联网的领头羊，已经在这三个趋势上进行了不少布局，特别是在风险投资的助力下，三个方向上已形成了较大规模的参与群体。相比之下，欧洲的产业互联网发展则显得较为平稳，由于欧盟一直倡导的单一数字市场(Digital Single Market;DSM)进展未达预期，欧洲产业互联网的目标市场受到较大限制，迫使一些需要广阔市场支持的业务和模式难以顺利推行。

1.趋势一：数字孪生体设计与生产

在欧美国家，数字孪生体已非新概念，至少在 2015 年前后，数字孪生体已成为美国和欧洲企业关注的焦点。据工业 4.0 研究院数字孪生体研究中心考证，数字孪生体概念于 2010 年正式诞生，在美国 NASA 和国防部两大力量的推动下，数字孪生体已深度融入工业设计、生产和管理体系中。

数字孪生体是物理世界与虚拟世界实现工程融合的有效工具。在美国国防部的数字化工程(Digital Engineering)体系中，数字孪生体是基于模型的系统工程(Model - Based Systems Engineering;MBSE)的应用工具，能够最大限度地提升数字化设计工程的闭环效果。

简而言之，数字孪生体的数字化设计环节能够与生产制造的个性化需求相结合，这样不仅实现了生产线的自动化，还能将设计环节纳入其中，从而助力个性化定制的实现。然而，事情远非如此简单。由于传统制造业的流程较为封闭，在企业内部，虽然可以通过产品生命周期管理(Product Lifecycle Management;PLM)工具串联设计与生产的过程，但要将工业设计独立出来，构建一个产业互联网平台，其难度远超单纯的技术成熟问题所能涵盖的范畴。

美国有一家名为OnShape的公司，这是一家由Solidworks创始人Jon Hirschtick等资深员工历经3年时间打造的CAD云平台，该平台于2015年3月11日正式开放公测。若从数字孪生体的视角来审视OnShape，其本质旨在将制造企业的设计功能专业化，进而构筑成一个独立的产业互联网平台。

相比之下，欧洲的西门子和达索则选择了保守的道路，它们依旧以协助制造企业内部实现设计云化为目标，而非以改变工业设计的产业价值链为初衷，毕竟，这两家企业的客户基础庞大，贸然进行转型可能会带来难以预料的风险。

事实上，在美国同样提供工业设计软件的PTC就遭遇了这样的挑战，其2019财年第二季度的业绩不佳，导致股价在不到一个星期内就下跌了30%。PTC的CEO对此进行了说明，他指出，在向订阅模式转型的过程中，PTC的传统业务受到了显著影响，具体而言，这种影响体现在两个方面：一是中国和俄罗斯市场由于某种原因难以接受订阅模式，导致销量大幅下滑；二是部分其他用户并未转向订阅模式，反而愿意支付更高的一次性购买价格。

总之，虽然数字孪生体设计与生产的专业化和融合是产业互联网发展的必然趋势，但在短期内，我们仍需面对并克服诸多挑战与困难。

2. 趋势二：基于物联网连接的智能资产管理

资产管理是企业的常规需求，国际标准组织ISO还专门设立了ISO 55000来对其进行定义和规范。利用信息化技术对资产进行管理，也不是一项长达30年的“旧”业务，美国、日本和欧洲不少企业在20世纪80年代就已开始运用传感器技术，对机床、挖掘机等各类需要管理的资产进行有效管理，以减少人工收集数据的成本。

随着物联网技术的不断成熟，传感器设备的成本也显著降低，同时人工智能和大数据分析技术发展到一定阶段，共同推动了传统的资产管理向预测性管理转变，进而形成了智能资产管理模式。

特别是近几年，随着大量开源工业互联网应用的出现，极大地降低了企业应用云计算和物联网等技术的门槛和成本，这使得一些规模较小的企业也能够自行构建物联网管理平台。例如，工业4.0研究院推出的IOT 3000开源工业互联网解决方案，就有效加快了行业部署智能资产管理的速度。

迄今为止，通用电气、IBM、微软、亚马逊等美国顶尖的IT企业在智能资产管理方面做了不少工作，但与国内某些工业互联网平台自诩能服务整个行业不同，美国提供智能资产管理服务大多是通过解决方案来实现，而非强制要求企业将其相关数据上传至公有云。

欧洲同样经历着类似的转变，德国的软件企业巨头 SAP 在数年前就推出了企业资产管理(Enterprise Asset Management; EAM)解决方案。当然，西门子、达索系统、Boost-AeroSpace 等产业互联网领域的积极参与者，也纷纷运用前沿技术，推出了智能资产管理服务。

在德国工业 4.0 体系中，为推进其高度集成的战略目标，引入了资产管理壳(Asset Administration Shell; AAS)的概念体系，旨在统一规范所有资产管理需求，从而使德国企业在未来工业领域占据战略制高点。

有趣的是，德国为了加速将智能资产管理相关标准转化为国际标准，一方面积极推动国际标准组织 IEC 采纳德国标准，另一方面，德国企业联合欧盟其他企业，通过纷繁复杂的利益交换，形成了统一行动阵线，力求在智能资产管理领域占据优势地位。

3. 趋势三：积极推动下一代的共享经济及服务

以优步等为代表的传统共享经济和服务已广为人知，但从共享模式的应用场景拓展来看，通过个人资产共享化来推动商业模式变革的领域正逐渐缩减，这迫切要求我们从新型技术应用领域中探索新的发展空间。

车联网和无人驾驶或将成为下一代共享服务应用的主要场景，但这一场景已不再是优步等独立产业互联网平台运行者的专属领地，汽车厂商正积极成为新的参与者，甚至有可能成为主导者，这也促使优步等领先的共享服务平台不得不通过投资介入新技术的开发与应用之中。

优步是早期涉足无人驾驶领域的企业之一，早在 2016 年，优步便与沃尔沃签订了价值 3 亿美元的协议，旨在联合开发无人驾驶汽车。随后，又以 6.8 亿美元收购了无人驾驶卡车初创企业 Otto，尽管这些举措引发了广泛争议，但优步对于无人驾驶技术可能给传统共享经济带来的挑战所抱有的忧虑，却是显而易见的。

不仅在车联网与无人驾驶的结合中能够催生新型的产业互联网模式，而且可以在物联网、供应链金融和电子商务的融合中探寻发展契机。

由于物联网部署成本的大幅降低，尤其是随着 5G 技术的逐步广泛应用，各种设备或物品都可以进行实时跟踪，这极大地促进了更为便捷的共享经济模式的涌现。美国的金融业相对发达，通过与电子商务的深度融合，已成功孕育出新型的产业互联网模式。

据观察，美国仅在能源互联网领域，就已孕育出数家上市的产业互联网公司，如 Fleetcor、WEX 等。它们通过与能源企业的紧密合作，为消费者和使用者提供专业的服务，从而形成了独特的产业互联网服务体系。

相比之下，欧洲的共享经济及服务尚处于探索阶段，如宝马公司推出的 DriveNow 等服务，其市场接受度尚需经过严格的检验。至于其他更为复杂且先进的共享服务类型，预计在欧洲的出现还需时日，这主要受欧洲风险投资氛围较为保守以及市场接受新事物周期较长等因素的影响。

从长远的视角审视美国和欧洲的产业互联网发展趋势，我们需要清晰认识到，这两个地区代表着截然不同的市场环境，美国市场相对较成熟，市场机制灵活多变，风险资金充足，为产业互联网的创新活动提供了广阔的舞台，使其能够大规模地蓬勃开展。反观欧洲，尽管其产业基础坚实，但数字单一市场的构建尚未完全实现，导致产业互联网创业者面临的目标市场相对狭隘，这成为欧洲产业互联网难以专业化运营的主要障碍之一。

总而言之，自产业互联网兴起之初，美国便以引领者的姿态成为全球的风向标，预计未来这一地位仍将持续。凭借其深厚的产业底蕴，欧洲在结合细分领域的应用上，完全有能力孕育出一批产业互联网的“隐形冠军”。这些现象与趋势，都值得中国读者深入观察与思考。

第二节　国内产业互联网发展背景与机遇

受国内外经济环境的影响，中国经济发展已步入新常态。传统商业模式逐渐失效，传统产业正面临供求失衡、产能过剩、流通环节繁多、盈利能力薄弱等现实问题；伴随出现的是同行间竞争日益激烈，同质化现象日益凸显；企业成本居高不下、资金周转困难等产业链痛点。传统的产业结构和生产经营模式难以适应新时代经济发展的需求，转型升级迫在眉睫。即使那些经营状况相对较好、产品较为稳定、市场占有率较高的龙头企业，在面对互联网时代的冲击时，也面临着企业增长受阻、市场空间被压缩、业绩下滑的困境。如何寻找新的利润增长点，如何挖掘新的市场机会和市场价值，以及在互联网环境下如何满足客户日益增长的个性化需求，成为这些行业龙头企业面临的极为现实的难题。

一、产业互联网发展背景

2017 年 10 月，党的十九大成功召开。十九大报告对我国当前经济形势进行了总结，并提出中国特色社会主义进入新时代后所面临的新矛盾是：“人民日益增长的美好生活需要和不平衡不充分的发展之间的矛盾”。我国大部分传统产业链条冗长，产业链上充斥着大量小而散的从业者，存在信息不对称、生产水平落后、整体效率低下的现象。产业链发展中存在严重的不平衡不充分现象，是导致供给侧和需求侧失衡的重要原因（图 4 - 1）。因此，以互联网推动实体产业全链条的转型升级，将是中国新时代经济转型的主要特色和重要机遇。

产业互联网通过互联网技术整合并优化产业链，实现信息的全面打通与供需的精准匹配，从而推动供给侧结构性改革。通过产业互联网平台，以共享经济模式对产业链上的企业进行技术、资源等多方面的赋能，促进产业链整体的转型升级。

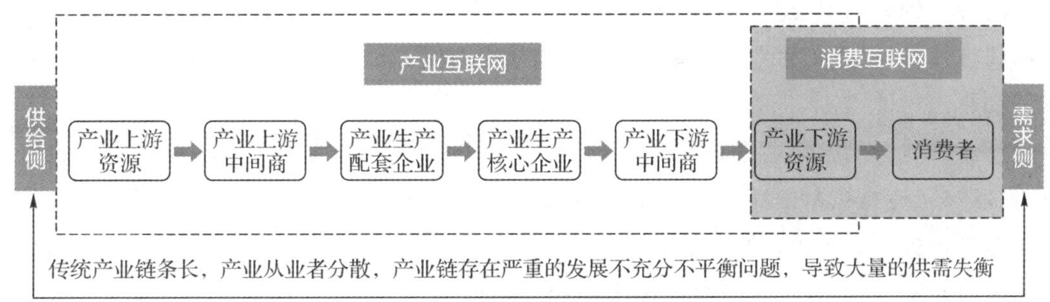

图 4－1 传统产业链存在的问题

纵观互联网的发展历程，产业互联网的出现经历了分阶段的实践探索与逐步演进（图 4－2）。

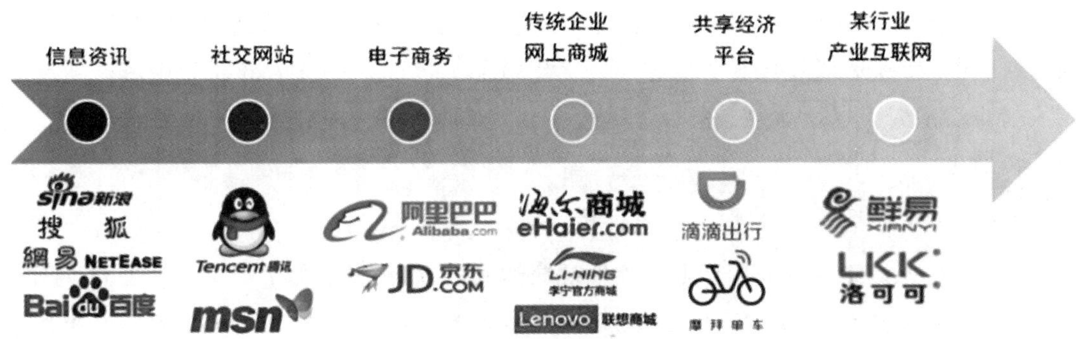

图 4－2 产业互联网分阶段的实践探索与演进

在互联网发展早期，主要是单向满足人们获取信息的需求（如新浪、搜狐、网易三大门户网站及百度等）；随后，进入 Web2.0 时代，人们开始主动参与，并逐渐分享信息，社交需求的兴起促进了腾讯的崛起；虚拟的线上信息逐渐渗透到真实的线下生活中，网络购物不断兴起，阿里在这样的环境下逐渐发展壮大；随着线上交易平台的出现，交易内容从商品所有权的买卖扩展到服务交易与商品使用权交易，共享经济平台整合线下闲散资源，实现需求与供给的高效匹配，“滴滴出行”与“饿了么”是其中的先锋代表。

以上几个阶段的互联网发展都是由消费端发起并推动的，这一形态被称为消费互联网。随着消费互联网逐渐进入成熟阶段以及消费升级的持续深化，需求侧的发展不断引领并推动产业供给侧的改革。在此背景下，供给侧的产业互联网平台型企业应运而生。一方面，他们利用互联网技术对传统产业链进行整合优化，打通供销渠道，剔除不增值的冗余环节，通过信息联通与供需精准匹配，从而构建起新模式下的产业价值网络链接；另一方面，这些平台型企业以共享经济模式汇聚产业服务资源，对产业链上下游企业进行技术、金融等多方面的赋能，带动整个产业链实现转型升级。这种以互联网技术和思维为驱动力的产业链整体结构优化，正成为各实体产业积极探索与实践的方向。产业互联网对于供应链的创新以及整个产业链价值的再创造，将成为推动智能制造强国、贸易强国建设的新战略，同时也将为企业开辟新的增长点，并指引企业从产品导向向到服务导向的转型发展之路。

产业互联网浪潮正席卷传统行业，云计算、大数据、人工智能等前沿技术开始大规模融入金融、制造、教育、医疗、零售、文娱、物流等多个领域。在长三角产业互联网促进中心与觅途管理咨询有限公司联合发布的《中国产业互联网白皮书》(以下简称《白皮书》)中明确指出，到 2025 年，我国产业互联网市场规模将达到 4 万亿元，而到 2030 年，这一规模更将跃升至 12.22 万亿元。此外，《白皮书》还进一步预测，我国产业互联网市场的渗透率也将进入大幅增长阶段，由目前的 3%提升至 2025 年的 12%，并有望在 2030 年达到 38%的高位。

中共中央、国务院印发的《扩大内需战略规划纲要(2022—2035 年)》中，明确提出要加快推动数字产业化和产业数字化进程，旨在打造具有国际竞争力的数字产业集群，并加大对中小企业，特别是制造业中小企业的数字化赋能力度。这一政策导向为中国产业互联网发展再次注入了强劲动力。报告进一步指出，产业互联网领域所取得的重大成就包括以下内容。

1. 推动工业互联网发展

2022 年，我国工业互联网产业增加值规模达到 3.57 万亿元，名义增速高达 11.66%，占 GDP 的比重为 3.51%。工业互联网已成为各地推动实体经济转型升级、打造新发展动能的关键抓手。

2. 全面助力农业发展

2022 年中央一号文件明确指出，要推动乡村振兴取得新进展、农业农村现代化迈出新步伐，同时标志着乡村数字经济已步入深化发展的阶段。数据显示，2022 年上半年，全国农村网络零售额达到了 9759.3 亿元，同比增长 2.5%。其中，农村实物商品网络零售额更是达到了 8904.4 亿元，实现了 3.6%的增长。值得一提的是，全国农产品网络零售额达到了 2506.7 亿元，同比增长 11.2%，这一数据充分展示了农村网络零售和农产品电商的强劲发展势头，预示着其未来潜力依然巨大。

3. 优化发展服务业

近年来，产业互联网平台的应用显著促进了服务业的数字化转型，助力服务型企业的转型与优化产业结构，生产效率的显著提升极大地推动了服务业领域的扩张，使服务业实现了飞速发展。通过综合运用大数据、云计算、5G 等技术的产业互联网平台，展现了其快捷性特点，在传统服务业中实施线上线下相融合的“数实融合”模式，能够加快生产效率，开拓服务业的新领域与新功能。相较于传统服务业，产业互联网的应用将原本分散的中小企业紧密地联结在一起，将地理障碍的制约降至最低，极大地促进了企业间的相互交流与协作;同时,数字化信息突破了时间的限制,使企业能够即时接收、处理并充分利用各类信息。

4.数字化工具的丰富降低了企业数字化转型的边际成本

尤其对于中小微企业而言,可以通过产业互联网平台获得发展的规模效应,打破"信息孤岛"现象,缓解银企之间的信息不对称问题,从而有效缓解中小微企业"融资难、融资贵、融资慢"等难题,实现中小企业的高质量发展,并驱动其业务转型升级。产业数字化的应用能够显著提升服务业生产效率,促进信息交流的畅通,降低企业经营成本,为服务业领域的扩张注入新的活力与动力。

清华大学社会科学学院经济学研究所发布的《中国产业互联网生态发展报告》显示,2019年至2021年,产业互联网对GDP增长率的贡献率呈上升趋势,产业互联网已成为促进GDP增长的重要动力之一。测算结果显示,在基准情形下,产业互联网在2035年有望占中国GDP的21%左右。随着数字技术的不断进步,以产业互联网为重要组成部分的数字经济将成为经济增长的新引擎。据测算,2018年至2021年,我国产业互联网的实际增加值逐年攀升,分别达到1.818万亿元、1.999万亿元、2.120万亿元、2.397万亿元;特别是在2019年至2021年间,产业互联网对GDP增长的拉动率分别为0.22%、0.14%、0.30%,总体呈现上升趋势,进一步印证了产业互联网作为促进GDP增长重要驱动力的地位。

二、产业互联网的挑战与对策

目前,产业互联网的发展正面临三大挑战:一是应用场景的局限性,二是数据处理的复杂性,三是系统性的整合难题。这三个方面的挑战决定了产业互联网平台无法像消费互联网那样实现爆发式的增长与发展,也使得产业互联网不太可能迅速构建起广泛、共性的大型平台或实现万物互联的产业生态。相反,它需要一个沉淀、积累、摸索与探索的漫长过程,需要逐个行业扎实实地、一步一个脚印地前行,只有这样,产业互联网平台才能真正为企业创造价值,助力企业实现数字化转型。产业互联网必然是连接上下游或具备高度关联性的产业生态,尽管其生态规模和体量可能相对有限,但却拥有更加专业化、精细化、特色化、新颖化的属性,以及更大的产业链价值。未来,产业互联网将有望成为代表国家的核心竞争力的关键因素。结合产业互联网的发展现状及其面临的挑战,未来的发展策略应考虑以下几个方面。

1.产业互联网服务向部分标准化产品组合定制方向发展

产业互联网的转型升级,并非仅仅依赖于定制化解决方案的大规模行业应用,而是需要通过深入研究产业场景,构建精准、实时、高效的数据采集与互联体系,以建立面向感知、存储、分析、预测、决策等功能的开发应用环境,在此基础上,不断优化研发设计、生产制造、运营管理等环节的资源配置效率，推动产业从传统的规模化生产模式向部分标准化产品与个性化定制相结合的方向发展。

2. 以“深耕细作”和垂直领域服务深度建立坚固壁垒

产业互联网必须尊重产业的商业逻辑，在产业场景中的某一垂直领域不断积累经验，以找到盈利模式并洞察商业本质。产业互联网需整合的资源和涉及的产业链条非常长，对各方面的要求非常高。即使产业互联网的方向一致，但在实际运作过程中，各企业的实现路径却千差万别。在细分行业中切入并“精耕细作”，反而更易存活。将信息化、数据化、智能化作为产业互联网发展的核心，构建企业自身坚固的壁垒。

3. 行业分化与业务细分为产业互联网带来无限空间

虽然目前产业互联网在各个行业的应用进展各异，其渗透程度总体尚显不足，但在产业互联网的生产网络中，不同细分行业与不同业务环节的交织能够孕育出数量庞大的服务节点。这些节点内部也会进一步促进合作与分工，进而形成更加错综复杂的合作网络。因此，产业互联网正不断推动行业分化和业务环节的精细化，为服务提供者带来的机会空间几乎是无限的。

三、产业互联网与产业数字化

清华大学社会科学学院经济学研究所发布的《中国产业互联网生态发展报告》（以下简称《报告》）分析指出，产业互联网不仅将成为经济增长的一大动力来源，而且能够改善就业状况，并在区域发展中发挥缩小数字鸿沟的作用。通过空间计量分析发现，中国产业互联网生态呈现出明显的空间集聚态势，但这一集聚效应在逐年减弱。同时，产业互联网不仅在东部地区发展迅速，也逐渐向中西部地区外溢。

国家信息中心信息化和产业发展部主任、智慧城市发展研究中心主任单志广表示，当前产业互联网发展面临三大挑战，即应用场景、数据以及系统性的挑战。这些挑战决定了产业互联网不可能像传统互联网那样实现爆发式增长和发展，也不太可能迅速形成广泛、共性的大平台和万物互联的产业生态。相反，产业互联网的发展需要一个沉淀和探索的过程，需要逐个行业踏实推进，只有这样，产业互联网平台才能真正为企业带来价值，助力企业实现数字化转型。单志广强调：“产业互联网一定是连接上下游或具备高度关联性的产业生态，尽管其生态规模和体量可能有限，但却具备更加‘专精特新’的属性和更大的产业链价值，未来将代表国家的核心竞争力。”

《报告》认为，产业互联网生态的培育有助于支撑“专精特新”中小企业的发展，扶持早期的创新企业，并为其提供更为综合的服务体系。除了资金支持外，更为关键的是利用产业生态资源，帮助企业解决从品牌建立到客户资源获取，再到市场验证等一系列初创期难题。例如，腾讯云启产业加速器截至 2022 年 1 月份，已集聚了 AI、SaaS、区块链、云原生四大领域的283家优秀企业服务公司，这些公司覆盖了金融、工业、医疗等众多行业赛道。其中，70%的成员企业通过加入腾讯云启产业加速器的价值运营和资源链接，成功获得融资助力。今年，腾讯云启产业加速器又新开辟了碳中和赛道。作为SaaS战略的尝试，360集团面向中小微企业推出了免费的数字安全云服务，并已吸引了50万用户。360集团创始人周鸿祎表示："互联网的前25年，是消费互联网的时代，老百姓的刚需是吃喝玩乐、衣食住行的数字化。谁解决了这个刚需，谁就能赢得当时的市场。现在的蓝海是产业互联网，产业数字化成为新的刚需，是新的用户需求，也是互联网的下半场。大型企业数字化的路径，对于中小企业而言并不完全适用。大多数中小微企业处于数字化的盲区，面临着资金、人才、技术匮乏以及效果不佳的困境，而SaaS则是助力中小微企业实现数字化转型的关键利器。SaaS的优势在于其交付门槛低、配置要求低、技术难度低、使用成本低。"

新华社中国经济信息社经济研究中心常务副主任张文娟表示，目前，产业互联网正处于高研发投入与长周期回报并存的培育阶段。很多中小企业在转型产业互联网时，面临着"不愿转""不敢转""不会转"的现实困境。如何选择发展模式以更有效地吸引更多中小企业参与，是产业互联网生态发展面临的重要挑战。

腾讯研究院副院长李刚强调："产业互联网生态的构建是一个不断把蛋糕做大的过程，它促进了大中小企业之间的协同发展，共同分享成果。产业链的上中下游平台与合作伙伴之间形成了共生共赢的紧密关系。平台通过为合作伙伴降本增效，提供经营上的便利；而合作伙伴则利用平台提供的数字化工具及其他便利条件，创造用户价值，实现互利互惠，推动整体价值的循环与提升。"

中国信通院副总工程师何伟表示，产业互联网的核心作用在于帮助工业或传统行业的全产业链、全价值链形成以数据驱动的智能优化闭环。在数据驱动的引领下，快速感知、敏捷响应、动态优化以及全局智能将成为数字化转型的核心竞争力。

《报告》认为，产业互联网生态能够为不同核心企业提供入口，从而助其打造自己的竞争优势。核心企业首先需具备远景战略，明确自身发展定位，并能够吸引及带领伙伴共同构建生态，以打造生态信任；需拥有针对公司及生态层面的具体解决方案，涵盖内外制度设计、投融资、技术、产品、服务方案、人力组织等多个方面，最终形成一种生态型商业模式；应布局并培育能够贡献不同商业模式的生态伙伴，这些伙伴将通过共同挖掘和掌握行业特定知识来实施生态型商业模式。

从国内当前产业互联网生态的发展格局来看，依托核心企业的不同优势能力，产业互联网生态已形成了多样化的演变路径和类型。以华为、海尔、腾讯和树根网络为例，它们分别从不同角度——连接计算、制造、软件、运维等切入，建立了各具特色的产业互联网范式。具体而言，华为在连接与计算领域积累了强大的数字技术优势，能够沿着数字技术维度赋能相关产业互联网生态；海尔则在制造领域积累了丰富的经验，擅长对制造领域的产业互联网进行赋能升级；腾讯凭借在消费互联网领域的多年深耕，擅长运用IT技术进行商业模式创新，并能基于消费场景向行业背后的生产场景深入渗透；树根网络则在运维层面占据优势，其商业模式围绕机器运维能力展开，并将此能力赋能至相关行业。

《报告》认为，产业互联网生态是一个庞大的系统，无论是全球的产业互联网格局，还是国内的产业互联网格局，均未有任何一家企业具备打通所有产业的能力。因此，产业互联网生态将演化出“一米宽、百米深”的竞争格局。“在‘一米宽、百米深’的工业互联网深耕过程中，必须攻关的是制造资源链接后，对于工业运行机理所蕴含的工业知识的深层次理解。”国家工业信息安全发展研究中心处长李君表示。

从诸多资料分析来看，产业互联网被誉为“互联网的下半场”，其更广义的解读是产业数字化。如今，消费互联网已遭遇瓶颈，红利已被挖掘得相当充分，但在面向企业的产业互联网中，却涌现出众多新的业态与领域，并在近几年实现了高速发展。这背后的逻辑在于人工成本日益上升、获客成本居高不下。因此，从降本增效的角度来看，企业服务成为高度确定性的需求，面向企业的市场成长空间极为广阔。

从宏观层面来看，中国作为世界工厂，实体产业规模巨大。在人口红利逐年减弱的大背景下，传统产业原有粗放型运行模式已难以为继。在传统产业链中，存在大量的资源错配或浪费现象，产业链的降本增效存在巨大的改善与提高空间，行业正积极从交易优化、SaaS 应用、AIoT 服务等多个维度切入，利用产业互联网的科技力量来提升传统产业链的效率，并有效降低成本。

1. 产业互联网的本质

只有科技创新才能带来成本革命性的下降。如果说科技创新是企业发展的内在驱动力，那么产业互联网则可视为企业发展的外在驱动力，或市场驱动力量的一个典型代表。我国产业互联网的本质，在于对我国超过 100 万亿 GDP 的重新解构与重塑，这是一项需要动员全社会力量共同参与的宏大事业。未来，对于产业互联网的理解与把握，也需从不同层次、不同角度进行深入探讨。对门店零售型企业而言，线下门店对私域流量的经营具有极高的价值。如何有效服务好周围三五公里范围内的客户，提升他们持续复购的能力，是企业首先需要思考的问题。对于那些以非标混业服务为主、行业特性复杂的“神经末梢”型企业，其运营模式往往更适合小老板自主经营。而对于那些具备可规模化、有潜力的大平台来说，寻找并与那些在行业深耕多年的产业专家或资深企业家合作，无疑是最便捷且有效的途径。

2. 产业互联网与数字化

如何看待数字化在产业互联网中的作用？

数字化是产业互联网推进的首位要素，其次是在线化和智能化。本质上，产业互联网旨在打造和抢占“产业大脑”的地位。目前，数字化可能是大家相对薄弱的一个方面，但值得注意的是，单靠数字化并不能直接使门店收入更高、成本更低、周转更快，它只是实现这些目标的一种手段。因此，我们倡导的是构建综合性的立体化能力体系。

在赋能的过程中，供应链的能力才是最为关键的一环，消费者购买的本质仍然是“买产品”，无论这些是有形的产品还是服务性质的，其背后都遵循着供应链的逻辑。缺乏产业资源、风控措施，无法深入参与到供应链之中，这样的平台便难以被称为真正的平台，而只能被视为一个互联网化的工具。

3.产业互联网平台建设

产业互联网是数字经济的重要组成部分，具有很强的科技属性，众多投资人会密切关注企业在 IT 系统建设及数字化体系构建过程中的投入情况。

第一阶段，数字化确实是产业互联网平台的起点，但需要量力而行。如果没有一个基于业务层面健康的 UE 模型(即单位经济模型，指从单用户视角出发，对成本和收入的细致拆解)作为前提，那么所有的资金投入都可能如泥牛入海，无法见效。这往往意味着 UE 模型的业务逻辑存在问题，此时所有 IT 的投入都可能需要推翻重来。

进入第二阶段，平台应谋求快速发展，此时 UE 模型已趋成熟。UE 模型转变为追求规模扩张，在电商平台或交易型平台中，规模是获得话语权的前提。利润只有在达到一定规模的基础上才有价值；缺乏规模的利润，其意义有限。因此，追求可持续发展，必须是在规模基础上的利润增长。为实现规模扩张，需提升效率并深化数字化，此时进行 IT 建设的价值和必要性才得以凸显。需要注意的是，SaaS 并非决胜关键，而是支撑和辅助工具，真正的决战点在于交易规模的扩大。同时，要严格控制数字化投入，避免无谓的资金消耗，因为数字化是一项需要长期耕耘的长周期项目。

第三个阶段，数字化将成为产业互联网平台的终极形态，经过长期积累，数字化将构筑起产业互联网平台的竞争壁垒。因此，我们评价数字化的标准应是“长期投入、量力而行、不求速胜但求长胜”。许多创业者在此方面往往显得不够成熟，过度投入导致精力分散，错失其他发展机遇。更有甚者，由于 UE 模型及财务模型的不健全，导致数字化投入未能取得预期效果，使得大量资金白白浪费。根据我们的实操经验和投资实践，企业无须花费巨额资金来证明自己的数字化能力，关键在于精准投入、持续优化。

信息化时代有一个非常深刻的认知：99%的时间用于研究需求，而仅有 1%的时间用于开发系统，在研究内部需求和外部需求时，投入的资金相对较少，但当需要一群工程师来实现功能、满足这些需求时，成本就显著增加了。然而，若投身于产业互联网领域，平台往往具有垂直性特点。在这些垂直领域中，深耕多年的企业能够以较小的 IT 投入实现显著成效，因为他们对行业的认知和积累是基于十几年乃至几十年的深度理解。

第五章 建筑产业互联网实施路径

第一节 建筑产业互联网建设

为贯彻落实习近平总书记重要指示精神、推动建筑业转型升级、促进建筑业高质量发展，住房和城乡建设部等 13 部门联合印发了《关于推动智能建造与建筑工业化协同发展的指导意见》（以下简称《指导意见》），明确提出了推动智能建造与建筑工业化协同发展的指导思想、基本原则、发展目标、重点任务和保障措施。《指导意见》是当前和今后一个时期指导建筑业转型升级、实现高质量发展的重要文件。《指导意见》明确指出，要围绕建筑业高质量发展的总体目标，依托大力发展建筑工业化，以数字化、智能化升级为动力，构建涵盖科研、设计、生产加工、施工装配、运营等全产业链融合一体的智能建造产业体系。到 2025 年，我国智能建造与建筑工业化协同发展的政策体系和产业体系将基本建立，建筑产业互联网平台的基本形成将助力形成一批智能建造龙头企业，铸就“中国建造”升级版。到 2035 年，我国智能建造与建筑工业化协同发展将取得显著进展，建筑工业化将全面实现，正式迈入智能建造世界强国行列。

《指导意见》明确提出要以加快打造建筑产业互联网平台为核心，推进建筑业数字化转型。建筑产业互联网作为新一代信息技术与建筑业深度融合的核心基础设施，不仅是促进建筑业数字化、智能化升级的关键支撑，也是打通建筑业上下游产业链、实现协同发展的重要基石，更是推动智能建造与建筑工业化协同发展的关键环节。为此，《指导意见》着重提出，须加速建筑产业互联网平台的构建，深化工业互联网平台在建筑领域的融合应用，并开发面向建筑领域的专业应用程序。

住建部印发的《“十四五”建筑业发展规划》同样强调，需着力打造建筑产业互联网平台。加大对建筑产业互联网平台基础共性技术的研发力度，制定并发布关键技术标准、发展指南及白皮书。同时，部署建筑产业互联网平台建设试点工作，探索适应多种应用场景的系统解决方案，孵化出一批行业级、企业级、项目级的建筑产业互联网平台，并构建完善的政府监管平台体系。鼓励建筑企业、互联网企业及科研院所等多方主体，加强物联网、大数据、云计算、人工智能、区块链等新一代信息技术在建筑领域的深度融合与创新应用。特别要求围绕部品部件的生产采购配送、工程机械设备租赁、建筑劳务用工、装饰装修等核心环节，大力推进行业级建筑产业互联网平台建设，以提升供应链协同效率，促进资源的优化配置。为此，《“十四五”建筑业发展规划》正式提出要开展建筑产业互联网的专项工作。

在宏观政策的引领与市场转型升级的双重驱动下，通过政府、产业界、学术界及研究机构的共同努力，国内建筑产业互联网平台的发展势头强劲，涌现出众多基于互联网的创新平台，例如提供行业信息资讯的“筑龙学社”、以大数据分析服务著称的“建设通”、提供专业服务交易的“八戒工程”、聚焦采购供应服务的中建集团“云筑网”和安徽三乐集团“乐筑云”、针对建筑劳务服务的“鱼泡网”与“吉工家”，还有一些针对建筑全生命周期业务和交易管理的平台，如泛华集团的“盈造网”、北京建谊集团的“铯镨网”。这些平台以其功能的多样性和服务的精细化，极大地促进了行业资源的集中与整合，为产业升级转型贡献了重要力量。随着智能化建造与建筑工业化的深度融合，建筑产业互联网正在引领产业链供给侧的数字化革新与优化，使得产业链上下游的企业在订单处理、产能协调、物流管理、渠道整合及金融服务等方面实现了更高效的资源整合与数据共享，逐步构建起一个协同共赢的生态体系。

一个完整的建筑产业互联网平台，其服务范围十分广泛，涵盖工程投融资、工程设计、工程建设、物资采购、物流管理、工业制造、运维管理和技术咨询等建设工程全生命周期各个领域，并在业务层面覆盖了投资决策、勘察设计、施工建造、工程监理、造价咨询、设备运维、物资采购、劳务工人管理、建材生产、物流运输、部品部件生产、物业管理等多个环节。当前国内外还没有一个企业能够完整地建设这一产业互联网平台，更多的都是在其中某一个环节或者多个环节开展建设并逐步扩大。一个完整的建筑产业互联网平台是建筑产业全方位的革新，需要政府、企业、从业者全面建立新的生产和管理体系来适应时代的发展，平台的建设也需要多方共同参与，实现全生命周期信息的协同，从而达到价值最大化。

近年来，围绕着建筑产业互联网的发展，住建部以及各地住建厅、住建局都分别制定了相关政策，部分省市给出了具体实施路径。住建部也于 2022 年 10 月推出了智能建造试点城市名单，北京、天津、重庆、雄安等 24 个城市入选，随着智能建造试点城市建设计划的推进，这 24 个试点城市均推出了各自的建筑产业互联网建设计划，这对建筑产业互联网的发展具有巨大的推动作用。表 5－1 列出了全国各地建筑产业互联网的有关政策。

表 5－1　全国各地建筑产业互联网的有关政策

发布部门		日期	政策
住建部	住建部	2016－8－23	《2016—2020 建筑业信息化发展纲要》
	住建部等十三部委	2020－7－3	《关于推动智能建造与建筑工业化协同发展的指导意见》
	住建部等九部门	2020－8－28	《关于加快新型建筑工业化发展的若干意见》
	住建部	2022－1－19	《“十四五”建筑业发展规划》

续表

发布部门		日期	政策
北京	北京市住建委	2022-8-18	《北京市“十四五”时期建筑业发展规划》
	北京市住建委	2023-3-22	《北京市智能建造试点城市工作方案》
	北京市住建委	2023-6-27	《北京市推动智能建造与新型建筑工业化协同发展的实施方案》
上海	上海市住建委	2021-11-3	《上海市装配式建筑“十四五”规划》
天津	天津市住建委	2021-6-2	《天津市建筑业“十四五”规划》
重庆	重庆市人民政府办公厅	2020-9-2	《关于印发重庆市推进建筑产业现代化促进建筑业高质量发展若干政策措施的通知》
	重庆市住建委	2020-12-29	《关于推进智能建造的实施意见》
黑龙江	黑龙江省住建厅	2023-12-29	《关于推动智能建造与新型建筑工业化协同发展的实施意见》
辽宁	辽宁省住建厅	2023-4-13	《辽宁省智能建造项目全生命周期应用导则(试行)》
河北	河北雄安新区	2023-2-18	《雄安新区智能建造试点城市实施方案》
山东	山东省住建厅	2024-4-7	《山东省建筑工程智能建造技术目录(第一版)》
		2023-5-26	《山东省城乡建设领域碳达峰实施方案》
安徽	安徽省合肥市城乡建设局	2023-5-12	《合肥市智能建造试点城市建设实施方案》
江苏	江苏省南京市人民政府办公厅	2023-4-30	《南京市关于推进智能建造与新型建筑工业化协同发展的实施意见》
浙江	浙江省温州市人民政府办公厅	2023-2-22	《温州市智能建造试点城市实施方案》
江西	江西省住建厅	2023-9-13	《江西省加快推进智能建造发展工作方案》
福建	福建省住建厅	2023-6-9	《关于加快推进福建省智能建造发展的工作方案》
湖北	湖北省住建厅	2021-9-2	《湖北省住房和城乡建设厅等部门关于推动新型建筑工业化与智能建造发展的实施意见》
湖南	湖南省长沙市人民政府办公厅	2023-3-6	《关于推动智能建造与新型建筑工业化协同绿色低碳高质量发展行动方案》

续表

<table>
<tr><th colspan="2">发布部门</th><th>日期</th><th>政策</th></tr>
<tr><td rowspan="3">广东</td><td>广东省人民政府办公厅</td><td>2021-5-10</td><td>《广东省人民政府办公厅关于印发广东省促进建筑业高质量发展若干措施的通知》</td></tr>
<tr><td>广东省住建厅</td><td>2022-1-25</td><td>《广东省住房和城乡建设厅等部门关于推动智能建造与建筑工业化协同发展的实施意见》</td></tr>
<tr><td>广东省深圳市人民政府办公厅</td><td>2023-4-28</td><td>《深圳市智能建造试点城市建设工作方案》</td></tr>
<tr><td rowspan="2">海南</td><td rowspan="2">海南省住建厅</td><td>2024-3-28</td><td>《关于推动智能建造与建筑工业化协同发展的实施方案(征求意见稿)》</td></tr>
<tr><td>2022-3-22</td><td>《海南省建筑业"十四五"发展规划》</td></tr>
<tr><td>四川</td><td>四川省住建厅</td><td>2024-4-3</td><td>《2024年全省推进智能建造与装配式建筑发展工作要点》</td></tr>
<tr><td>陕西</td><td>陕西省西安市人民政府办公厅</td><td>2022-2-28</td><td>《西安市推动智能建造与新型建筑工业化协同发展实施方案》</td></tr>
<tr><td>青海</td><td>青海省住建厅</td><td>2021-12-1</td><td>《关于推动智能建造与新型建筑工业化协同发展的实施意见》</td></tr>
</table>

一、住建部相关政策

2016年8月23日，为进一步提升建筑业信息化水平，住房和城乡建设部组织编制了《2016—2020年建筑业信息化发展纲要》，纲要中明确提出建筑企业应积极探索"互联网+"形势下的管理、生产新模式，创新商业模式，以增强核心竞争力，实现跨越式发展。

为推进建筑工业化、数字化、智能化升级，加快建造方式转变，推动建筑业高质量发展，2020年7月30日，住房和城乡建设部、国家发展和改革委员会、工业和信息化部等13个部门联合印发了《关于推动智能建造与建筑工业化协同发展的指导意见》(建市〔2020〕60号)，意见中提出到2025年，我国智能建造与建筑工业化协同发展的政策体系和产业体系将基本建立，建筑工业化、数字化、智能化水平将显著提高，建筑产业互联网平台将初步建立。

2020年8月28日，住房和城乡建设部等部门联合发布了《关于加快新型建筑工业化发展的若干意见》，提出推进智能建造技术发展，加快新型建筑工业化与高端制造业深度融合，搭建建筑产业互联网平台。

为指导和促进"十四五"时期建筑业高质量发展，2022年1月19日，住房和城乡建设部组织编制了《"十四五"建筑业发展规划》，该规划中明确提出加大建筑产业互联网平台基础共性技术的攻关力度，编制关键技术标准、发展指南和白皮书；同时，开展建筑产业互联网平台建设试点，探索适合不同应用场景的系统解决方案，以培育一批行业级、企业级、项目级的建筑产业互联网平台，并建设政府监管平台。

在打造建筑产业互联网方面，住建部的实施路径主要包括以下几个方面。

(1)增强建筑产业互联网平台基础共性技术的攻关力度，编制关键技术标准、发展指南和白皮书。

(2)开展建筑产业互联网平台建设试点，探索适合不同应用场景的系统解决方案，培育一批行业级、企业级、项目级建筑产业互联网平台，并同步建设政府监管平台。

(3)加快建设行业级平台。围绕部品部件生产采购配送、工程机械设备租赁、建筑劳务用工、装饰装修等重点领域，推进行业级建筑产业互联网平台建设，以提高供应链协同水平，推动资源高效配置。

(4)积极培育企业级平台。发挥龙头企业示范引领作用，以企业资源计划(ERP)平台为基础，建设企业级建筑产业互联网平台，实现企业资源的集约调配和智能决策，进而提升企业运营管理效益。

(5)研发并应用项目级平台。以智慧工地建设为载体，推广项目级建筑产业互联网平台，运用信息化手段解决施工现场的实际问题，强化关键环节的质量安全管控，以提升工程项目建设管理水平。

(6)深化建设政府监管平台的探索。完善全国建筑市场监管公共服务平台，推动各地研发并基于建筑产业互联网平台构建政府监管平台，汇聚整合建筑业大数据资源，支撑市场监测和数据分析功能，并探索建立大数据辅助科学决策及市场监管的有效机制。

(7)鼓励建筑企业、互联网企业和科研院所等各方开展深入合作，加强物联网、大数据、云计算、人工智能、区块链等新一代信息技术在建筑领域中的深度融合与应用。

二、各地相关政策

1. 北京市

2022 年 8 月 18 日，北京市住建委发布了《北京市“十四五”时期建筑业发展规划》，在“十四五”主要任务中，提出加快推进工业化、数字化进程，推动新兴前沿技术与建筑业的协同发展，并加速推进智能机器人、无人机、智能设备及装备、互联网、物联网、5G、大数据、云计算、人工智能、区块链、建筑信息模型、三维扫描、数字孪生等新技术在建筑、构件、部品的三维建模成形、分析、设计、生产、施工、检测、运维等各领域的全生命周期集成与创新应用，以促进建筑工业化、数字化、智慧化的转型升级。

2023 年 3 月 22 日，北京市住建委发布了《北京市智能建造试点城市工作方案》，在工作目标部分提到，截至 2025 年末，将研究制定北京市推动智能建造与新型建筑工业化协同发展的实施方案，打造出 5 家以上智能建造领军企业，建立 3 个以上智能建造创新中心，构建 2 个以上智能建造产业基地，建设 30 个以上智能建造试点示范工程，建立 3 个以上建筑产业互联网平台，研究制定并出台 10 部以上智能建造相关标准，推进行业监管及服务平台与城市信息模型平台的融通联动，智能建造关键技术研究取得突破性进展，企业科技创新能力将大幅提升，智能建造高层次人才将加速集聚，智能建造发展的政策体系、产业体系和标准体系将初步形成，产业集群优势将更加明显，逐步推动建筑企业数字化转型。

为深入贯彻党中央关于加快构建新发展格局的重要指示精神，推进智能建造与新型建筑工业化协同发展，构建可持续的绿色低碳发展体系，促进建筑业的绿色发展，2023 年 6 月 27 日，北京市住建委等部门结合本市实际情况，共同发布了《北京市推动智能建造与新型建筑工业化协同发展的实施方案》，在方案中，明确提出要加快新一代信息技术的融合应用，推动互联网、物联网、大数据、云计算、移动通信、人工智能、区块链等新技术在建造全过程的集成与创新应用。

2. 天津市

2021 年 6 月 2 日，天津市住建委完成了《天津市建筑业"十四五"规划》的编制并正式发布。在规划中，着重强调了要抢抓建筑信息化和工业化发展的历史机遇，推行"先进建造"计划，通过信息化手段推动集成化建造管理，在研发设计、开发经营、生产施工和管理维护等全流程中全面实现信息化。同时，规划提出搭建智慧工地云平台，以实现设计数字化、生产自动化、管理网络化、运营智能化、商务电子化、服务定制化及全流程的集成创新。

3. 重庆市

2020 年 9 月，为加快推进建筑产业现代化，促进建筑业高质量发展，重庆市结合本市实际情况，制定并出台了若干政策措施。在这些措施中，明确指出要支持建筑业与互联网的融合发展，充分借鉴工业互联网的理念来推动建筑业互联网的发展，统一工程建造数据标准，集成工程建造软件，构建工程建造的模型化、软件化、复用化平台，全面赋能线下建造环节。

2020 年 12 月 29 日，重庆市住建委发布了关于推进智能建造的实施意见。在该意见中，着重强调了培育建筑业互联网平台的重要性，并提出要充分借鉴工业互联网的理念来发展建筑业互联网，统一工程建造数据标准，集成工程建造软件，构建工程建造的模型化、软件化、复用化平台，以全面赋能线下建造环节。同时，意见还指出要推进建筑业互联网平台在工程建造、企业管理、资源调配、运行维护中的深入应用。鼓励大型企业建设企业级智能建造平台，以贯通企业内外部供应链、产业链、价值链，形成工程项目协同平台，实现企业网络化协同、个性化定制和数字化建造。此外，该意见还支持中小规模的设计、生产、施工企业和劳务分包企业采用建筑业互联网平台提供的应用服务，以优化项目管理，提升智能建造实施能力。

重庆市住房和城乡建设委员会在构建建筑业互联网方面，主要着重强调以下几点。

（1）充分借鉴工业互联网理念来推动建筑业互联网的发展，确立并统一工程建造数据标准，集成工程建造软件，构建工程建造的模型化、软件化、复用化平台，以全面赋能线下建造环节。

（2）积极推动建筑业互联网平台在工程建造、企业管理、资源调配、运行维护等各个领域的广泛应用。鼓励大型企业建设企业级智能建造平台，有效贯通企业内外部供应链、产业链、价值链，形成工程项目协同平台，助力企业实现企业网络化协同、个性化定制和数字化建造。

同时，大力支持中小规模设计、生产、施工企业和劳务分包企业采用建筑业互联网平台提供的应用服务，以进一步优化项目管理，显著提升智能建造的实施能力。

4. 黑龙江省

为促进传统建造方式向新型建造方式转变，加快产业结构优化升级，提升智能建造水平，推动建筑业高质量发展，2023 年 10 月 20 日，黑龙江省住房和城乡建设厅制定了《黑龙江省住房和城乡建设厅等部门关于推动智能建造与新型建筑工业化协同发展的实施意见（征求意见稿）》，在意见中，明确提出搭建建筑产业互联网平台，抢抓建筑行业数字经济、平台经济的有利机遇，积极开展建筑产业互联网平台建设。支持行业、企业携手共同搭建“互联网＋建筑工业化＋供应链金融”平台，促进各方跨行业、跨领域的深度协作。同时，鼓励大型企业建设企业级平台、项目级平台、集中采购平台、BIM 协同平台和电子商务平台等，以打通 ERP 系统与上下游企业及资源数据连接，从而提高供应链协同水平，实现全过程数字化交付和全生命周期的信息共享。

黑龙江省在支持建筑业互联网建设方面主要包括以下几点。

（1）抢抓建筑行业数字经济、平台经济发展的宝贵机遇，积极推进建筑产业互联网平台建设。支持行业、企业携手共同搭建“互联网＋建筑工业化＋供应链金融”平台，促进各方跨行业、跨领域的广泛协作。

（2）倡导并鼓励大型企业建设企业级平台、项目级平台、集中采购平台、BIM 协同平台和电子商务平台等，实现 ERP 系统与上下游企业及资源数据的无缝连接，以提升供应链协同水平，实现全过程数字化交付和全生命周期的信息共享。

5. 辽宁省

为明确推进智能建造在建筑全生命周期中的发展，旨在对智能建造技术的应用与发展起到规范和指导作用，并为进一步形成完善的智能建造实施体系提供坚实的支撑，2023 年 4 月 13 日，辽宁省住房和城乡建设厅编制了《辽宁省智能建造项目全生命周期应用导则（试行）》，在导则中，全面而细致地从项目、企业、行业、政府管理等维度，对建筑产业互联网平台的建设进行了具体的规定和阐述。

6. 河北省

2023 年 3 月，雄安新区在智能建造试点城市实施方案中明确提出，至 2025 年 10 月底，智能建造相关标准逐步建立健全，智能建造产业体系将基本构建完成，企业创新能力将实现显著提升，产业集群优势将日益凸显；计划培育出不少于10家具备智能建造系统解决方案能力的龙头骨干企业，落地不少于20个智能建造试点项目，并打造不少于2个建筑产业互联网示范平台，使智能建造试点城市建设初见成效；同时，将形成包括可复制可推广的智能建造政策体系、管理体系、技术体系、评价体系等在内的全面智能建造创新体系，初步建立长效发展机制，逐步推动城乡建设行业向智能化、绿色化、数字化转型升级，为智能建造在全国的发展提供“雄安样板”。

7. 山东省

为深入贯彻党中央、国务院关于碳达峰碳中和的重大战略决策及省委、省政府的工作部署，加速推动城乡建设向绿色低碳转型，助力绿色低碳高质量发展先行区建设，2023年5月26日，山东省住房和城乡建设厅发布了《山东省城乡建设领域碳达峰实施方案》。该方案着重强调了推广绿色低碳建造方式的重要性，并提出了加大建筑信息模型、物联网、云计算、大数据、5G、区块链等信息技术的集成与创新应用力度，推广人工智能、建筑机器人等智能建造技术，开展智慧工地创建活动，积极创建国家智能建造试点城市，以推动智能建造与新型建筑工业化协同发展，计划至2025年，初步建立建筑产业互联网平台，并打造100项以上的应用场景。

2024年4月7日，山东省住房和城乡建设厅发布了《山东省建筑工程智能建造技术目录(第一版)》。在该技术目录中，明确提出采用新型“互联网+”的管理模式以实现精细化管理，致力于打造一个贯穿项目管理、招标采购、机具租赁、用工管理、装饰装修工程管理等多个环节的工程建设全链条数字化管理系统。该系统旨在实现政府端、企业端、项目端数据资源的互通共享，从而构建建筑领域的数字化新生态。通过完善顶层规划、统一数据标准，实现不同系统之间的互联互通，山东省将逐步打造覆盖全省的建筑产业互联网平台，最终实现住建领域平台全面的信息化赋能。

8. 安徽省

2023年5月12日，合肥市发布了《智能建造试点城市建设实施方案》，该方案中明确提出到2025年末，与智能建造模式相适应的制度体系、标准体系、管理体系将初步构建完成；建筑产业互联网平台将初步建立；计划培育智能建造建筑业龙头企业不少于10家，智能建造产业基地不少于10个，以形成一批以上下游骨干企业为核心、产业链完善的智能建造产业集群；同时，将实施智能建造试点项目不少于50个；建设部品部件智能工厂、数字化车间不少于10个；并力争使装配式建筑占新建建筑面积的比例达到50%。

9. 江苏省

2023年4月30日，南京市人民政府发布了《关于推进智能建造与新型建筑工业化协同发展的实施意见》。该意见在总体目标中着重强调，到2025年末，全市智能建造与新型建筑工业化协同发展的政策体系、产业体系和监管体系将基本形成并完备，实现建筑信息模型(BIM)技术在规模以上新建工程项目中的广泛普及和应用；新型建筑工业化建设项目新开工总面积占新建建筑面积的比例达到60%以上；智能建造适宜技术在政府投资的大中型项目中的应用占比也将达到60%以上。同时，加速推进工业互联网在建筑领域的融合应用，以新型建筑工业化项目为基石，以政府投资建设项目为抓手，初步构建并建成建筑产业互联网平台，以实现建筑业产业基础、技术装备、科技创新能力、劳动生产率及建筑品质的全面提升。

10. 浙江省

2023年3月，温州市出台了《智能建造试点城市实施方案》。在该方案中，明确指出了温州市将初步构建智能建造工作机制、评价和统计体系，并建立包含10家以上企业的智能建造企业库、涵盖100个项目的智能建造项目库。同时，确保工程项目"全链管"系统、施工图二三维联合审图系统的运行初见成效。此外，该方案还提出了通过大力发展数字设计、推广绿色智慧施工、构建建筑互联网平台、推进装配式建造以及强化科技和人才支撑五大关键举措，以促进传统建造方式向新型建造方式的转变，从而推动温州市建筑业实现高质量发展。

11. 江西省

2023年9月13日，江西省住建厅依据《"十四五"建筑业发展规划》(建市〔2022〕11号)及《住房和城乡建设部等部门关于推动智能建造与建筑工业化协同发展的指导意见》(建市〔2020〕60号)等文件精神，制定并发布了《江西省加快推进智能建造发展工作方案》。在该方案中，明确提出了推进建筑产业互联网生态的构想，旨在建设建筑产业互联网平台，支持建筑业企业、互联网企业、科研院所等构建合作机制，探索多方协同的智能建造工作平台，以适应不同应用场景，优化企业管理组织架构、工作流及信息流，共享建筑产业互联网基础共性技术，实现全过程数字化交付和全生命周期信息共享，并计划培育一批行业级、企业级、项目级建筑产业互联网平台。

江西省在推进建筑产业互联网生态方面，提出了以下策略。

(1)建设建筑产业互联网平台，积极支持建筑业企业、互联网企业、科研院所等建立紧密的合作机制，共同探索多方协同的智能建造工作平台，以适应多样化的应用场景，进一步优化企业管理组织架构、工作流及信息流，促进建筑产业互联网基础共性技术的共享，从而实现全过程数字化交付和全生命周期信息的全面共享。

(2)培育多层次建筑产业互联网平台，加快培育具备智能建造系统解决方案能力的工程总承包企业。以智能建造为导向，鼓励有条件的企业提升在工程大数据分析、工程应用软件开发等方面的核心关键技术能力，以推动建筑行业全面提升信息化方面的自主创新能力。

(3)强化企业创新主体地位,引导实力强、技术优的骨干企业增加智能建造创新投入,不断深化智能建造和建筑工业化技术的研究,加速成果转化和商业化应用,为智能建造与建筑工业化的深度融合提供有力支撑。

12. 福建省

智能建造是在建筑全生命周期中,综合运用信息化、自动化、智能化等前沿技术手段,以实现工程安全、品质提升、降本增效、绿色低碳为目标的全新建造模式。为深入贯彻住房城乡建设部等部门《关于推动智能建造与建筑工业化协同发展的指导意见》《关于加快新型建筑工业化发展的若干意见》等文件精神,2023 年 6 月 9 日,福建省住建厅发布了《关于加快推进福建省智能建造发展的工作方案》。方案中着重提到要培育一批行业级、企业级、项目级建筑产业互联网平台,鼓励大型企业自主建设企业级平台,以优化企业管理组织架构、工作流程及信息流,建立估算、报价、费用及进度管控体系,并进一步完善商务管理、资金管理、财务管理、风险管理等信息系统。支持行业协会与国内建筑产业互联网平台深化合作,在产业工人、机械与技术、建材集采、供应链金融等关键领域提供覆盖行业核心场景的供应商与综合解决方案,为开发建设单位、施工企业和绿色建材企业构建一个高效、便捷的合作平台。

福建省在打造建筑产业互联网方面,主要有以下计划。

(1)培育一批行业级、企业级、项目级建筑产业互联网平台。鼓励大型企业自主建设企业级平台,利用现代信息技术优化企业管理组织架构、工作流程及信息流,建立健全的估算、报价、费用及进度管控体系,并持续优化商务管理、资金管理、财务管理、风险管理等信息系统,提升企业管理效能。

(2)支持行业协会与国内建筑产业互联网平台紧密合作,围绕产业工人、机械与技术、建材集采、供应链金融等核心场景,提供全面、专业的供应商与解决方案,为开发建设单位、施工企业和绿色建材企业搭建合作平台。

13. 湖北省

2021 年 9 月 2 日,湖北省住建厅发布了《关于推动新型建筑工业化与智能建造发展的实施意见》,在该重点工作中,明确提出建立建筑产业互联网平台,并充分发挥“智慧住建”大数据分析平台的作用,构建建筑产业互联网管理服务平台,为行业管理应用提供安全、可靠的数据共享服务。同时,建立行业电子商务平台,支持行业骨干企业构建“互联网平台+建筑工业化+科技金融”的跨行业、跨领域协作体系,引导各参建主体和各类供应商入驻平台,整合企业需求与工业产品供给信息,以提升供应链协同水平和建筑行业全产业链的资源配置水平。

湖北省在建立建筑产业互联网方面,主要提出以下实施路径。

(1)发挥“智慧住建”大数据分析平台的作用,建立建筑产业互联网管理服务平台,以确保为行业管理应用提供既安全又可靠的数据共享服务。

(2)建立行业电子商务平台，鼓励并支持行业中的骨干企业构建“互联网平台＋建筑工业化＋科技金融”的跨行业、跨领域协作体系，积极引导所有参建主体和各类供应商入驻平台，以全面整合企业需求与工业产品供给信息，从而显著提升供应链协同水平和建筑行业全产业链的资源配置水平。

(3)建立工程总承包项目建造平台，旨在优化项目管理组织架构、工作流程及信息流，建立健全估算、报价、费用及进度管控体系，并不断完善商务管理、资金管理、财务管理、风险管理等信息系统，以实现全过程数字化交付和全生命周期的信息共享。

14.湖南省

2023年3月6日，长沙市人民政府办公厅发布了《关于推动智能建造与新型建筑工业化协同绿色低碳高质量发展行动方案》，在该方案的发展目标中明确提出，到2025年，将形成与智能建造和新型建筑工业化发展相契合的政策、标准、技术、造价、监管体系；建立工程项目数字化设计BIM审批监管模式，深入探索并研究EMPC(即设计、采购、施工一体化)总承包与工程保险集成机制；初步构建市智能建造与新型工业化协同发展互联网云平台；培养一批涵盖研发、设计、建造、运维等各环节的智能建造高素质综合型管理人才和产业工人；建立智能建造宣传推广机制，营造健康良好的发展环境。

15.广东省

2021年5月10日，广东省人民政府办公厅发布了《促进建筑业高质量发展的若干措施》，在措施中着重强调推行智能建造，并加大建筑信息模型、互联网、物联网、大数据、云计算、人工智能、区块链等新技术在建造全过程的集成应用力度。

为深入贯彻落实《住房和城乡建设部等部门关于推动智能建造与建筑工业化协同发展的指导意见》(建市〔2020〕60号)和《广东省人民政府办公厅关于印发广东省促进建筑业高质量发展若干措施的通知》(粤府办〔2021〕11号)的相关要求，2022年1月12日，广东省住建厅发布了《关于推动智能建造与建筑工业化协同发展的实施意见》。其中，在重点任务章节，明确强调了建设建筑产业互联网平台的重要性，支持广州、深圳、佛山等市探索适应不同应用场景的系统解决方案，旨在培育一批涵盖行业级、企业级、项目级的建筑产业互联网平台，并同步建设政府监管平台。同时，鼓励建筑业企业、互联网企业、科研院所等各方开展合作，共同分享建筑产业互联网的基础共性技术，联合编制关键技术标准、发展指南及蓝皮书。

2023年4月28日，深圳市人民政府办公厅发布了智能建造试点城市建设工作方案。在方案的工作目标中明确提出，到2025年末，智能建造与建筑工业化协同发展体系将基本建立。具体目标包括：列入部、省、市级建设领域科技计划的智能建造技术累计不少于100项；制定与智能建造相关的标准不少于5项；纳入智能建造试点的项目累计不少于100

项;培育智能建造骨干企业不少于10家;建设建筑产业互联网平台不少于3个;并将建成智能建造产业园区,形成一个较为完整的智能建造产业生态。

广东省在发展建筑产业互联网的实施路径上,主要包括以下几点。

(1)建设建筑产业互联网平台。

支持广州、深圳、佛山等市探索适应不同应用场景的系统解决方案,培育一批涵盖行业级、企业级、项目级的建筑产业互联网平台,并建设政府监管平台。

鼓励建筑业企业、互联网企业、科研院所等开展深度合作,共享建筑产业互联网基础共性技术,联合编制关键技术标准、发展指南及蓝皮书。

(2)培育智能建造产业生态。

推动智能建造产业园区建设,积极培育智能建造和新型建筑工业化产业集群。加快培育具备智能建造系统解决方案能力的工程总承包企业,鼓励企业建立多方协同的智能建造工作平台,以强化智能建造产业链上下游的协同合作。

同时,扶持在智能建造领域具有显著发展潜力的专业型企业,推动其快速成长为行业内的独角兽企业。

16.海南省

2022年3月22日,海南省住建厅发布了《海南省建筑业"十四五"发展规划》,在规划的重点任务中,明确提出了打造建筑产业互联网平台,并鼓励建筑企业、互联网企业和科研院所等开展合作,以加强物联网、大数据、云计算、人工智能、区块链等新一代信息技术在建筑领域中的融合应用。同时,还引导企业积极建设建筑产业互联网平台,并开发面向建筑领域的应用程序。

2024年3月28日,海南省住建厅发布了《关于推动智能建造与建筑工业化协同发展的实施方案(征求意见稿)》。在征求意见稿中,清晰地提出了推广智能建造技术应用,并强调搭建产业互联网平台的重要性。鼓励企业、院校、科研院所共同研究制定本省产业互联网平台的建设、运行标准,以规范平台的实施标准、生态体系和组织施工管理。以海南省建筑市场监管公共服务平台为基础,将打造监管层产业互联网平台,实现建设全过程覆盖。此外,还提出加快完善智能化供应采购平台,鼓励生态共建,促进多边业务协同发展。同时,支持有条件的市、县、园区根据自身特点,探索适应不同应用场景的系统解决方案,并搭建行业层、企业层、项目层建筑产业互联网平台。

海南省打造建筑产业互联网的行动计划主要包括以下几个方面。

(1)鼓励建筑企业、互联网企业和科研院所等加强合作,深入推进物联网、大数据、云计算、人工智能、区块链等新一代信息技术在建筑领域中的深度融合与应用。

(2)引导并扶持企业建设建筑产业互联网平台,研发面向建筑领域的应用程序。

(3)以企业资源计划(Enterprise Resource Planning;ERP)平台为基石,进一步拓展其应用范畴,推动其转向对生产管理子系统的全面覆盖,以达成工厂生产的信息化管理。

(4)引导大型总承包企业采购平台向行业电子商务平台转型,以实现与供应链上下游企业间的互联互通,提高供应链的协同水平。

(5)培育一批行业级、企业级、项目级建筑产业互联网平台,建设政府监管平台。

17. 四川省

为深入贯彻落实省委、省政府关于"建筑强省"建设的决策部署及全省住房城乡建设工作会议精神,我们坚持以科技创新为引领,聚焦产业链条培育,大力发展新型建造方式,旨在加快形成新质生产力,全面推进智能建造与装配式建筑提质扩面,促进建筑工业化、数字化、绿色化的转型升级,从而不断提升建造水平和建筑品质,推动全省建筑业高质量发展再上新台阶。2024 年 4 月 3 日,四川省住建厅发布了《2024 年全省推进智能建造与装配式建筑发展工作要点》,在要点中,着重强调培育壮大产业链,加速四川建筑产业互联网建设进程,积极搭建装配式建筑监管与服务平台,并引导成都市建设智能建造产业链技术研发与孵化园区。同时,支持有条件的地区建设或转型改造一批产业链产品基地,为智能建造发展提供产业链技术服务和产业链产品支持,以此打造全链条产业生态。

18. 陕西省

2022 年 3 月 1 日,西安市人民政府办公厅发布了《推动智能建造与新型建筑工业化协同发展实施方案》。在实施方案中明确,到 2025 年,新型建筑工业化的政策体系、标准体系、监管体系将基本建立,建筑工业化、数字化、智能化水平将得到显著提高,建筑产业互联网平台将初步建成。届时,全市新开工装配式建筑占新建建筑的比例将达到 40%以上,一批高素质综合型管理人才和产业工人将培养成熟,能够有效适应新型建筑工业化的开发、设计、施工、监理、生产等各环节。同时,将推动形成一批以上下游骨干企业为核心、产业链完善的产业集群,显著提升整个产业的综合竞争力。

19. 青海省

为深入贯彻习近平总书记在青海省考察时的重要讲话精神,落实住房城乡建设部等部门发布的《关于推动智能建造与建筑工业化协同发展的指导意见》(建市〔2020〕60 号)及《关于加快新型建筑工业化发展的若干意见》(建标规〔2020〕8 号)精神,旨在充分发挥建筑业在国民经济中的支柱作用,加速推进建筑工业化、数字化、智能化进程,加快建造方式的转型升级,以推动建筑业实现高质量发展。2021 年 11 月 24 日,青海省住建厅发布了《关于推动智能建造与新型建筑工业化协同发展的实施意见》。在意见中,明确提出要推动信息技术的深度融合,引导大型总承包企业积极搭建建筑产业互联网平台,并推动工业互联网平台在建筑领域的广泛应用,同时,促进大数据技术在工程项目管理、招标投标环节以及信用体系建设中的深度应用。

第二节　建筑产业互联网建设现状

一、各省市建设情况

1. 北京市

随着科技的进步，北京市的建筑产业互联网迅猛发展，已成为推动建筑产业数字化、智能化转型升级的重要支柱。

在数字化方面，尽管建筑业整体数字化水平目前相对滞后，但北京市正积极引领建筑产业互联网平台的建设与发展。这些平台不仅促进了建筑业与互联网技术的深度融合，还显著提升了建筑业的数字化、智能化水平。通过这些平台，建筑业企业能够更有效地实现资源共享、信息互通，进而提高生产效率和管理水平。

在平台建设方面，北京市不遗余力地推动建筑产业互联网平台的建设。例如，北京市成功开发了基于 BIM－GIS 的轨道交通工程产业互联网平台（图 5－1），该平台集成了工程进度智能采集分析、风险数据实时采集与风险识别等功能，并成功应用于北京地铁 19 号线的设计建造之中。这些平台不仅有效整合了产业链上下游资源，还极大地促进了信息共享和业务协同，从而有助于提升整个产业的效率和质量，推动了产业的转型升级。

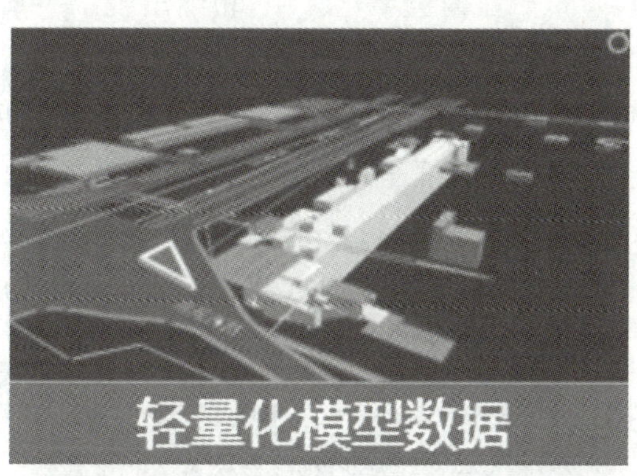

图 5－1　BIM－GIS 的轨道交通工程产业互联网平台

2. 上海市

上海市作为我国经济发展的中心与改革创新的前沿阵地，已将数字化转型视为城市社会经济发展的关键一环，并致力于深度挖掘数字经济的产业潜力。2022 年，上海市发布了《上海市数字经济发展“十四五”规划》，明确围绕数字新基建等重点领域加快布局。

在招投标领域，上海市精心构建了上海市建设工程招投标大数据智慧监管平台，全面汇聚招投标业务相关数据资源，并创新性地建立了招投标大数据智慧监管“数字驾驶舱”，实现了多维智慧监管应用场景的覆盖，确保了招投标全过程的信息透明与监管高效，推动了建设工程招投标从电子化向数字化、智能化、场景化监管的深刻转型。

在营商环境优化方面，上海依托“一网通办”平台，通过数字赋能，成功打造了工程建设项目审批政务服务的全方位一体化数字平台，显著优化了工程建设领域的营商环境。

在生产环节，上海宝冶集团有限公司作为上海钢铁产业的资深企业，积极拥抱数字化转型浪潮，通过深度融合 BIM、互联网、物联网、虚拟现实、大数据与人工智能等先进技术，构建了全生命周期的工程管理信息化体系，实现了项目管理的标准化、信息化，以及业务与财务一体化的高效协同。此外，上海宝冶集团有限公司还创新性地建立了数字化运控中心，实现了数据的集中汇聚与智慧分析，极大地提升了项目运营管控的智能化水平。

3. 重庆市

重庆市政府极为重视建筑产业的数字化转型，相继出台了一系列支持政策，这些政策为建筑产业互联网的发展提供了坚实的保障和强有力的支持。

近些年，重庆市的建筑产业互联网建设已取得了一些重要进展。例如 2019 年，重庆市住建委与腾讯公司携手合作，共同推出了全国首个建筑业互联网平台——微瓴智能建造平台（图 5－2）。该平台运用数字孪生技术精准还原城市建造场景，实现了作业过程的数字化、参建各方的协同化以及工程全过程的数字化管理，从而达成了工程透明化监管的目标。

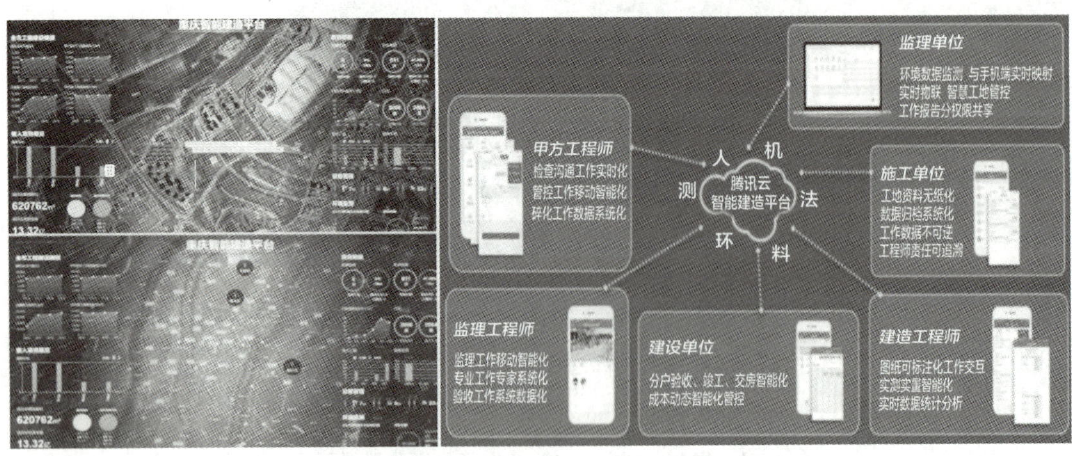

图 5－2　微瓴智能建造平台

2022 年重庆市发布了建设领域产品目录，该目录收录了多个建筑平台的重要成果，具体包括智慧工地应用平台、数字建造项目管理平台、电子签章系统等。2023 年重庆市住建委组织开发了重庆市建筑产业现代化信息管理平台，该平台的核心内容由项目管理、行业服务和部品部件管理三大板块构成，全面涵盖了部品部件的生产、运输、安装等关键环节。通过构建预制构件“一码追溯”管理体系，实现了预制构件全生命周期的信息化监管。

4. 江苏省

江苏省是建筑大省，建筑业产值规模连续位居全国前列。为加快产业结构优化，提升智能建造水平，推动建筑业高质量发展，2022 年，江苏省发布了《关于推进江苏省智能建造发展的实施方案（试行）》，方案强调了以推动建筑业高质量发展为导向，以提高全省智能建造水平为目标要求，提出了要促进建筑产业互联网、数字一体化设计、建筑机器人及智能装备、部品部件智能生产线和智能施工管理五大智能建造关键领域的广泛应用，并明确了相关布局要求。

在装配式建筑领域，江苏省积极运用大数据、人工智能、物联网等新一代信息技术，成功研发了装配式建筑产业互联网平台——装建云。该平台为装配式建筑相关部门提供了具有针对性的高效管理工具和数据支撑，并通过跨系统、跨企业信息互通，有效打破了企业间的信息壁垒。

在项目管理方面，江苏省将智慧工地作为切入点，将机械设备预警监控、质量管理系统、BIM 技术等有效整合到一个平台。例如，江苏省的企业结合 BIM、GIS、AIoT、云计算和大数据等前沿技术，精心打造了江苏省省标版“5G＋智慧工地 2.0 平台”（图 5－3），实现了对工程项目全生命周期数据的实时采集、共享与及时沟通，从而达到对人、机、料、法、环五要素的智能监控、预测告警及辅助决策等目标。

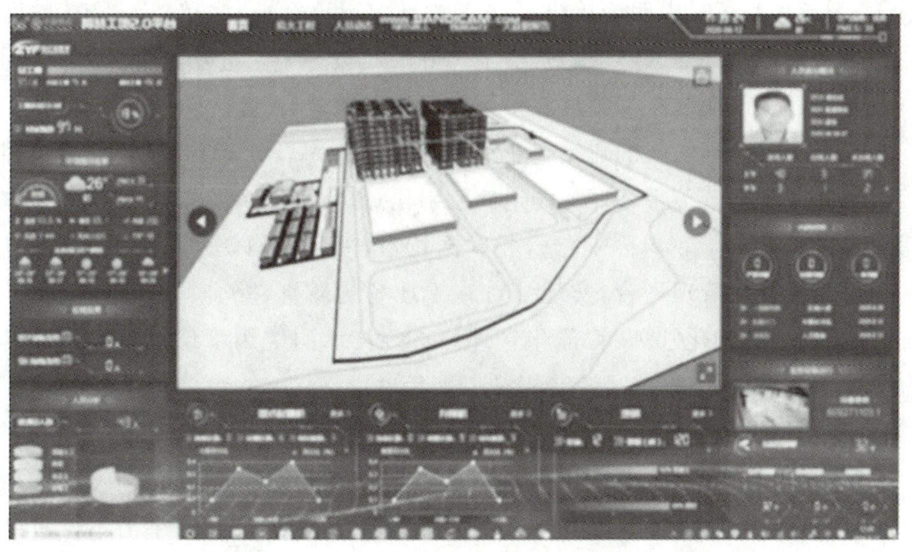

图 5－3 江苏省省标版“5G＋智慧工地 2.0 平台”

在项目监管方面，江苏省研发了施工安全管理系统(图 5 - 4)，该系统由政府端和项目端两部分组成。政府端涵盖了建筑工程、安全监督、机械设备、危大工程四个模块，并配备了一个综合展示与分析平台；项目端则包括现场隐患排查、人员动态管理、扬尘管控视频、高处作业防护、危大工程监测五个模块，并设有一个集成化的展示与分析平台。通过该平台的运用，有效弥补了传统监管方式的不足，实现了对人员、机械、材料、环境等要素的全方位实时监控，从而显著提升了建筑施工安全的水平。

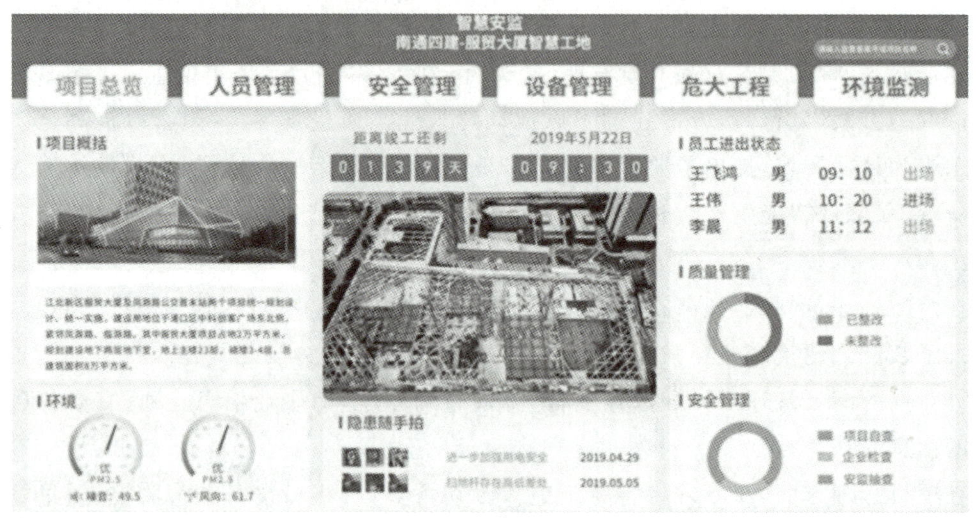

图 5 - 4　江苏省施工安全管理系统

5. 浙江省

浙江省高度重视建筑业的数字化转型，于 2022 年出台了《关于进一步支持建筑业做优做强的若干意见》，意见中明确提出了培育总承包示范企业、完善“走出去”发展服务机制等举措，为建筑产业的互联网应用营造了良好的政策环境。近年来，随着数字化转型的推进，浙江省在建筑产业互联网领域取得了长足的发展。

在企业应用方面，浙江省的建筑企业正积极拥抱 BIM、5G 和物联网等数字化技术，实现了从设计、施工到运营等各个环节的全面数字化管理。例如，浙江省的“BIM＋智慧化工地”管理平台(图 5 - 5)。部分企业结合物联网技术，采用智能硬件设备及 BIM5D 管理系统，自主研发了智慧化管理平台，实现了对施工现场的质量、安全、生产进度、技术控制及文明施工等方面的精细化管理、智能化管理。这些技术的应用不仅显著提高了建筑业的生产效率，还有效降低了成本，进一步提升了工程质量。

在产业链协同方面，浙江省的建筑产业互联网正致力于推动产业链的协同与整合。通过构建互联网平台，建筑企业能够实现资源的有效共享、信息的无缝互通，并加强与其他相关产业的深度合作，从而构建出更加紧密协作的产业链。这一举措不仅有助于提升整个建筑产业的竞争力，还将为浙江省建筑产业的持续健康发展注入强劲动力。

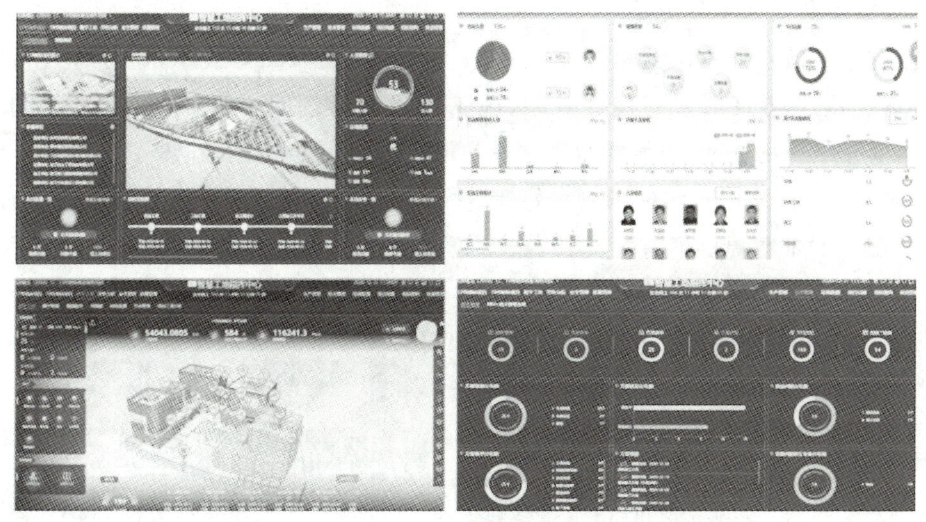

图 5-5　浙江省“BIM+智慧化工地”管理平台

6. 山东省

山东省在建筑产业互联网方面的建设情况主要包括以下几点。

(1)在平台构建方面。

山东省研发了首家建筑领域工业互联网平台(图 5-6),该平台首发了智慧招标、智慧商城、供应链金融三大版块,采取零门槛、零费用、免费登录的方式,实现了“三免七降”(免会员费、免差额费、免 SAAS 服务费,降融资成本、降税收成本、降采购成本、降销售成本、降设计成本、降人工成本、降生产建设成本)。

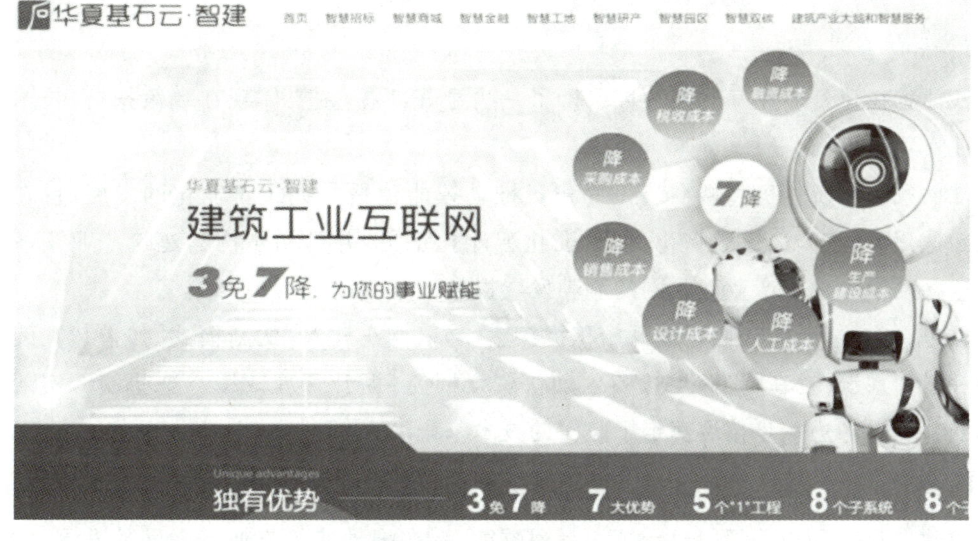

图 5-6　山东省首家建筑领域工业互联网平台

(2)在数字化技术应用方面。

山东省在建筑产业中广泛运用了大数据、云计算、物联网等技术,通过有效利用这些技术,显著提高了建筑项目的设计效率、施工质量和管理水平。如山东省济南市"基于BIM+实景三维+物联网"技术在智慧物业领域的深度融合应用,建设了智慧物业管理服务平台(图5-7)。该平台实现了从室外到室内,从二维到三维的全面数据掌握,为政府解决监管与服务的难题提供了有力支持,帮助企业实现了规范管理,有效提升了工作效率,并充分满足业主多样化的生活服务需求。

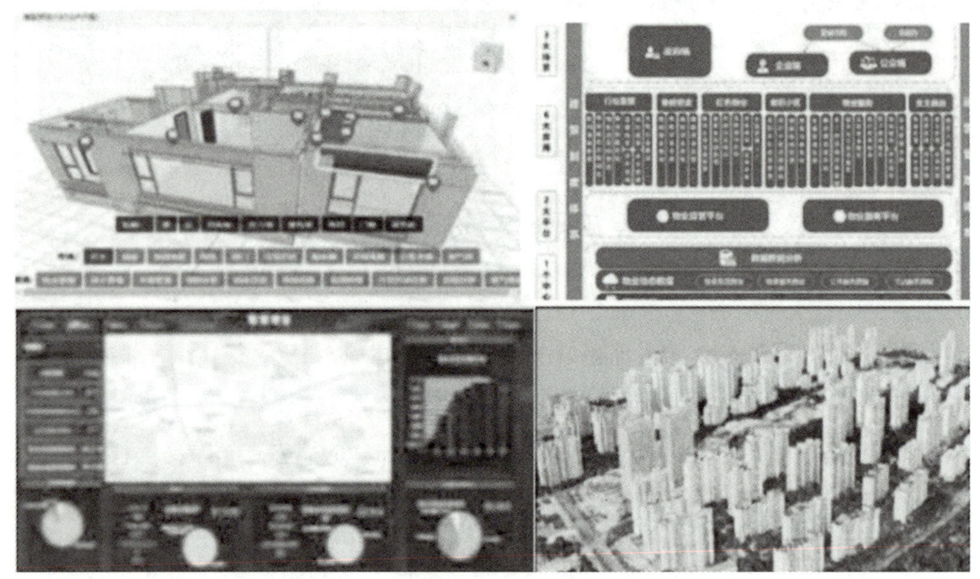

图5-7 山东省济南市基于"BIM+实景三维+物联网"技术智慧物业管理平台

7.江西省

江西省在建筑产业互联网领域取得了一些显著进展,主要体现在政策扶持、技术创新和企业实践等方面。

江西省政府及住房和城乡建设厅积极推动智能建造与建筑工业化的发展,旨在提升建筑工业化的程度、加速数字化进程、强化智能化水平,并已初步构建建筑产业互联网平台。这些政策为建筑产业互联网的蓬勃发展提供了坚实的支持。

在创新实践领域,江西企业开始积极探索"互联网+建筑"的新模式,如搭建在线交易平台和管理系统,旨在降低建材库存、加快资金回笼、提升管理效率。这些创新实践为建筑产业互联网的进一步拓展奠定了坚实的技术基础。

8.福建省

福建省政府和相关部门出台了一系列政策,旨在推动建筑产业互联网的发展,这些政策为建筑业中小企业提供了有力支持,有效促进了建筑业的高质量发展。

在数字化转型方面，福建省的建筑业已经取得了积极进展。通过引入工业互联网平台、智慧工地管理系统、BIM 技术应用等先进手段，企业实现了对生产过程、质量管控、安全管理等关键环节的智能化管理，这不仅显著提高了生产效率，还有效降低了安全风险，为建筑业的发展注入了新的活力与动力。

在平台建设方面，福建省的建筑产业互联网平台展现出强大的数据采集、分析、交互等能力。这些平台的建设，为福建省建筑产业的全面升级和深度转型提供了坚实的支撑。

9. 黑龙江省

近年来，黑龙江省相继出台了一系列政策文件，旨在推动建筑行业向工业化、数字化、智能化方向迈进，并规划初步构建建筑产业互联网平台。例如，通过鼓励行业内外及企业间的合作，共同搭建“互联网＋建筑工业化＋供应链金融”平台，以促进跨行业、跨领域的深度协作；同时，鼓励大型企业建设企业级平台、项目级平台、集中采购平台、BIM 协同平台及电子商务平台等，旨在提升供应链协同效率，实现全过程的数字化交付及全生命周期的信息共享。此外，黑龙江省还明确提出了搭建建筑产业互联网平台的目标，旨在把握建筑行业数字经济、平台经济的发展新机遇。

目前，黑龙江省的建筑行业在总产值及细分领域产值上均呈现出稳步增长的趋势，且在建筑产业互联网建设领域已取得了阶段性成果。具体而言，已有部分企业成功搭建了“互联网＋建筑工业化＋供应链金融”平台、企业级平台、项目级平台、集中采购平台、BIM 协同平台及电子商务平台等。

10. 四川省

四川省在建筑产业互联网领域的建设情况主要包括以下几个方面。

(1)在数字供应链方面。

四川省构建了“建造云”数字建筑供应链平台(图 5－8)。该平台依托移动互联网、物联网、云计算、大数据、BIM 等先进技术，集成了电子化招投标、在线交易、物流监管、资金结算、融资服务、库存管理等多功能的数字供应链业务，形成了一个专门服务于建筑行业物资采购领域的电子商务平台。该平台实现了信息流、资金流、商流、物流的“四流合一”，不仅满足了企业自身的采购数字化需求，更通过构建生态圈和资源共享，为建筑行业供应链上下游的高效协同需求提供了可靠的解决方案。

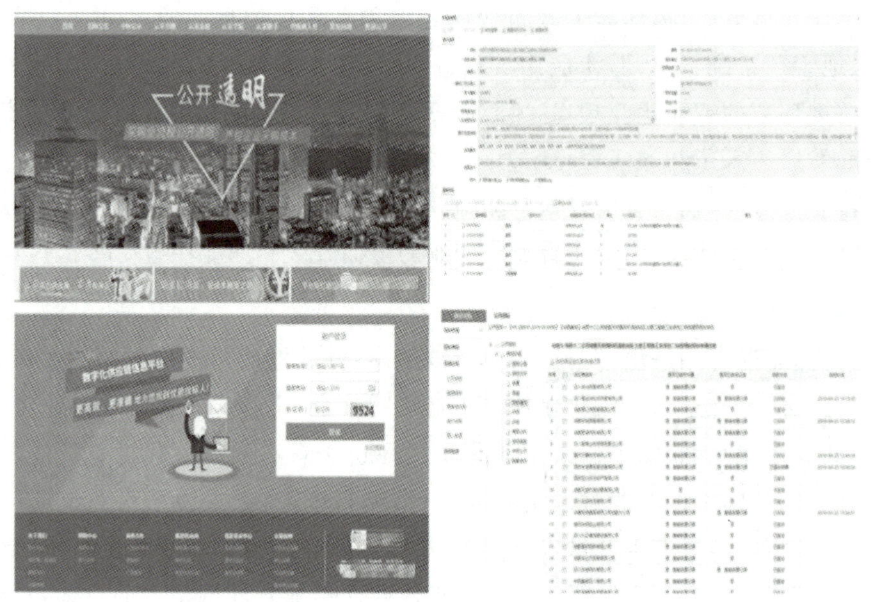

图 5－8　四川省“建造云”数字建筑供应链平台

(2)在智慧工地方面。

四川省开发了智慧工地综合管理平台(图 5－9),该平台是基于物联网、互联网技术构建的大数据管理平台。它代表了一种全新的管理模式,实现了劳务管理、安全施工、绿色施工的智能化与互联网化。

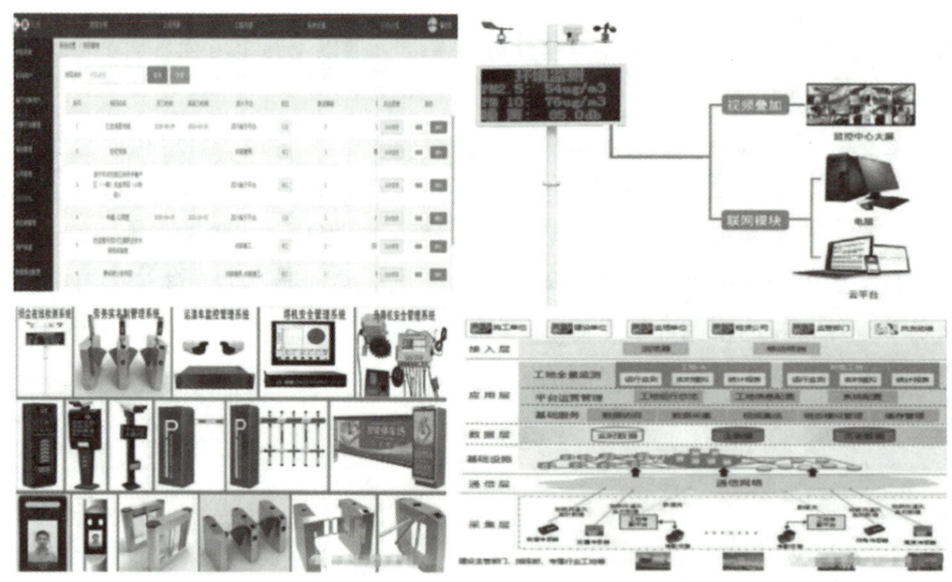

图 5－9　四川省智慧工地综合管理平台

(3)在其他方面的应用。

四川省通过运用大数据、云计算等数字化技术，有效提升了业务水平和管理效能，并进一步优化了供应链管理。这些技术的应用不仅显著提高了工作效率，而且也有力推动了四川建筑行业的创新发展。

11. 湖北省

在平台建设方面，湖北省依托 BIM 技术，建立了建设工程全生命周期管理智慧平台(图 5-10)。该平台实现了工程项目建设的数据可视化、工作协同化、分析智慧化以及管理智能化的全面集成。

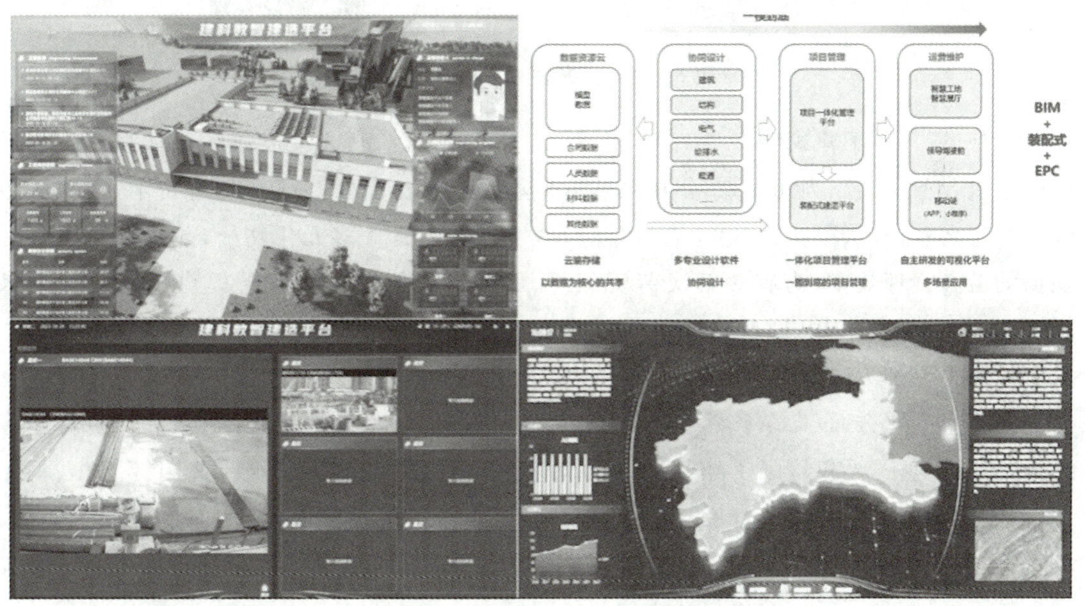

图 5-10 建设工程全生命周期管理智慧平台

另外，湖北省还成功孵化了多个由在鄂企业自主研发的建筑产业互联网平台，这些平台已在实际项目中得到试用并广泛推广。它们在建筑行业的各个环节中扮演着重要角色，有效推动了建筑业的数字化转型进程。

12. 广东省

近年来，广东省政府相关部门颁布了一系列政策措施，有力推动了智能建造与建筑工业化的协同发展，构建了一个较为完整的政策体系和产业体系。这些政策不仅为建筑产业互联网的发展营造了良好的环境，也为企业提供了更多的发展机遇。

在推动建筑产业互联网发展方面，广东省已成功培育出不少具有较强基础研究能力和自主创新水平的龙头骨干企业。这些企业在建筑产业互联网的建设中发挥了引领和带动的关键作用。同时，广东省还积极试点并培育了一批智能建造项目和建筑产业互联网示范平台，如数字化采购平台(图 5-11)，该平台融合了物联网、大数据、区块链和 AI 技术，提供了从寻源、招标、采购、履约结算到供应商管理的全流程标准化、线上化服务，有效帮助项目采购方降低了采购成本，并妥善解决了供应商回款难的问题。

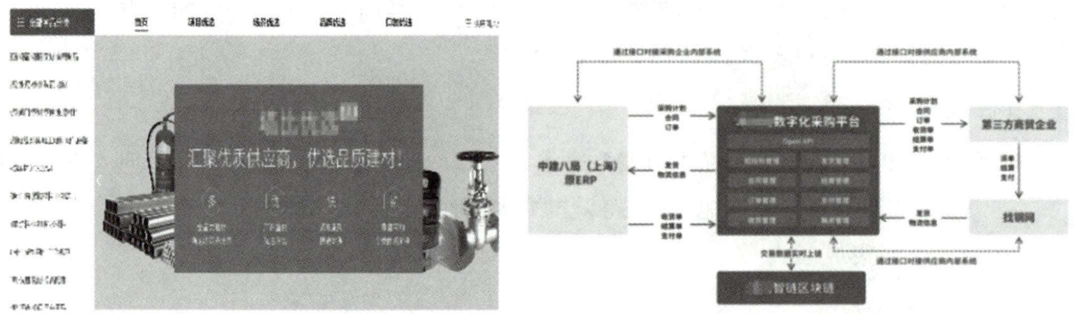

图 5-11　广东省数字化采购平台

另外，还开发了建筑劳务管理平台——广东省"建工一号"建筑劳务管理平台。该平台以建筑劳务实名制为切入点，集成了物联网、区块链、云计算、AI 等先进技术，实现了工人自主实名登记、认证核验、电子合同签订、线上安全教育等多元化功能，显著提高了施工现场的劳务管理效率，为有效解决劳资纠纷、保障工人群体合法权益提供了坚实的技术支撑。

这些平台都为建筑产业的数字化转型构筑了坚实基础。

在技术应用方面，广东省建筑业正积极融入新技术，尤其是互联网和智能技术，这些技术的广泛应用，不仅增强了建筑质量和竞争力，也有力推动了建筑产业向智慧化、环保化、资本化和互联网化方向发展。例如，通过广泛应用智能建造技术，广东的建筑工业化、数字化、智能化水平实现了显著提高，劳动生产率得到大幅提高，能源消耗及污染排放实现大幅下降，实现了经济效益与社会效益的双赢。

13. 海南省

随着技术的不断进步与广泛应用，互联网技术已逐渐渗透至海南省建筑产业的各个环节，有力推动了行业的转型与升级。

一方面，海南省正致力于深化建筑产业与互联网的融合创新，积极探索全新的商业模式与服务模式。例如，借助互联网平台，实现了建筑材料、设备的便捷在线采购与交易，有效降低了采购成本。同时，通过智能建筑管理系统，实现了对建筑能耗、环境等参数的精准智能监测与调控，显著提升了建筑的节能减排效果。

另一方面，海南省的建筑产业正积极利用互联网技术，尤其是 BIM 技术、物联网等前沿技术的深入应用，加速推动了行业的数字化转型进程。例如，通过 BIM 技术，海南省的建筑企业能够实现设计、施工、运营等生命周期的数字化管理，不仅提高了建筑质量，还显著提升了工作效率；此外，通过电商平台进行材料采购、项目招标等，实现了供应链管理的全面数字化，降低了成本，增强了市场竞争力。

二、细分领域建设情况

建筑产业互联网的细分领域极为丰富，主要涵盖建筑设计与咨询平台、建材电商与集采平台、建筑劳务用工平台、工程项目管理平台、智能施工与设备管理平台以及建筑产业金融服务平台等。

1.建筑设计与咨询平台

建筑设计与咨询平台不仅提供建筑设计的在线服务。例如，方案设计、施工图设计、深化设计等，还涵盖建筑设计咨询、优化等服务，旨在帮助提高设计质量和效率。

当前，建筑设计与咨询平台的建设情况主要体现在以下几个方面。

(1)技术集成与创新。

这些平台充分利用云计算、大数据、人工智能等先进技术，实现了对建筑设计与咨询流程的数字化重塑，借助自动化、智能化的工具，显著提升了设计效率，有效降低了人为错误，并为设计师和咨询师创造了更为便捷的工作环境。

(2)资源优化配置。

平台将原本分散的建筑设计与咨询资源高效整合到统一的平台上，实现了资源的优化配置。设计师和咨询师能够在平台上找到合适的项目与合作伙伴，从而大幅提高了资源的利用效率。

(3)行业协作与沟通。

建筑设计与咨询互联网平台作为行业交流的桥梁，极大地促进了行业内各方的协作与沟通。设计师、咨询师、施工方、业主等关键角色能够依托平台实现实时交流、信息共享与协同工作，从而提升项目的整体执行效率与成果质量。

(4)市场拓展与品牌建设.

通过平台、建筑设计与咨询企业能够更便捷地拓展市场，触及更广泛的潜在客户群体。同时，该平台也为企业提供了展示自身实力和专业素养的平台，极大地促进了企业品牌的建设和推广。

(5)行业标准化与规范化。

平台通过制定统一的规则与标准，有力推动了建筑设计与咨询行业的标准化与规范化进程。这有助于提升行业的整体形象，提高服务质量，降低工程风险。

尽管建筑设计与咨询平台在发展过程中已取得一定成就，但在数据整合与共享、功能优化以满足个性化需求、信息安全与隐私保护以及技术创新与持续升级等方面，仍面临着诸多问题和挑战，主要体现在以下几个方面。

(1)在技术整合方面。

尽管云计算、大数据和人工智能等先进技术在建筑设计与咨询领域的应用日益普及，但在实际运用过程中，如何将这些技术有效整合到平台中，以实现高效、稳定、安全地运行，仍然是一项艰巨的任务。此外，技术的日新月异也促使平台必须不断进行技术升级与维护，这无疑增加了技术实现的复杂性与难度。

(2)在行业标准方面。

建筑设计与咨询行业在数据使用、数据确权、数据安全等领域尚未形成统一的标准和规范，这无疑加大了平台在数据整合、交换及使用方面的操作难度。同时，鉴于每个建设项目具有独特性，难以像其他行业那样实现全流程的标准化，这同样对平台的标准化和规范化进程构成了挑战。

(3)在数据安全方面。

互联网平台承载着大量的用户数据与项目信息，其中不乏敏感的商业机密和个人隐私。如何确保这些数据的安全性和隐私保护，防止数据泄露与滥用，已成为平台必须正视并妥善解决的重要问题。

(4)在法律法规方面。

由于行业标准的制定及政策更新的相对滞后，建筑设计与咨询互联网平台在建设和运营过程中可能会面临遭遇法律法规与政策的不确定性，这进一步提升了平台的运营风险。

2.建材电商与集采平台

建材电商与集采平台不仅提供建材的在线采购和销售服务，还涵盖建材的质量检测、物流配送等一站式服务，通过集中采购可有效降低采购成本，提高采购效率。

其发展过程大致可以划分为萌芽期、成长期、成熟期三个阶段。

(1)萌芽期。

随着互联网技术的兴起与发展，一些企业开始尝试将传统建材和家居业务拓展到线上领域，然而，由于初期经验不足和技术支持的欠缺，这些平台的功能较为单一，主要局限于展示产品信息和辅助线下交易。

(2)成长期。

随着电子商务技术的持续进步和市场需求的日益增长，建材电商与集采平台开始逐渐成熟。这些平台不仅完善了线上销售、推广、采购、物流等一站式服务功能，还融入了先进的互联网技术，如大数据分析、云计算等，旨在提升服务质量、优化用户体验并增加平台的核心价值。

(3)成熟期。

当前，建材电商与集采平台已步入了成熟期阶段，这些平台在技术和服务方面已达到高度成熟水平，能够为企业提供全方位、高效率的电子商务解决方案。

目前，这类平台的建设成就主要体现在以下几个方面。

(1)市场规模增长。

近年来，建材电商与集采平台的市场规模持续扩大，展现出强劲的增长态势，这得益于建筑行业数字化转型的推动，以及电商平台在供应链整合、采购效率提升等方面的显著优势。

(2)供应链优化与效率提升。

建材电商与集采平台通过整合供应链资源，有效优化了采购流程，显著降低了采购成本。同时，平台借助大数据、人工智能等技术，极大提升了采购决策的精准度与效率，实现了供应链的高效运转。

(3)服务品质提升。

平台不断致力于提升服务质量，包括提供更为便捷的采购流程、完善的售后服务等，这些举措使得建材电商与集采平台在市场上的竞争力日益增强，成功吸引了越来越多的客户。

(4)行业影响力增强。

随着建材电商与集采平台的蓬勃发展，它们在建筑行业的影响力也愈发显著，越来越多的建筑企业选择通过电商平台进行采购，有力推动了整个行业的数字化转型与升级进程。

(5)创新模式不断涌现。

在持续发展的过程中，建材电商与集采平台勇于探索，不断推出新的商业模式和技术应用。例如，部分平台已开始尝试引入区块链技术，以进一步提高交易的安全性与透明度；还有一些平台则积极拓展金融服务领域，为供应链上下游企业提供融资支持与多元化服务。

尽管这类平台的建设已取得了一些进展，但在运营和管理、市场竞争、政策法规以及技术创新等方面都面临着诸多问题和挑战。具体存在的问题和挑战如下。

(1)平台运营和管理方面。

建材电商与集采平台需处理海量的采购与销售数据，以及复杂的供应商与客户关系。如何确保平台的稳定运营、保障数据安全及客户隐私，是平台运营者需要密切关注的重要议题。同时，鉴于建筑行业的特殊性，建材电商与集采平台还需对建筑材料的质量、规格、性能等进行深入认知与严格把控，以确保采购和销售的产品符合行业规范与客户需求。

(2)市场竞争方面。

建材电商与集采平台正遭受来自传统建材市场和其他电商平台的多重夹击，如何在激烈的市场竞争中脱颖而出，吸引并巩固更多客户和供应商，成为平台亟待解决的核心难题，这要求平台具备独特的竞争优势，如价格优势、服务优势、品牌优势等，以吸引并维护客户忠诚度。

(3)政策法规方面。

随着国家对建筑行业监管力度的不断加大，相关政策与法规在不断健全与更新，平台需要及时捕捉并适应这些变化，以确保合规运营并有效规避法律风险。

(4)技术创新方面。

平台需要不断创新和升级,以适应市场的变化与满足客户需求,这要求平台拥有强大的技术研发能力和创新能力,从而保持竞争优势,实现可持续发展。

3.建筑劳务用工平台

建筑劳务用工平台致力于解决建筑行业劳务用工难、管理复杂的问题。该平台能够提供劳务人员的在线招聘、培训和管理等一系列服务,以保障项目的顺利进行。

建筑劳务用工平台的发展过程大致经历了初始阶段、成长阶段、成熟阶段以及创新发展阶段。

(1)初始阶段。

在这一阶段,建筑劳务用工平台主要扮演信息发布与交流平台的角色,为建筑企业和劳务人员搭建起一个相对集中的交流桥梁,此时,平台功能较为基础,主要聚焦于解决信息不对称问题,使双方能够更容易地找到彼此。

(2)成长阶段。

随着互联网的普及和技术的不断进步,建筑劳务用工平台开始步入成长阶段。在此阶段,平台积极引入大数据、人工智能等先进技术元素,旨在提升匹配的效率和精度。同时,平台服务内容得到拓展,涵盖了在线培训、技能认证等,旨在提升劳务人员的素质与技能水平。

(3)成熟阶段。

步入成熟阶段后,建筑劳务用工平台已构建起较为完善的服务体系与管理机制。平台服务不限于劳务匹配,更延伸至劳务合同签订、工资发放、保险购买等全领域。此外,平台与金融机构建立了深入合作,为劳务人员提供了工资保障、融资支持等多元化服务。此时,平台已成为建筑行业劳务市场中不可或缺的一部分,对推动建筑行业健康发展起到了重要作用。

(4)创新发展阶段。

当前,建筑劳务用工平台正面临着新的发展机遇和挑战。随着数字化、智能化技术的不断发展,平台开始探索新的业务模式与服务方式,以灵活应对市场的新需求与新变化。例如,平台正尝试引入区块链技术以增强交易的透明度与安全性,并运用大数据与人工智能技术来优化人力资源配置策略。

建筑劳务用工平台的发展成就显著,其成就主要体现在以下几个方面。

(1)提升了劳务资源的配置效率。

借助互联网技术,平台对建筑行业中的劳务资源进行了有效整合与优化,为建筑企业提供了便捷、高效的劳务匹配服务,显著缩短了企业寻找合适劳务人员的时间,降低了成本,进而提高了用工效率。

(2)促进了劳务市场的规范化发展。

平台通过设立严格的入驻标准和服务规范，对劳务人员进行细致的筛选、系统的培训及科学的评价，确保了劳务质量。同时，平台提供的在线合同签订、工资发放、保险购买等一站式服务，不仅保障了劳务人员的合法权益，还有效降低了企业的用工风险。

(3)加速了建筑行业的技术创新与产业升级。

随着平台的持续壮大，高新技术(如建筑机器人、智能化设备等)被越来越多地引入劳务市场，显著提升了建筑工业化劳务市场的运行效率。此外，平台还通过线上招聘、人才储备等创新手段，积极优化劳务市场的供需结构，有效缓解了市场供需矛盾。

(4)增强了行业的透明度和公平性。

平台依托公开透明的信息发布和交易机制，有效减少了信息不对称问题，降低了交易成本。同时，通过构建完善的信用体系与评价体系，平台进一步提升了劳务市场的诚信氛围，增强了市场的公平性。尽管建筑劳务用工平台推动了建筑行业的进步，但也面临着诸多挑战与问题，包括信息不对称、劳务质量把控、劳务关系管理具有复杂性、法律法规与政策风险，以及技术更新与市场竞争压力等方面。

(1)在信息不对称层面。

众多建筑劳务用工平台在劳务信息的收集、整理与发布上存在短板，导致建筑企业与劳务人员之间的对接效率低下，既影响了企业的招聘成效，又存在致使劳务人员错失良机的问题。此外，资源错配现象亦不容忽视，部分区域或项目面临劳动力供需失衡的困境。

(2)在劳务质量方面。

建筑劳务市场中的劳务人员技能水平高低不一，部分人员缺乏必要的专业技能和实践经验，难以满足企业的用工标准。而劳务用工平台在劳务人员的筛选、培训与评价环节上，往往面临诸多困难，难以全面保障所提供的劳务人员水平。

(3)在劳务关系管理方面。

建筑行业的劳务关系错综复杂，涉及建筑企业、劳务公司、包工头及劳务人员等多个主体。这种复杂的劳务关系，对劳务用工平台的管理能力提出了更高要求，需要平台具备强大的协调与管控能力，以确保各方权益得到有效维护。

(4)在法律法规与政策风险方面。

建筑行业受到严格的法律法规和政策约束，劳务用工平台必须严格遵守相关劳动法规、税收政策等。然而，政策环境的频繁变动，使得劳务用工平台面临一定的法律合规风险及政策不确定性。

(5)在技术更新与竞争压力方面。

随着互联网技术的日新月异，建筑劳务用工平台需紧跟技术潮流，不断优化平台功能，提升用户体验。同时，面对日益激烈的市场竞争，劳务用工平台还需不断创新服务模式，以增强自身的市场竞争力。

4.工程项目管理平台

工程项目管理平台为工程项目的全周期管理提供了有力支持，涵盖了项目计划、进度、成本、质量等多个关键方面的监控和控制，借助信息化手段显著提升了项目管理效率，并有效降低了项目风险。

近年来，工程项目管理平台的建设取得了显著成就，这些成就主要体现在以下几个方面。

(1)效率显著提升。

通过采用工程项目管理平台，企业能够实现对项目进度的实时监控、资源的优化配置以及任务的合理分配，这不仅大大提高了项目执行的效率，还缩短了项目周期，为企业节省了宝贵的时间资源。

(2)成本控制优化。

平台提供了全面的成本管理功能，涵盖预算制定、成本核算及成本控制等环节，通过精确的数据分析和预测，企业能够更好地把握项目成本，有效避免成本超支，从而增强了项目的整体经济效益。

(3)风险管理加强。

工程项目管理平台具备强大的风险管理功能，能够精准地对项目中潜在的风险进行预警和预测，通过及时识别风险、制定风险应对措施，企业能够显著降低项目风险的发生概率和影响程度，确保项目的顺利进行。

(4)协作与沟通改善。

平台提供了高校的在线协作和沟通工具，使得项目团队成员能够实时共享信息、交流意见并协同工作，这不仅加强了团队之间的合作与沟通，还直接提升了工作效率和团队的凝聚力。

(5)数据驱动的决策制定。

通过收集、整理并深入分析项目数据，工程项目管理平台为企业提供了坚实的数据基础，使得项目决策更加基于事实、科学且更加准确，企业能够根据数据分析的结果来优化项目流程、提升管理质量，进而取得更好的业务绩效。

(6)推动行业标准化与规范化。

随着工程项目管理平台的广泛应用，行业内的管理标准和规范得到了进一步的统一和完善，这有助于提升整个行业的管理水平和竞争力，推动行业的持续健康发展。

工程项目管理平台在发展过程中取得了一定成就，但在数据整合与共享、功能完善与个性化需求满足、信息安全与隐私保护，以及技术创新与升级等方面均面临着诸多挑战与问题。

在数据整合与共享方面，由于不同部门和项目间的信息系统存在着差异，导致数据格式、标准及接口难以统一，从而难以实现数据的无缝对接与共享，进而引发了信息孤岛现象，阻碍了项目信息的顺畅流通，影响了项目管理的效率与准确性。

在功能完善与个性化需求方面，鉴于各工程项目独具特色且需求各异，现有的工程项目管理平台往往难以全面覆盖这些个性化需求。同时，随着工程项目管理的持续演进，平台功能亦需持续迭代，以适应新兴管理理念与业务需求的变革。

在信息安全与隐私保护方面，鉴于工程项目涉及诸多敏感信息与商业秘密，若平台的信息安全保护措施存在疏漏，极易导致信息泄露与滥用。因此，平台需加大信息安全技术的研究与应用力度，提升信息保护的防护水平与能力。

在技术创新与升级方面，工程项目管理平台同样需保持持续创新与升级态势。平台应紧跟技术发展的脉搏，积极吸纳新技术与新理念，以增强平台的功能与性能。此外，平台还需密切关注市场动态，灵活调整与优化产品与服务策略，以精准对接客户需求与期望。

5.智能施工与设备管理平台

智能施工与设备管理平台利用物联网、大数据等先进技术，实现了施工过程的智能化管理与设备的远程监控，不仅能够提高施工效率，降低施工成本，还能确保施工安全。

当前，该类平台的建设成就主要体现在以下几个方面。

(1)提升施工效率与精度。

智能施工平台通过引入先进的传感器、无人机、机器人等高科技手段，实现了对施工现场的实时监测与精准控制，从而显著提升了施工效率。同时，这些技术的应用还能确保施工精度，减少误差，进而提高工程质量。

(2)强化安全管理。

智能施工平台通过实时监测施工现场的安全状况，能够及时发现并处理潜在的安全隐患，有效降低了安全事故的发生率。此外，平台还提供了对施工人员的安全教育与培训功能，增强了他们的安全意识，为施工安全提供了进一步的保障。

(3)优化资源配置。

智能设备管理平台借助对设备的实时监测与数据分析，实现了设备的优化调度与合理配置。这不仅提高了设备的利用率，减少了资源浪费，还降低了施工成本，提升了企业的经济效益。

(4)推动数字化转型。

智能施工与设备管理平台的发展，有力推动了建筑行业的数字化转型进程。通过将传统施工过程与数字技术深度融合，实现了施工过程的可视化、可量化与可优化，大幅度提升了施工管理的科学性与智能化水平。

(5)促进可持续发展。

智能施工平台在节能减排、资源循环利用等方面展现出了重要作用,有助于实现可持续的发展目标。同时,平台通过数据分析为施工管理者提供了科学的决策支持,推动了行业的绿色、低碳、可持续发展。

尽管智能施工与设备管理平台在发展过程中取得了一定成就,但也面临着诸多挑战,如技术标准不统一、人才短缺、数据安全和隐私保护问题,以及技术应用挑战等。

(1)在技术标准不统一方面。

由于不同厂家和供应商的技术标准和协议存在差异,导致平台在集成各种智能化设备和系统时面临重重困难。这不仅增加了平台的开发与维护成本,还可能影响平台的稳定性和可靠性。

(2)在人才短缺方面。

当前市场上具备相关技能和经验的专业人才供不应求,难以满足平台研发、部署与维护的需求。同时,由于智能施工与设备管理涉及多个领域的知识与技术,因此需要具备跨学科背景和具有综合能力的复合型人才,这进一步加剧了人才短缺的问题。

(3)在数据安全和隐私保护方面。

平台在运行过程中会处理大量的施工数据和设备信息,如何确保这些数据的安全性与隐私性,防止数据泄露与滥用,成为平台必须解决的关键问题。

(4)在技术应用挑战方面。

尽管智能施工与设备管理平台在理论上具备诸多优势,但在实际应用中仍可能遇到技术不稳定、与现场实际情况不匹配等问题。这要求平台持续进行技术优化与升级,以适应不同的施工环境与需求。

6.建筑产业金融服务平台

建筑产业金融服务平台专为建筑产业提供金融服务,涵盖融资、保险、担保等,不仅能够协助建筑企业解决资金难题,还能有效降低金融风险。

该类平台的建设成就主要表现以下几个方面。

(1)促进金融与建筑产业的深度融合。

建筑产业金融服务平台通过提供一站式的金融服务,有效促进了金融与建筑产业的深度融合。这种融合不仅使建筑企业能够享受到更加便捷、高效的金融服务,也推动了金融机构对建筑产业有更深层次的了解。

(2)优化建筑行业的资金流动。

平台通过提供融资、投资、理财等多元化金融服务,为建筑行业的资金流动注入了强劲动力,有效缓解了建筑企业在项目执行过程中可能遭遇的资金短缺问题,从而保障了项目的顺利推进。

(3)提升风险管理水平。

建筑产业金融服务平台通常构建有完善的风险管理体系，能够通过对项目的全面评估，精准识别并有效控制潜在风险。这既降低了金融机构的信贷风险，也提升了建筑行业的整体风险管理能力。

(4)推动建筑行业的创新发展。

随着平台的持续发展，众多创新金融产品和服务被引入建筑行业，这些创新不仅丰富了金融服务的种类，还激发了建筑行业的技术进步与业务模式创新。

(5)增强建筑行业的竞争力。

金融服务的支持使建筑企业能够更灵活地应对市场变化，提升自身的竞争力。同时，金融服务平台也为建筑企业搭建了更广阔的合作平台，促进了整个行业的协同发展。

尽管建筑产业金融服务平台在建设中取得了一定成就，但仍面临融资问题、风险控制、技术创新、市场竞争及政策环境等多方面的挑战。

(1)在融资方面。

由于建筑项目资金需求大、回报周期长且风险较高，许多建筑企业在融资过程中遭遇困境。传统银行贷款审批严格、融资成本高，导致部分企业难以获得充足的资金支持。此外，供应链金融在建筑行业的整合实施也面临数据缺失和业务标准化不足的挑战。

(2)在风险控制方面。

建筑行业存在市场需求波动、原材料价格不稳定、工程质量隐患等不确定因素，给金融服务带来一定风险。因此，平台需构建更为完善的风险评估与管理机制，以确保资金安全与合规运营。

(3)在技术创新方面。

互联网金融、大数据、人工智能等技术的快速发展为建筑行业提供了更多融资与风险管理手段。然而，如何有效地将这些技术融入建筑产业金融服务平台，提升服务效率与质量，降低运营成本，仍需平台不断地探索与实践。

(4)在市场竞争和政策环境方面。

平台需不断提升服务品质与创新能力，以吸引更多用户与合作伙伴。同时，密切关注政策动态，灵活调整战略与业务模式，以应对外部环境的不确定性。

建筑产业互联网技术方案

第一节　技术方案详解

一、总体架构与模型

建筑产业互联网是工业互联网在建筑行业的延伸，致力于赋能产业链。建筑产业互联网的平台架构与工业互联网的软件工程架构类似，是一个多层次、模块化的系统，可以大致分为基础层、能力层和应用层（图 6－1）。

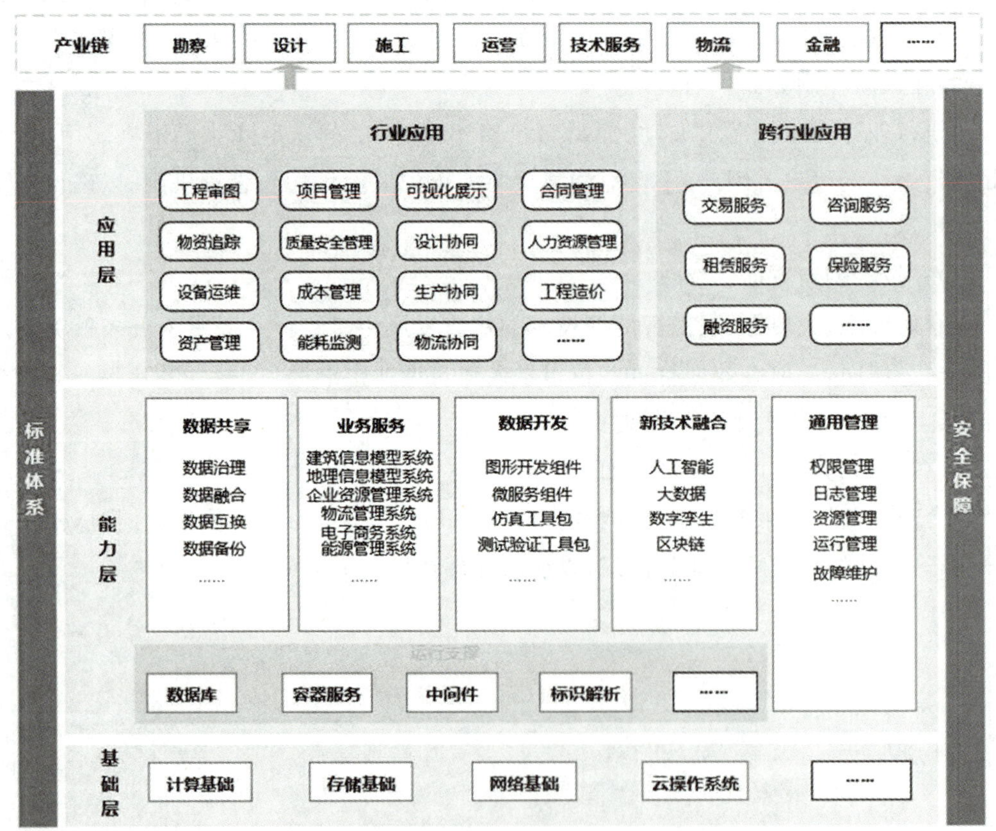

图 6－1　建筑产业互联网的总体架构

1. 基础层是建筑产业互联网平台运行的基础

基础层的核心是将服务器、存储设备、网络设备、安全设备等物理硬件基础设施资源，通过虚拟化技术进行虚拟化切割，并对外提供可扩展、按需使用的安全云基础资源和服务，涵盖计算基础、存储基础、网络基础和云操作系统等各类 IT 基础设施。

2. 能力层是建筑产业互联网平台部署的核心环节

能力层向下通过基础层接入所有建筑产业数据，向上支撑起应用层的开发部署与运行优化，主要提供数据交互、应用开发、测试和运行，依托云计算，把基础资源变成平台环境提供给用户和应用，包括数据共享、业务服务、数据开发、运行支撑和通用管理等功能。

3. 应用层是建筑产业互联网平台服务的核心所在

应用层针对建筑领域的不同业务场景，如成本管理、项目管理、设备管理和能耗管理等特定需求，开发个性化应用服务，通过对建筑软件云化和数字建筑 App 开发，实现业务、技术、数据、资源等的软件化、模块化、平台化和通用化。

二、按应用场景划分

按应用场景划分，建筑产业互联网平台可以分为行业监管层（简称监管层）、行业层、企业层和项目层 4 个层级，各层级的具体表现如下。

1. 监管层

建筑产业互联网平台在行业监管层利用建筑技术软件化与现有的制度和标准对接，依托建筑产业互联网监测行业核心数据，建立全流程的智能监管平台，从设计、生产到施工装配和验收全覆盖，对安全文明施工与施工现场管理、建筑工人实名管理、施工现场环保措施管理等进行重点监控，服务政府决策分析，助力实现精准施策和精确调度。如“四库一平台”“质量安全监管平台”“劳务实名制平台”等均为行业监管层平台。

2. 行业层

建筑产业互联网平台在行业层上面向的是建筑产业全环节，为企业提供勘察、设计、生产、施工、运营等建筑产品全生命周期的管理和服务。通过建设行业级互联网和标识解析行业节点体系，打通建筑设计、生产、运输、施工全流程的数据流通和协同管理。以市场需求为导向，以数据共享为支撑，建立新型的行业生态和灵活的上下游关系，助推建筑行业的变革。行业层建筑产业互联网平台往往针对建筑行业某一细分领域的全生命周期开展服务，如家装互联网平台、PC 互联网平台、幕墙互联网平台等。

3. 企业层

建筑产业互联网平台在企业层上围绕企业上下游产业链生态圈，开放企业资源和能力。在生产建造等环节，采集工程建设过程中的全要素信息，通过网络信息技术对信息传输进行计算，为企业级建筑产业互联网提供基础数据。同时，借助可视化手段实现整个项目流程的可视化，对关键节点实施跟踪监控，保障项目质量、安全、进度和成本控制目标，满足企业数字化、网络化、智能化升级需求。建筑产业互联网主要在企业层面上围绕建筑企业上下游业务打造互联网平台，以解决企业数字化转型所必需的资源集中、信息协同、管理提效、降低成本等问题。如中建集团、宝冶集团等企业已经开展企业自身的产业互联网平台建设，并取得了显著的成绩。

4. 项目层

建筑产业互联网平台的项目层针对勘察、设计、生产、施工、运营等特定环节或特定场景，以轻量化的方式提供项目的数字化服务。往往是围绕项目的全生命周期建设一个数字化管理的平台，汇聚各阶段成果、数据，提供数字化、智能化的项目管理服务。常见的项目层产业互联网平台以"智慧工地＋BIM"的形式存在。

三、技术分析

建筑产业互联网平台通过开放技术体系搭建，为行业、企业提供数据应用开发基础，主要包括平台基础技术、平台核心技术、平台关键技术和平台保障技术四大技术领域。

1. 平台基础技术构成支撑架构

平台基础技术通过整合基础层资源，为上层应用提供坚实的技术基础。

(1)使用虚拟化技术对服务器、存储及应用系统进行虚拟化处理，以此提高平台资源的利用效率。

(2)高性能计算技术通过实时、精确的软件对数据进行调度与运算，确保资源的优化配置和结果的精确导向。

(3)通过分布式存储技术的引入，构建分布式存储体系，显著降低了数据存取的响应时间。此外，负载均衡技术通过扩展网络和设备能力，增强了系统的运行灵活性与可行性。

(4)容器技术通过镜像管理和应用隔离，增强了平台资源的复用率及应用的实时性。

2. 平台核心技术开发精准服务

平台核心技术旨在为行业和企业提供高效、精确的数据服务。

(1)多租户技术通过虚拟化和数据库隔离，实现不同租户间应用与服务的有效隔离，确保隐私与安全。

(2)大数据管理技术通过构建大规模数据采集、整合、分析的服务体系，为建筑行业大数据提供存储、集成、访问、分析和管理的一体化环境。

(3)运行维护技术通过统一的运维管理体系，对业务系统中的网络、硬件、软件和数据库资源进行集中管理。

3. 平台关键技术推动应用创新

平台关键技术负责部署应用服务组件，支持多变数据结构和应用界面的开发需求。

(1)数据建模与分析技术结合专业知识与实践经验,构建底层分析模型。

(2)应用开发及微服务技术提供开发工具包和一体化服务流程,为开放的 App 开发提供基础。

(3)人工智能技术结合机器学习等技术,提供开发与建模分析工具。

(4)区块链技术为供应链、产品交易和金融服务提供技术支撑。

4. 平台保障技术应用安全可靠

平台保障采用安全的技术应用,以提升平台的整体安全性,并构建稳定、持续的运行环境。

(1)接入安全。依托工业防火墙、加密隧道等技术,防止数据泄露和篡改,确保数据在源头和传输过程中的安全。

(2)平台安全。依托入侵检测、网络安全防御等技术,保障平台的代码安全、应用安全、数据安全和网站安全。

(3)访问安全。通过统一的访问机制,对用户访问权限和资源使用进行限制,实现对云平台资源安全可控的访问和管理。

第二节　关键技术

建筑产业互联网的构建涉及一系列信息化的核心技术,这些技术共同支撑起建筑产业的数字化转型和智能化升级。图 6－2 列举了 9 项新兴技术在各类建筑产业互联网平台中的应用情况,应用程度越高,表明该技术对平台的功能实现发挥的作用越关键。

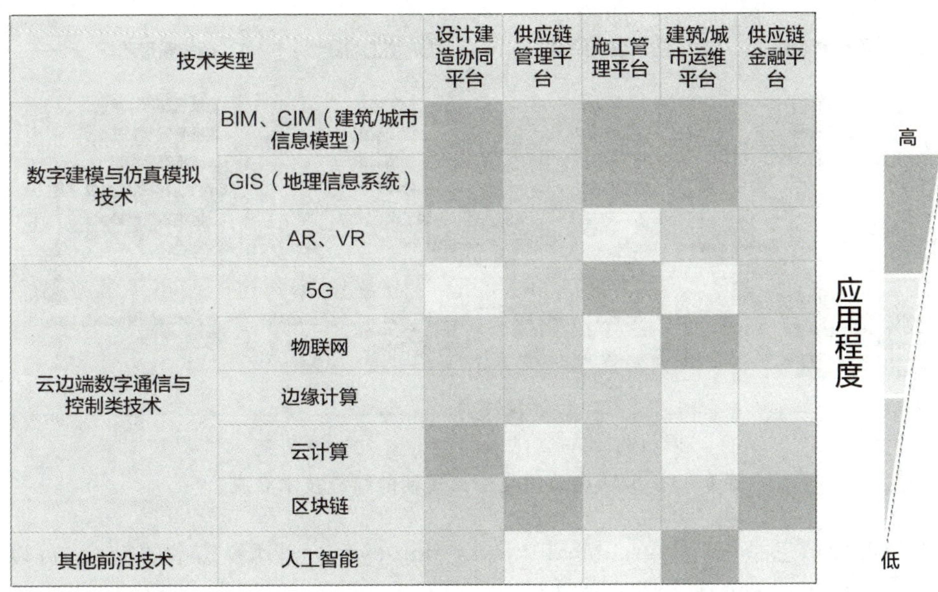

图 6－2　建筑产业互联网的新兴技术应用情况

本书梳理了6项关键技术的基本概念，同时基于近年来的研究与应用，描述了这些技术在建筑领域的应用。

1. BIM与CIM技术

建筑信息模型是一种数字化建模技术，它将建筑和工程数据与3D建模相结合，创造出一种可视化的动态的建筑设计和施工模拟环境。BIM不仅仅是建筑的3D模型，还是一个包含了建筑项目所有相关信息的数字信息库，如建筑构件的几何特性、材料属性，甚至涵盖到施工过程和成本估算。与传统建筑设计的二维图纸相比，BIM软件所创建的建筑模型是“活”的，在模型中，若改变一扇窗户的大小，则整个建筑的相关数据也会自动更新，可以大大提升设计的质量和效率。

传统二维图纸一旦出现错、漏、缺问题，则会“牵一发而动全身”，需要逐一对平面图、立面图、剖面图进行修改，而在BIM模型中只需要修改相关参数，对应的图纸、工程量、造价数据都会自动修改。同时，BIM可以将结构、暖通、水电设计全部集成在一个模型上，模拟检测不同专业之间的碰撞，避免了在施工过程中发现问题而导致设计图“一改再改”。目前市面上主流的BIM设计软件有Autodesk Revit、ArchiCAD、Bentley等。

BIM不仅改变了传统的设计和施工方式，还实现了对建筑运营和维护的全生命周期管理。在运维管理阶段，BIM模型使得运维人员可以快速定位和解决问题，提高了设备的可靠性和可用性。这种全生命周期管理的能力使得BIM在建筑行业中具有独特的优势，能够将建筑项目从设计到施工，再到后期的运营和维护，形成一个完整的信息闭环。BIM在建筑全生命周期的核心技术底座见图6-3。

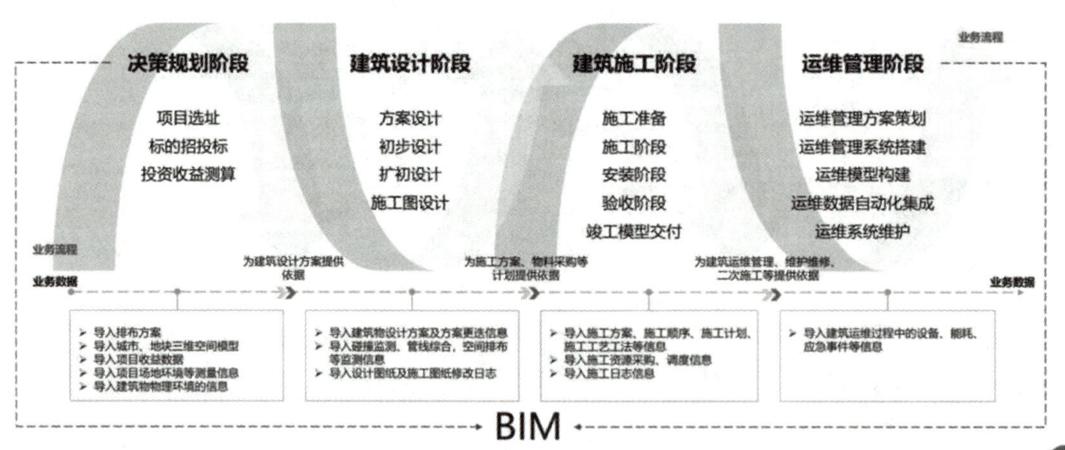

图6-3 BIM在建筑全生命周期的核心技术底座

BIM与地理信息系统（geographical information system；GIS）技术的结合，可以帮助用户理解建筑和城市周围环境的关系，城市信息模型（City Information Modeling；CIM）的概念由此而生。CIM作为BIM概念在更大规模上的应用，其应用范围扩展到了整个城市和城市环境的数字化表示。CIM可视为一个城市的数字孪生,它集成了城市中的所有建筑、基础设施、交通网络和自然环境等详细信息。

BIM和CIM都是基于数字化模型的工具,它们通过集成大量的数据和信息,为建筑设计和城市规划提供了更高效、更精确的决策支持。

2. 物联网(IoT)

物联网是指万物相连的互联网,通过射频识别(radio frequency identification;RFID)、感应器等信息传感设备,按约定的协议,把物品和互联网连接起来,进行信息交换和通信,以实现对物品的智能化识别、定位、跟踪、监控和管理。产业互联网的数据底座需要感知设备采集数据,物联网将各种信息传感设备与互联网结合起来,形成终端数量极其庞大的网络,能够以低成本收集数据进行故障预警,具有节省成本、提高工作效率的优点,推动了行业的自动化和无人化。

物联网技术在建筑业有以下几个方面的应用。

(1)建筑原材料供应链实时监控与管理。

在具体项目中,利用物联网技术,可以随时获取货物信息并进行反馈与调整,实时监控施工现场与仓储的原材料数量,实现自动通知补给。物联网技术应用可以降低供应链的出错率,使管理透明化、智慧化、同时减少物流过程中的冗余环节,减少人力成本。

(2)施工阶段的安全管理。

建筑工地情况复杂,人员、机械设备等在项目空间范围内同时动态作业,为施工管理带来了巨大挑战。物联网能够安装于建筑工地的感知设备,可以实时监控施工现场状态(工人位置、设备使用情况、环境条件),一旦检测到危险可以及时发送安全警报,从而提高了安全水平。

(3)智能建筑运维。

物联网可以监控环境条件和调节建筑内的能源使用,如照明、空调和加热系统,减少了能源的浪费。物联网还能够监控设备性能,预测设备故障,从而减少停机时间和维护成本。

3. 5G技术

5G(5th - generation Mobile Networks)是第五代移动通信技术,也是对现有的2G、3G、4G和Wi - Fi等无线接入技术的延伸。作为最新一代移动通信技术,5G技术具备高速率、低延时、高可靠性、大带宽等优势。将5G技术应用于产业互联网中可以大大提升管理效率,比如,在5G网络环境下,可以改善画面、语音等信息传输的延迟,可以满足自动驾驶、智能制造、高精度远程操控等高速率、低延时的联网需求。

5G在建筑行业的应用主要体现在以下几个方面。

(1)远程监控。

利用5G网络的高速度、大带宽和低时延特性,可以在建筑工地进行远程监控。通过部署高清摄像头和传感器,可以实时监测施工现场的安全、质量和进度。监控数据能够通过5G网络传输到云端或本地数据中心,管理人员可以远程控制和调整施工现场的各种设备和资源,以确保施工过程的顺利进行。

(2)自动化施工支撑。

5G网络能够连接建筑工地的各种自动化设备,如机器人、自动化施工系统等,从而通过5G网络传输指令和控制信号实现设备的远程操控和协同作业。此外,利用5G网络的实时性,还可以实现设备的自动调整和优化,以提高施工效率和质量。

(3)数字化设计与协作。

5G网络支持高速数据传输,使得建筑设计师的创意和设计能够更快速地通过计算机软件进行呈现和模拟。同时,设计数据可以实时传输给施工方和业主方,实现更加透明和高效的项目协作。

(4)实时测绘。

在建筑项目中,测绘是一项非常重要的工作。利用5G网络的高速度和大带宽特性,可以通过无人机或地面设备进行实时测绘,以提高测绘的准确性和效率。

(5)建筑物自动化与智能化运营。

5G技术可以为建筑物自动化提供更快的响应速度和更可靠的连接,通过传感器、计算机等技术手段实现建筑物的自动化运营和管理。例如,可以实时监测建筑物的能源消耗情况,优化照明、空调、通风等设施,降低能耗成本。

4. 人工智能(AI)

对数据中价值的挖掘主要依赖于算法的进步。AI在机器学习特别是神经网络主导的深度学习领域实现了极大突破,尤其在数据和语音技术方面表现突出。自然语言处理技术和深度学习技术在物联网中有较多的应用。自然语言处理技术主要包含语义理解、机器翻译、语音识别、语音合成等,其中语义理解可以应用到物联网的关键环节。物联网需要对各类设备产生的信息进行理解和操控,并通过设备进行表达和控制,在此过程中,运用语义理解技术可以提高信息交互效率,实现智能化运作。深度学习是机器学习中一种基于对数据新型表征学习的方法,已在智慧物流等领域实现了应用。AI可以通过图像处理技术进行场景判断。

数据、算法和算力是AI的三驾马车(图6-4)。与美国相比,中国虽然在AI领域的一些原创性的底层技术、算法和理论层面存在差距,但是在应用层面具有优势。尤其是产业中的数据积累,以及数据利用的可行性等方面,中国都处于领先地位。

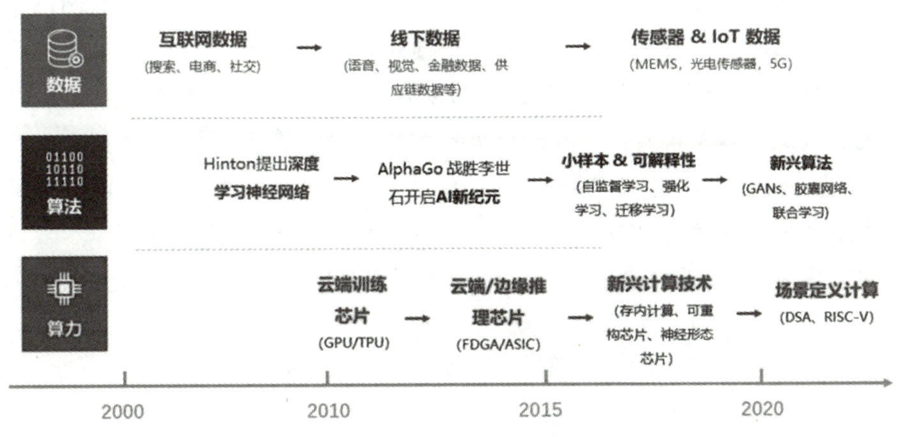

图 6-4　AI 的三驾马车

AI 在建筑行业的应用可以体现在以下几个方面。

(1)城市规划。

城市规划涉及领域广，参与部门多且决策机制复杂，人工智能可以大规模整合城市规划中的所有信息，利用学习分析能力协助相关部门做出决策。城市信息往往处于持续动态变化中，城市规划也需要不断调整，而人工智能对信息的敏感性和及时反馈的特点能够应对城市高速发展的挑战。

(2)施工管理。

人工智能与 BIM 技术的结合，可以发展基于 BIM 的大数据采集和智能分析，实现施工的科学管理与决策。近期处在风口浪尖的自然语言大模型(常见的产品有 ChatGPT，ClaudeAI)也能够增强系统对行业规范、专业知识的理解，减轻施工人员的工作量和降低专业工作的准入门槛。

(3)建筑结构健康监测。

传统的结构安全监测主要通过人员实地观察，高度依赖工程经验和主观判断。而物联网传感设备获取到的信息无法直接反映建筑结构的情况，需要结合人工智能技术进行有效地鉴别。例如，通过对大数据的挖掘和图像识别技术，能够建立结构健康监测模型，从而提高工作的效率和准确度。

5. 区块链

区块链技术作为一项集分布式数据存储、点对点传输、共识机制和加密算法等计算机技术于一体的创新应用模式，正逐步在建筑产业互联网平台中展现出独特的价值和潜力。

区块链技术以其去中心化的结构和数据加密特性，能够有效提升信息安全防护水平。在数据安全性日益受到重视的当下，区块链技术提供了一种可靠的解决方案，保障数据在源头和传输过程中的安全，防止数据的泄漏、篡改和滥用。

区块链技术的去中心化架构有助于分散中心计算的压力，为产业互联网的组织架构创新提供了新的思路。通过区块链技术，可以构建一个更加开放、透明、高效的产业互联网生态系统，促进产业链上下游各参与方的协同合作，提高整个产业链的运行效率。

在建筑供应链管理领域，由于建筑工程的生产过程具有产品多样性和生产流动性的特点，建筑供应链往往是临时组建的，存在一定的不稳定性。区块链技术能够提高建筑供应链的透明度和可追踪性，使供应链上的每个单位都成为分布式网络的节点，实现信息的公开记录和共享，从而增强供应链各环节的紧密合作。区块链形式的供应链见图 6－5。

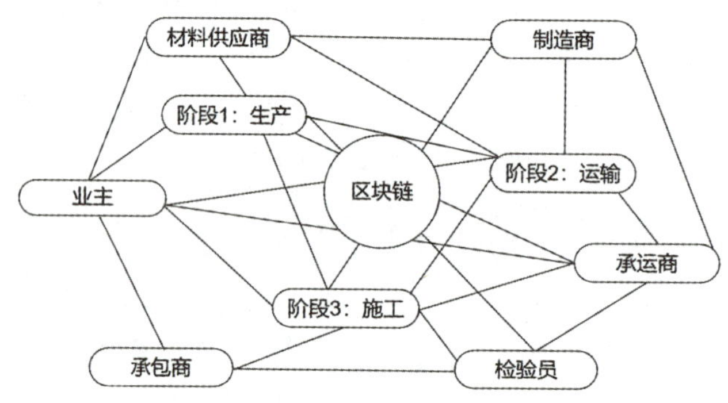

图 6－5　区块链形式的供应链

区块链技术的分布式数据存储特性，为不同企业间的信息共享提供了可能，有助于打破信息孤岛，实现资源的优化配置。通过区块链技术，企业可以实现数据安全可靠地共享，提高协作效率和价值，推动产业链的协同发展。

通过与区块链技术的结合，BIM 技术的安全性、可靠性以及可转换性得到了提高。区块链可以记录模型的变动信息和在各个单位中流动的信息，保证信息不被删除和篡改，增加了项目的透明度，提高了合作效率和监管力度。此外，区块链的不可篡改性可以确定某单位对某部分 BIM 模型的拥有权，从而使知识产权得到保护。

6. 云计算

云计算是一种将计算能力和存储能力通过互联网等通信网络进行建立、管理及投递的计算形式。在云计算中，用户可以借助互联网使用丰富的云服务，包括数据存储、计算资源、软件应用、安全服务等，能够在不需要购买硬件和软件的前提下，快速获得高质量的计算服务。在云计算中，“云”实质上是一个与互联网相连的网络应用程序，它提供了一种虚拟化的基础设施，包括处理、存储、网络等资源。这种云基础设施的主要目的是通过整合资源、共享服务、自动控制和高级网络技术，实现远程连接和协同工作，从而实现计算和存储资源的最优使用。云计算的内涵如下。

（1）五个本质特征。

云计算具有随需应变的自助式服务、广泛的网络访问接口、资源共享、快速灵活和计量式服务这五个特征。

(2)三种服务模式。

云计算的服务模式包括软件即服务、平台即服务和基础设施即服务三种。

(3)四种使用模式。

云计算具有私有云、社区云、公共云和混合云四种使用模式。

云计算整合了服务器集群、计算、网络和存储等各种软、硬件技术,能够满足高性能计算的要求,并且可扩展空间较大。同时,云服务器能够实现快速构建更稳定、更安全的应用,能够降低开发运维的难度和整体 IT 成本。以设计建造协同平台为例,传统的 BIM 资源常储存在本地计算机上,且对于较大的项目其数据量极大,对数据存储有很高的要求。当云计算技术和 BIM 有机结合时,云计算解决了由于数据爆炸性增长带来的计算需求,BIM 数据可以储存在云端,而且可以实现各主体的协同工作、数据共享和信息的即时交换,真正实现了 BIM 的经济效益最大化。这个模式被称为基于云计算的建筑信息模型(CLOUD - BASED BUILDING INFORMATION MODELING;CBIM)。

第七章 建筑产业互联网运营模式

第一节 运营模式探索

建筑的全生命周期可划分为规划设计、设备（建材）、供应链管理、施工建造、运营和回收这几个阶段，数据服务贯穿其中。建筑企业和跨界玩家争相竞逐，各环节相互融合，运营内容相互交叉，目前形成了设计建造协同平台、供应链管理平台、智慧工地平台、供应链金融平台和建筑运维平台五大类平台模式。建筑产业互联网 7 大赛道如图 7－1 所示。

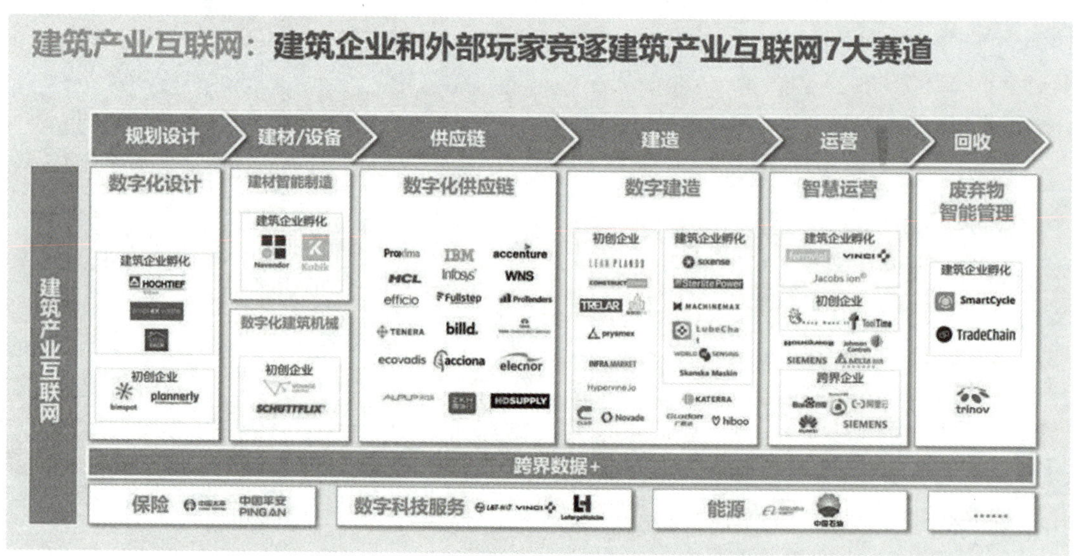

图 7－1 建筑产业互联网 7 大赛道

一、设计建造协同平台

建筑设计领域的信息化是建筑行业信息化的基石。设计行业大体上可以分为建筑专业设计、结构专业设计和机电专业（包括给排水、采暖、空调、电器等）设计三个方面。其中，结构专业设计软件的技术难度最大，这主要是由于结构涉及建筑工程的安全问题，故该部分的信息化需要大量地计算和分析。目前，全球建筑行业广泛使用的设计软件包括

AutoCAD、Sketchup、Rhino、3Dmax、Revit 等。我国建筑设计软件公司主要有中望软件、盈建科、PKPM 等,但与国外厂商之间还存在一定差距。

在设计院传统的工作方式中,各部门的合作经常出现错、漏、空、缺等问题,导致大量修改和返工,降低了工作效率,增加了设计成本。而在工程建设过程中,协同三方(设计、采购施工、运维)使用的功能性软件往往各不相同,设计院使用的是设计软件,工程企业常用的是工程管理软件,运维单位则常用运维系统软件。这些不同的功能性软件之间的数据不能共享,目前的三方协作状态可能大多通过 PDF、Excel、Word 等文档格式实现,这类文件多数情况下并非结构化的数据,难以被有效利用。

在建筑产业互联网体系中,设计建造协同平台集聚 BIM、CIM、IOT、大数据、AI、云计算、4D 模拟技术,数字化施工等技术,使得参建各方能够基于统一的数字化平台进行集成设计、协同设计、碰撞检验,最大化打破各设计专业之间的信息壁垒,减少设计过程中的"错、漏、碰、缺",并将工程结构与进度计划相关联,实现施工过程中的进度联动和可视化管控。理想情况下,以 BIM 为核心的建筑设计建造协同平台横向覆盖设计、造价、生产、施工、运维等环节,纵向覆盖企业、项目、岗位等维度,实现各方的生态协同和资源共享。建筑设计与工程建设的打通情况见图 7-2。

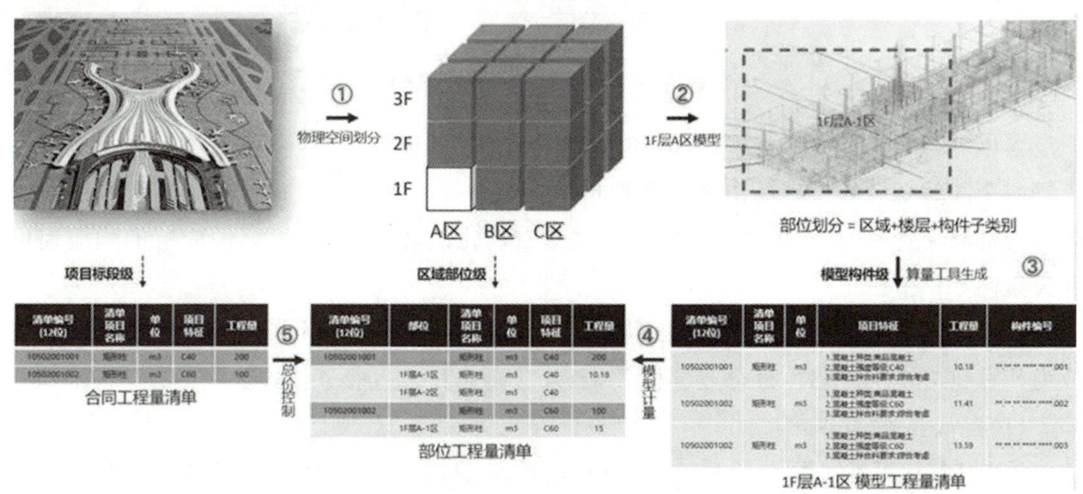

图 7-2 建筑设计与工程建设打通情况

二、供应链管理平台

在现行的传统建筑业企业采购与供应链管理过程中,普遍存在若干亟待解决的关键问题。单个企业的供应链全局覆盖能力受限,多数企业仅能触及有限的供应商资源,这导致合作伙伴的可选择范围变窄。由于采购需求的多样性和分散性,供应商之间的市场竞争不足,进而抬高了采购成本。此外,企业间缺少一个统一的行业信息共享网络,信息孤岛现象普遍，这影响了供应链的透明度和协同效率，成为行业发展的重要制约因素。

在采购执行层面，企业同样面临着效率低下和成本过高的双重挑战。新供应商的资质审核与实地考察程序烦琐，耗费了大量时间和资金。同时，由于采购品类繁多且复杂，这对采购人员的专业素养和操作技能提出了更高的要求。

供应链管理平台采用先进的信息化技术，致力于打造一个集中化的线上与线下相结合的交易服务体系，整合产业链的上下游各方参与者，为建筑企业提供全面的采购服务解决方案，以及综合性的供应链金融服务。供应链管理平台的结构如图 7－3 所示。

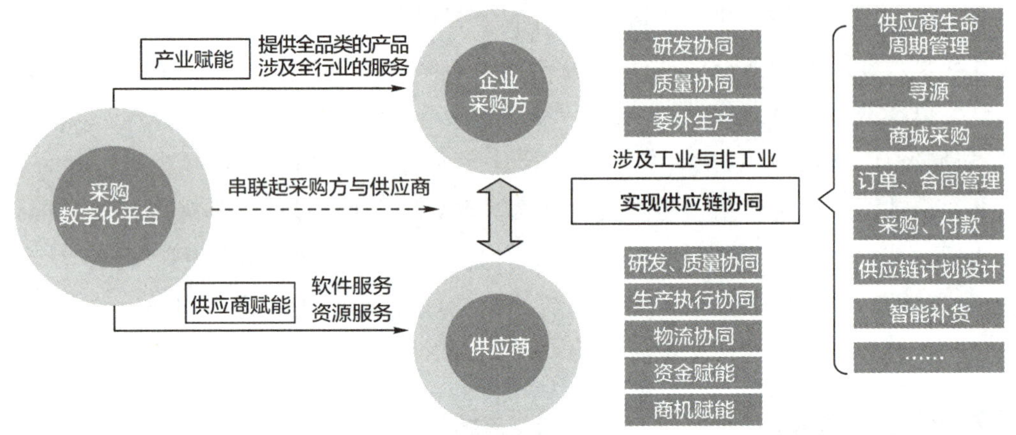

图 7－3　供应链管理平台结构

当供应链平台进一步发展，时间和空间的限制进一步被打破，企业便从局限于地方小市场向全国乃至全球大市场拓展。企业能够从传统的以产定销模式转变为以市场需求为导向的资源配置模式，实现从人工操作向技术自动化的转变，从而提高供应链的响应速度和灵活性。

供应链管理的本质依然是商贸买卖，打造的是商贸流通体系。其商业模式可以大致分为四种：自营业务模式，撮合业务模式，半自营模式和多边业务模式。

(1)自营业务模式。

该模式往往深耕细作，但受限于规模扩张的难度，常成为众多 B2B 平台发展的终端形态。

(2)撮合业务模式。

该模式能够广泛覆盖市场，但盈利路径的探索较为困难，因此常被众多 B2B 平台在初创阶段所采用。

(3)半自营模式。

此模式融合了自营业务模式的深度与撮合模式的广度，强调上下游之间的协同与配合。

(4)多边模式。

该模式超越了传统商业模式的框架，能够从产业的高度出发，推动产业链各环节的整合与协同，重塑了产业价值体系。

自营业务模式（如云筑 MRO）和撮合业务模式（如云筑集采）均是通过挤占上下游的利润空间来扩大自身的利益，是市场竞争策略的体现。半自营模式强调与上下游的资源合作，共同分享市场机遇，实现互利共赢。多边业务模式不仅追求产业链各环节的协同与整合，还致力于制定新的产业规则，以推动产业的持续发展与创新。

三、智慧工地平台

智慧工地的核心目标是提升项目上的安全管理、施工控制的效率与质量。将传感技术、移动互联网、大数据、云计算、人工智能、BIM 等技术与现场施工管理进行深度融合，形成互通互联、信息共享、智能化管理的项目管理体系，这样可以更好地实现施工现场人、机、料、法、环的整合与控制，有利于成本管控，可促使原本工地上粗放式的管理模式向数字化、精细化、智能化的管理模式转变，从而实现对工地的高效管理。

目前，智慧工地管理不仅赋能项目，还与企业层和政府监管层也有机结合，实现信息自下而上的传递和管理决策自上而下的流通。

智慧工地平台同时面向项目端、企业端和政府端，当面向不同的用户时，其收费模式也有所不同。目前，有整体打包一口价收费、按照项目合同额抽佣、按项目数量收费等几类主流模式。

四、供应链金融平台

建筑行业产业链条较长，项目服务周期长，交易垫款规模大，资金回流慢、周转压力大。合同多为按项目进度结算，中小建筑施工企业传统融资手段主要是向银行等金融机构贷款，但大部分有融资需求的中小企业缺乏贷款所需的质押和担保，同时贷款存在集中还款的巨大压力。此外，中小建筑施工企业的准入门槛较低，同质化竞争严重。为了扩大经营，中小建筑施工企业往往不得不承担较大的垫资压力。产业互联网平台的出现可以很好地解决上述难题。产业互联网平台能够打通工程施工企业与上下游企业之间的信息交互，依托其丰富的行业经验和数据监控，精准匹配款项用途和还款期限，降低企业与资方之间的信息不对称，从而有效降低了潜在的金融风险。建筑产业供应链金融平台运营模式见图 7－4。

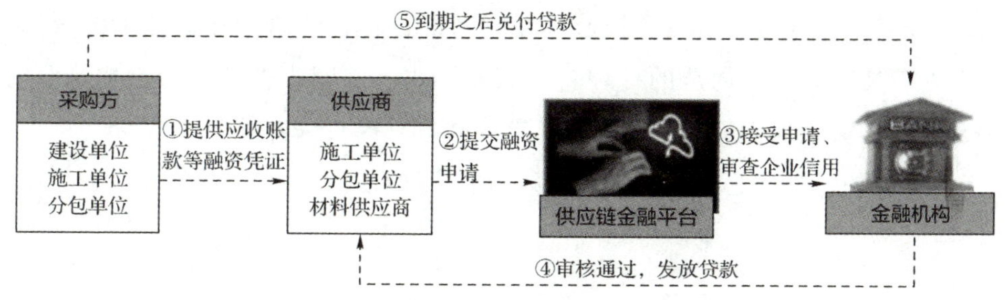

图 7－4 建筑产业供应链金融平台运营模式

五、建筑运维平台

建筑运维平台是以数字孪生为技术载体，为运维企业提供能耗管理、设备管理、环境管理、人员管理及安全管理等服务的综合性平台。它能够及时、准确地收集建筑运行过程中的关键信息，并利用大数据分析对建筑状态进行智能判断，从而帮助运维人员做出科学决策，有效降低运维成本。目前，国内大型智慧园区管理系统和商业运维管理系统均属于此类运维平台的范畴。建筑运维平台的架构情况如图 7－5 所示。

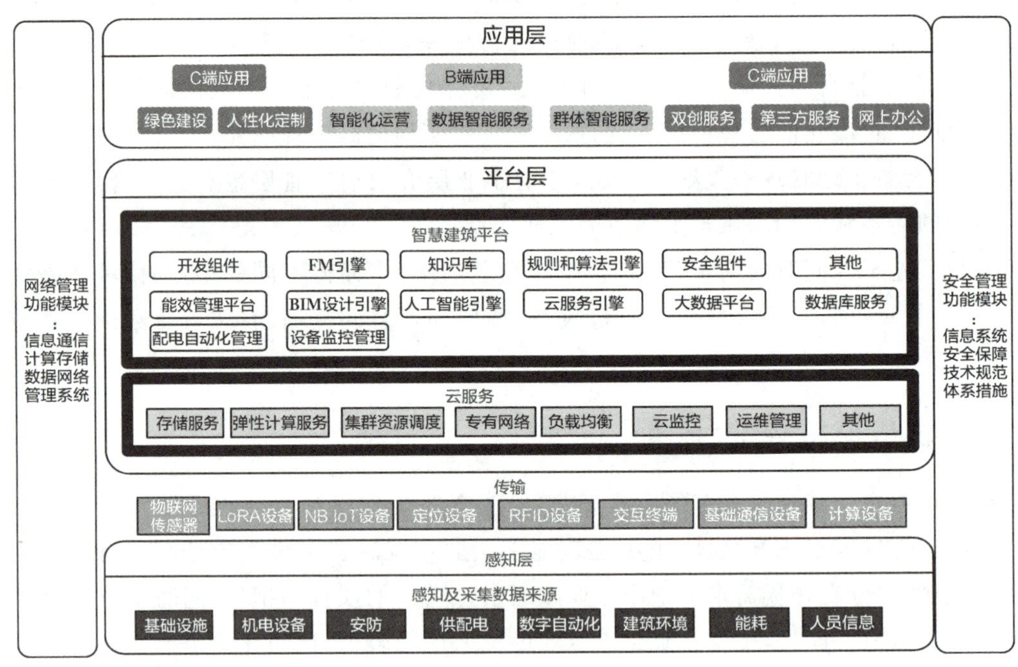

图 7－5　建筑运维平台架构

第二节　成功案例分析

建筑产业互联网的运营模式是指通过互联网平台整合建筑产业链上下游资源，实现信息共享、业务协同和价值创造的一种新型商业模式。该模式打破了传统建筑业的信息孤岛和资源壁垒，极大地促进了产业链各环节的高效对接与深度融合。

以下对国内外建筑产业互联网的成功案例进行分析。

一、国内案例：云筑网

1. 云筑网的背景与简介

云筑网是中建电子商务有限责任公司旗下的建筑产业互联网平台，致力于通过信息技术、物联网技术和建筑业务的融合，积极推动建筑行业的数字化转型。

2. 云筑网的运营模式

云筑网采用平台型运营模式，为建筑行业各链条企业提供包括集中采购、供应链金融、智慧工地等在内的多元化服务。平台通过整合产业链资源，有效降低采购成本，提高供应链效率，并成功解决融资难题，从而助力企业提升竞争力。

3. 云筑网的成功经验

云筑网成功地将区块链技术应用于供应链金融领域，有效地解决了建筑类供应商融资难和合作银行授信难的核心问题。同时，平台通过大数据分析优化采购流程，提高采购效率，降低采购成本。此外，云筑网还非常注重与产业链上下游企业的深度合作，共同推动建筑行业的数字化转型。

4. 云筑网的启示

云筑网的成功经验表明，建筑产业互联网平台应充分利用现代信息技术手段，创新运营模式和服务方式，以满足产业链上下游企业的多元化需求。同时，平台应注重与产业链各方的深度合作与共赢发展。

二、国外案例：Autodesk BIM 360

1. Autodesk MIM 360 的背景与简介

Autodesk BIM 360 是 Autodesk 公司推出的一款基于云计算的建筑信息模型(BIM)协作平台，旨在提高建筑设计、施工和运维的协同效率。

2. Autodesk MIM 360 的运营模式

Autodesk BIM 360 采用 SaaS 模式，向用户提供云端 BIM 协作解决方案。用户可以通过互联网访问平台上的各种工具和服务，实现设计模型的创建、共享、审查和管理等功能。平台主要通过订阅费用实现盈利。

3. Autodesk MIM 360 的成功经验

Autodesk BIM 360 通过提供高度集成的 BIM 协作工具和服务，帮助用户实现了设计、施工和运维等全生命周期的信息共享和协同工作。平台上的实时通信、版本控制、冲突检测等功能大大提高了团队协作的效率和准确性。此外，Autodesk BIM 360 还注重与行业内其他软件和平台的兼容性和集成性，为用户提供更加便捷和高效的使用体验。

4. Autodesk MIM 360 的启示

Autodesk BIM 360 的成功经验表明，建筑产业互联网平台应注重技术创新和服务集成能力的提升。通过提供高度集成、易于使用的工具和服务，满足用户在设计、施工和运维等全生命周期中的多元化需求。同时，平台还应注重与行业内其他软件和平台的兼容性和集成性，以扩大用户基础和提高市场竞争力。

第八章 建筑产业互联网标准体系

第一节　标准体系构建

一、发展现状

建筑产业互联网标准体系的发展现状呈现出积极向前、不断完善的特点。随着信息技术的迅猛发展和建筑行业的数字化转型，建筑产业互联网逐渐成为推动建筑行业创新发展的重要力量。为了适应这一趋势，各国纷纷加强了对建筑产业互联网标准体系的建设和完善工作。

目前，建筑产业互联网标准体系已经涵盖了多个方面，包括基础通用标准、数据管理与应用标准、技术与应用标准、安全与隐私标准以及管理与服务标准等。这些标准相互关联、相互支持，共同构成了建筑产业互联网标准体系的框架。

在基础通用标准方面，对建筑产业互联网中涉及的专业术语进行了统一和规范的定义，同时制定了分类与编码标准，以实现信息的规范化和标准化管理。

在数据管理与应用标准方面，重点关注了数据采集与交换、数据存储与管理以及数据分析与挖掘等问题。通过制定相关标准，确保了数据的准确性、流通性和安全性，为数据的价值挖掘和应用创新提供了有力支撑。

在技术与应用标准方面，涉及了云计算与大数据、物联网与智能设备以及平台架构与功能等多个领域。这些标准的制定和实施，推动了新技术在建筑产业互联网中的应用，提升了行业的数字化和智能化水平。

在安全与隐私标准方面，注重网络安全、数据安全和隐私保护等方面的要求。通过制定严格的安全防护措施和隐私保护规定，保障了建筑产业互联网的安全稳定运行和用户的合法权益。

在管理与服务标准方面，涵盖了项目管理、供应链管理和服务质量等多个方面。这些标准的实施，有助于提升项目管理的效率和质量，优化资源配置和降低成本，从而提高建筑产业互联网服务的可靠性和满意度。

然而，尽管建筑产业互联网标准体系已经取得了一定的进展，但仍然面临一些挑战和问题。例如,相关标准和规范尚不完善,缺乏一个统一、完备的标准体系;标准制定和实施过程中存在利益协调和技术难题等问题。因此,未来需要进一步加强标准体系的建设和完善工作,推动建筑产业互联网的健康发展。

二、建设思路

1. 标准体系结构

建筑产业互联网标准体系包括基础通用、数据管理与应用、技术与应用、安全与隐私、管理与服务等五大部分。基础通用标准是整个标准体系的基础支撑;数据管理与应用标准是建筑产业互联网标准体系的核心要素;技术与应用标准规定了这些技术的实施要求、性能指标和应用场景,为技术的广泛应用和产业的创新发展提供了有力支撑;安全与隐私标准旨在确保网络的安全性、数据的保密性和完整性,以及个人隐私的保护,为产业的健康发展提供了坚实保障;管理与服务标准关注建筑产业互联网的管理和服务方面,包括项目管理、供应链管理、服务质量等。通过制定和实施这些标准,可以提高管理效率,优化资源配置,提升服务质量,从而增强产业的竞争力。建筑产业互联网标准体系结构图见图8－1。

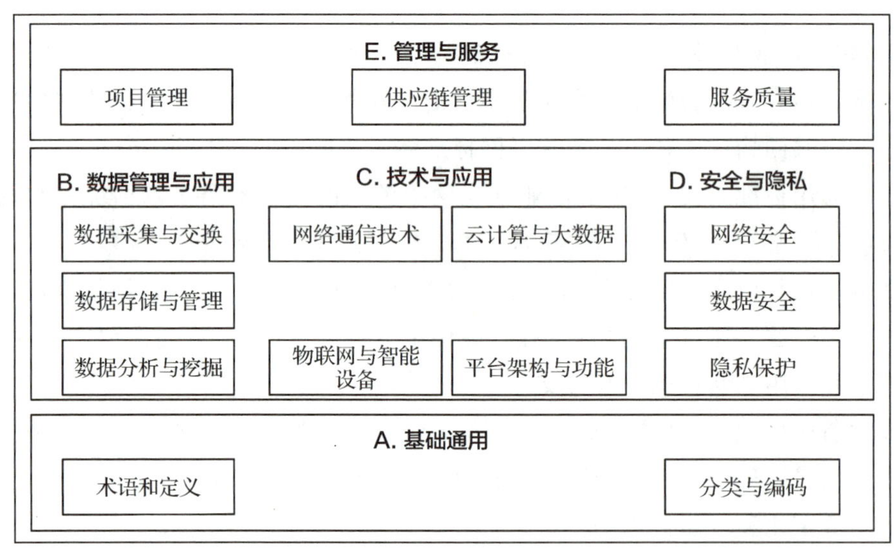

图8－1 建筑产业互联网标准体系结构图

2. 标准体系框架

建筑产业互联网标准体系框架(图8－2)包括基础通用、数据管理与应用、技术与应用、安全与隐私、管理与服务等五大类标准。

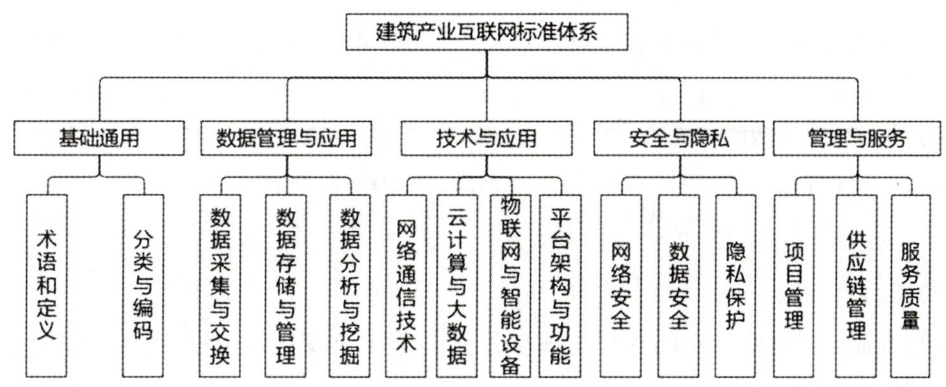

图 8－2 建筑产业互联网标准体系框架图

三、建设内容

1. 基础通用标准

(1)术语和定义标准。

对建筑产业互联网涉及的专业术语进行统一和规范，确保各方在交流和使用中达成一致。

(2)分类与编码标准。

对建筑产业中的各类信息、资源、对象等进行统一分类和编码，以便于信息的集成和管理。

2. 数据管理与应用标准

(1)数据采集与交换标准。

规定数据采集的方法和格式，以及数据在不同系统间的交换标准，保证数据的准确性和流通性。

(2)数据存储与管理标准。

制定数据存储的格式、备份策略、安全管理措施等，确保数据的安全性和完整性。

(3)数据分析与挖掘标准。

规范数据分析的方法和模型，促进数据价值的挖掘和应用。

3. 技术与应用标准

(1)网络通信技术标准。

该标准包括网络架构、通信协议等，以确保建筑产业互联网平台的稳定、高效运行。

(2)云计算与大数据标准。

该标准规范了云计算服务和大数据处理的技术要求和应用场景。

(3)物联网与智能设备标准。

该标准规定物联网设备的接口、通信协议和数据格式,推动设备的互联互通和智能化管理。

(4)平台架构与功能标准。

该标准对建筑产业互联网平台的总体架构、功能模块、性能要求等进行了规范。

4. 安全与隐私标准

(1)网络安全标准。

该标准制定了网络安全防护措施和应急响应机制,能够防范网络攻击和数据泄露。

(2)数据安全标准。

该标准包括数据加密、访问控制、安全审计等,确保数据的保密性、完整性和可用性。

(3)隐私保护标准。

该标准明确了个人隐私信息的收集、使用和保护要求,保障了用户的合法权益。

5. 管理与服务标准

(1)项目管理标准。

该标准规范项目管理的流程、方法和标准,提高了项目管理的效率和质量。

(2)供应链管理标准。

该标准制定供应链的协同和管理标准,优化了资源配置并降低了成本。

(3)服务质量标准。

该标准规定了建筑产业互联网服务的性能指标和质量要求,提升了用户体验的满意度。

第二节　面临的挑战与对策以及未来趋势

一、面临的主要挑战

1. 数据孤岛与标准化问题

建筑产业涉及设计、施工、材料供应、运维等多个环节,各环节间数据流通不畅,导致了数据孤岛现象,严重影响了整体效率。同时,行业标准化程度不一,数据格式多样,难以进行统一的管理和分析。

2. 技术与人才短缺

建筑产业互联网的发展需要先进的信息技术和智能化的设备支持,但目前行业内相关的技术和人才储备不足,难以满足快速发展的需求。

3.安全与隐私保护

随着建筑产业互联网的深入应用，大量敏感数据需要在网络上传输和存储，如何确保这些数据的安全与隐私保护成为亟待解决的问题。

4.资金投入与回报周期长

建筑产业互联网的建设和运营需要大量资金投入，且回报周期相对较长，这对企业的资金实力和战略规划提出了更高的要求。

二、应对策略

1.推动数据共享与标准化建设

加强行业内外合作，推动数据共享平台建设，制定统一的数据标准和接口规范，以打破数据孤岛，提升数据流通效率。

2.加大技术研发投入与人才培养

鼓励企业在信息技术、人工智能、物联网等领域加大研发投入，同时加强与高校、科研机构的合作，培养跨学科的复合型人才，为产业发展提供智力支持。

3.强化安全与隐私保护措施

建立健全数据安全管理制度和隐私保护机制，采用先进的加密技术和安全防护措施，以确保数据在传输、存储、处理过程中的安全性与隐私性。

4.优化资金配置与商业模式创新

引导社会资本参与建筑产业互联网建设，探索多元化的融资渠道和商业模式。通过提供增值服务、降低运营成本等方式，缩短投资回报周期，吸引更多企业参与。

三、未来发展趋势

1.深度数字化与智能化

随着信息技术的不断进步，建筑产业互联网将实现更深层次的数字化与智能化转型。通过集成BIM、物联网、大数据、人工智能等技术，提升设计、施工、运维等全过程的效率和精度。

2.产业链协同与生态构建

建筑产业互联网将促进产业链上下游企业的紧密协作，形成互利共赢的生态体系。通过信息共享、资源优化配置等方式，提升整个产业链的竞争力。

3.绿色建筑与可持续发展

随着环保意识的增强，绿色建筑将成为未来发展的重要趋势。建筑产业互联网将助力实现绿色设计、绿色施工和绿色运维，推动建筑业向低碳、环保、可持续方向发展。

4. 智慧城市与建筑融合

随着智慧城市建设的加速推进，建筑产业互联网将与智慧城市深度融合。通过智能建筑、智能交通、智能安防等系统的互联互通，提升城市运行效率和居民生活质量。

四、促进产业持续健康发展的建议

1. 加强政策引导与支持

政府应出台更多有利于建筑产业互联网发展的政策措施，包括财政补贴、税收优惠、技术创新奖励等，为产业发展营造良好的政策环境。

2. 推动技术创新与产业升级

鼓励企业加大技术研发投入，推动关键技术和产品的创新突破。同时，引导企业优化产业结构，提升产业链整体竞争力。

3. 加强人才培养与引进

建立健全人才培养体系，加强跨学科、复合型人才的培养和引进。通过校企合作、国际交流等方式，提升行业的整体人才水平。

4. 强化标准制定与规范管理

加快制定和完善建筑产业互联网的相关标准和规范体系，加强行业监管和管理力度，确保产业健康有序发展。同时，推动国际标准的制定与互认工作，提升我国建筑产业在全球范围内的竞争力。展望建筑产业互联网的未来发展趋势，提出促进产业持续健康发展的相关建议。

案例篇

第九章 政府级案例

政府级建筑产业互联网通过构建一套覆盖某一细分领域的全产业链的智能监管平台，对建筑业管理状况进行重点监控，旨在实现政策制定的精准施策与资源调度的精确控制。

一、湖南省装配式建筑全产业链智能建造平台

为了打破湖南省装配式建筑产业的发展瓶颈，实现装配式建筑高质量发展，湖南省住房和城乡建设厅构建了装配式建筑全产业链智能建造平台（以下简称智造平台）。智造平台采用统一标准、统一平台和统一管理的方式，依托 BIM 技术、互联网及智能建造等先进技术，构建了装配式建筑的全流程标准化体系，建立了通用部品部件库，并研发了覆盖各环节的应用平台和系统。这些平台与系统的集成，成功打通了装配式建筑项目从设计、生产、运输、施工到运维、监管的全流程，实现了装配式建筑产业“标准化、产业化、集成化、智能化”的发展目标。智造平台由政府侧公共服务平台（简称政府侧平台）和企业侧应用平台（简称企业侧平台）两大板块组成。其中，政府侧平台由政府主导研发建设，企业侧平台由湖南省内的装配式建筑企业依照市场化原则自主搭建。

1. 应用场景

该平台适用于省（市）级装配式建筑产业的引导、服务和监管，旨在有效解决装配式建筑领域存在的“设计不标准、生产不统一、构件不通用、信息不共享、施工不规范、监管不到位、建设成本偏高、质量品质不优”等突出问题。

2. 项目创新

打造省（市）级统一的数据标准和标准化部品部件体系。通过建立全省统一的数据标准并构建标准化的预制部品部件体系，旨在构筑一个基于云服务的 BIM 基础数据系统，以形成产业链上下游之间畅通无阻的数据信息通道。该系统将实现基于统一系统上的跨专业、多用户协同操作及数据的集成更新。基于公有云服务开放的参数化部品部件库，湖南省内的设计单位均可直接选用所需的部品部件，从而减少构件设计的工作量，并显著提升了全产业链的专业化、标准化、规模化生产效率。此举有望从源头上解决目前装配式建筑“设计不标准”“构件不通用”以及“建设成本偏高”等关键问题。

打造省(市)级装配式建筑全产业链智能建造体系。根据装配式建筑产业化应用需求,发挥 BIM 模型在全生命周期内的数据共享与协同优势,打通项目设计、生产、施工、运维、监管等各环节,系统集成装配式建筑各阶段的应用子系统,实现 BIM 技术在装配式全流程的集成化应用以及多专业的三维可视化协同工作,支撑起一个完整的全流程应用体系。该系统的核心子系统包括 BIM 设计、构件生产、智能建造、运营维护等四个核心部分。各子系统通过 BIM 记录信息数据,获取所需信息,并通过建立唯一编码体系来确保数据记录的唯一性;通过 BIM 技术的协同工作机制,可实现不同专业和上下游之间的信息协调与互通;同时,通过标准化数据格式,实现各类应用软件中多源异构数据的相互转换,进而使各类软件实现集成化应用。本项目将建筑信息化与工业化深度融合,推动了装配式建筑向数字化和智能化建造模式迈进。

3. 技术指标

(1)实现装配式建筑全专业、标准化、智能化的设计。

(2)实现 BIM 设计成果的多端(PC 端、Web 端及移动设备)多维展示。

(3)实现通过 BIM 数据驱动设备的自动化生产。

(4)实现装配式建筑项目设计、生产、施工、运维全流程的监管。

(5)实现装配式建筑 BIM 智能化审查系统。

(6)实现装配式建筑全过程的质量监管与追溯。

(7)实现装配式产业信息的互联互通及大数据分析功能。

4. 应用情况

湖南省已经将省内各大产业化基地的企业和项目纳入智造平台,并通过在省内龙头企业(如湖南省建筑设计院集团股份有限公司、中机国际工程设计研究院有限责任公司、湖南省沙坪建设有限公司、湖南东方红集团、中国建筑第五工程局有限公司、金海集团等)的试点项目中,先期验证和完善优化了各个系统,随后逐步扩展到其他省级、国家级装配式建筑产业基地,采取分期分批上线试运行的方式,总结应用经验,使系统快速迭代、成熟,再逐步推广到全省,以期实现装配式建筑全产业链智能建造的目标。

5. 建设内容

智造平台由政府侧公共服务平台和企业侧应用平台两大核心板块共同组成。政府侧平台具体涵盖“1 库”“2 标准”“6 图集”和“3 平台”。

(1)“1 库”是指湖南省装配式建筑标准部品构件库。

(2)“2 标准”是指《湖南省装配式建筑部品部件分类编码标准》与《湖南省装配式建筑信息模型交付标准》。

(3)“6 图集”是指《装配式建筑预制构件标准化图集》(六本),该体系中还包含标准、实施方案及导则。

(4)“3 平台”是指部品部件标准库云平台、装配式项目全过程质量追溯和监管平台(图 9-1)以及装配式产业大数据分析及公共服务平台(图 9-2)。

图 9-1 湖南省装配式项目质量追溯和监管平台

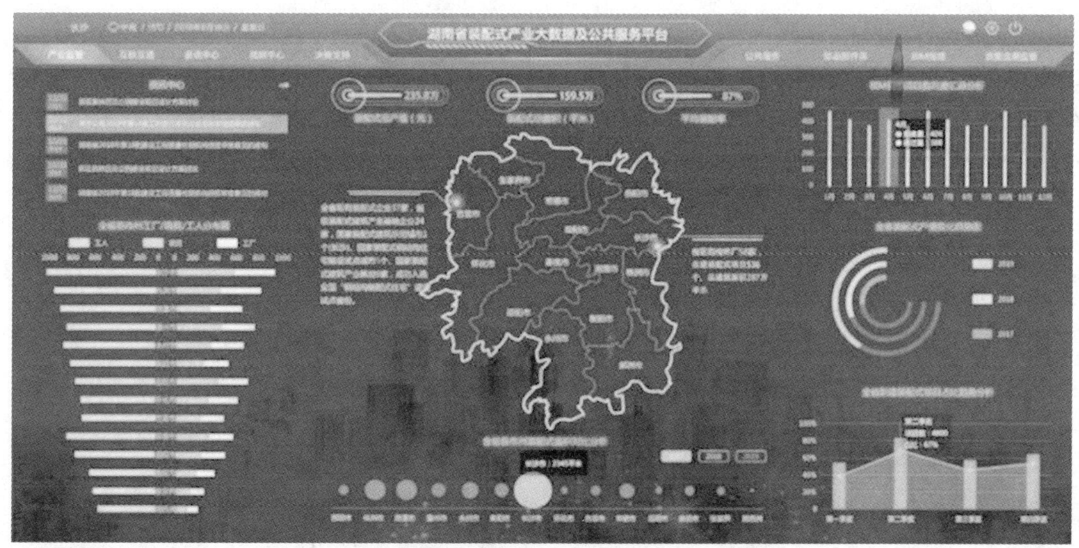

(1)湖南省装配式产业大数据分析及公共服务平台 1

(2)湖南省装配式产业大数据分析及公共服务平台 2

图 9-2　湖南省装配式产业大数据分析及公共服务平台

企业侧平台包括“1 软件”“2 平台”和“4 系统”。

(1)“1 软件”是指装配式建筑智能化设计工具软件。

(2)“2 平台”是指装配式建筑项目 PC 结构全流程综合管理平台、装配式钢结构项目全生命周期数字建造平台。

(3)“4 系统”是指装配式建筑设计协同集成系统、装配式建筑预制构件数字化生产系统、装配式建筑项目智慧施工管理系统、装配式建筑运维管理系统。通过数据传递,可实现各子系统间的互联互通。

智造平台板块构成情况见图 9-3。

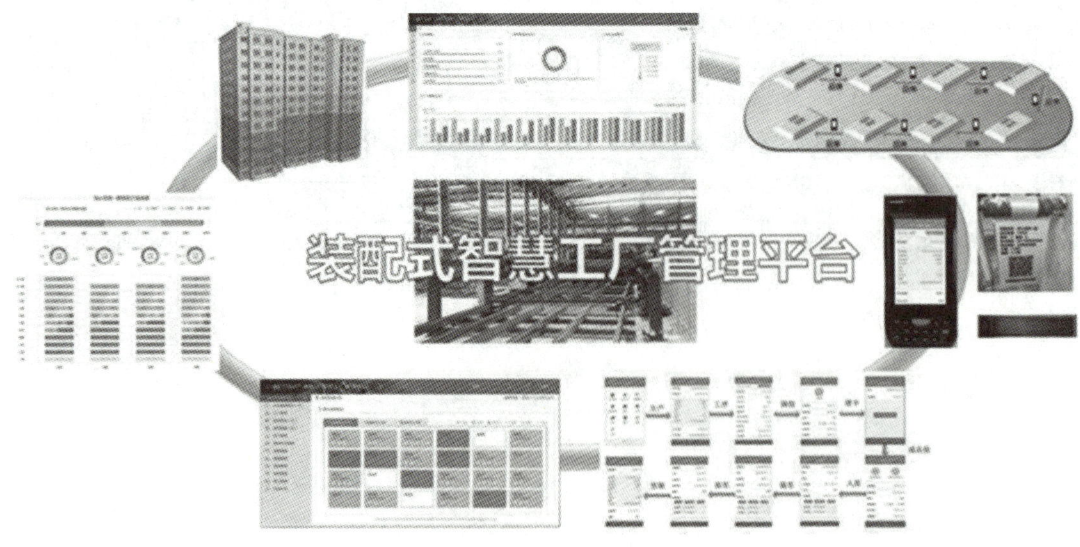

(1)装配式智慧工厂管理平台

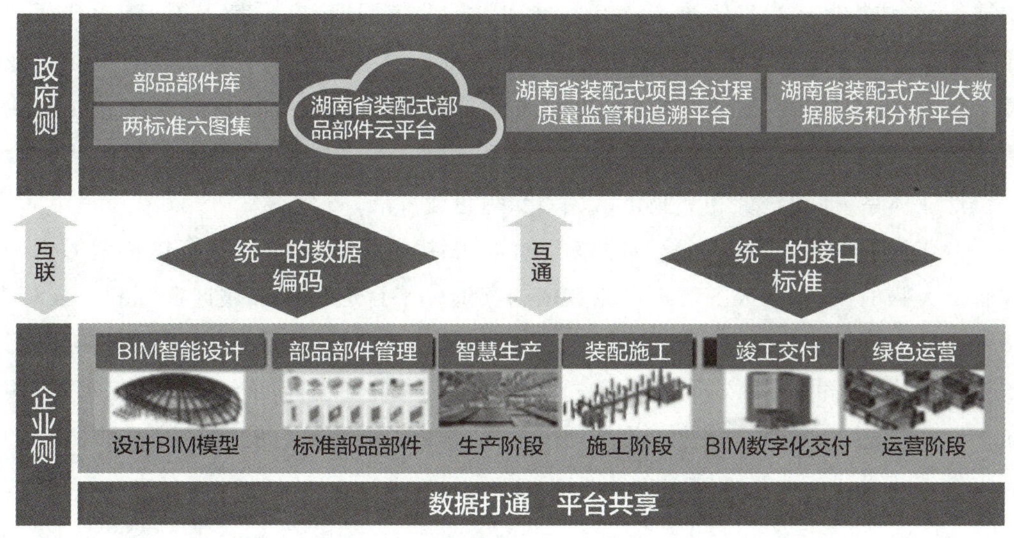

(2)数据打通平台共享示意图

图9-3 智造平台板块构成

6. 应用成效

智能化设计技术的应用,有效解决了预制部品部件的标准化、通用化问题。通过BIM的全专业一体化设计,板等构件可实现一键智能化拆分,同时,也可对局部拆分方案进行手动调整,操作便捷灵活;基于BIM的一键出图功能,成图效果已完全达到施工图应用的深度,从而大幅提升了装配式建筑设计的效率与质量。

智能化生产方面,实现了BIM设计数据直接生成BOM物料清单,简化了计划工作流程,降低了计划部门约50%的工作量,并能直接驱动各类数控加工设备,实现自动化生产。在生产流程中,可根据施工进度和生产线状况实现优化排产。此外,完善了构件生产过程中的质量追溯体系,使得质量问题责任认定可具体到每个构件和班组之中。

智慧化施工通过将BIM模型传递给施工现场管理平台,指导构件运输、堆场管理、吊装及装配流程,实现了现场管理的标准化、可视化和精细化,使现场人员工作效率提升了20%以上,能够确保项目保质保量按期完成。项目全程采用综合管理平台记录和传递各阶段信息,并通过网络将关键数据上传到政府侧的全过程质量监管和追溯平台,实现了全流程的质量管控;项目竣工后,将完备的建设信息资料提交至业主,便于其开展建筑空间管理、设备设施管理、能耗管理等智慧化运维工作。

二、安徽省装配式建筑产业互联网平台

1. 平台定位

当前,发展装配式建筑是促进建筑业与信息化、工业化深度融合的重要举措。围绕装

配式建筑，加快推进安徽省建筑产业互联网建设，是实现城市高质量发展、建设智慧城市的重要途径。以装配式建筑为依托，借助互联网思维，通过新一代信息技术对建筑产业链全要素信息进行采集、汇聚和分析，为装配式建筑关联产业提供集成化、数字化一站式赋能服务，促进产业链协同发展与跨界融合、上下游资源整合与要素聚合，构筑数实融合的新经济产业体系，推动建筑业工业化、数字化、绿色化发展。

平台作为装配式建筑产业赋能的核心载体，发挥着装配式产业数字化转型的中心枢纽和智慧大脑的作用，促进了建筑产业数据的流通。平台通过汇聚数据资源和开发资源，保障数据全生命周期的应用，推动数字经济和实体经济的深度融合。平台是打通装配式建筑上下游产业链的重要依托，致力于打造跨界融合、集成创新的生态产业集群，对实现建筑产业智能建造、促进房地产业良性循环、推进城乡建设绿色发展具有重要的现实意义。安徽省装配式产业互联网平台见图 9－4。

图 9－4　安徽省装配式产业互联网平台

2. 建设目标

安徽省建筑产业基础较好，转型态势强劲。2022 年，全省建筑业的产值高达 1.17 万亿元，同比增长 10.6%。截至目前，全省装配式建筑占新建建筑的比例超过 40%，拥有超过 50 家装配式建筑产业基地。

（1）构建建筑行业治理的总中枢。

通过构建装配式建筑产业互联网，形成系统性规划、生态化投资、平台化设计、智能化建造、网络化协同、服务化延伸、数智化运维等一系列典型应用模式，从根本上减少甚至杜绝传统建筑存在的质量通病，全面提升住房品质和居住性能。提升行业治理体系和治理能力的现代化水平，有力支撑建筑业高质量发展。

(2)形成带动经济发展的增长极。

通过搭建公共服务平台,推动装配式产业要素聚集,畅通数据要素流动,精准对接供需关系,助力人流、物流、资金流的高效周转,消化产能存量,挖掘潜在增量,加速实现经济循环流转,促进统一大市场的构建,打造新型建筑工业化的“徽匠”品牌。

(3)打造赋能千企百业的助推器。

依托装配式产业互联网建设,推动装配式建造与智能家居、智慧城市、绿色建材、绿色建筑等领域的融合发展。充分发挥数字技术对经济发展和社会服务的放大、叠加、倍增作用,不断为建筑行业产业链相关企业以及建筑业、制造业、信息技术服务业等千企百业注入新活力,持续催生新产业、新业态。

3.架构体系

针对当前装配式建筑行业的发展趋势,构建装配式产业互联网平台,推动“要像造汽车一样造房子”的建造模式,将装配式建筑行业的各生产要素(如建筑材料、设备、人员等)以及企业主体,进行有效的连接和配置,支持消费者参与住房建造,实现资源的优化配置,提高生产效率和质量,降低成本,并有力促进整个行业的可持续发展。装配式产业互联网平台总体架构体系如图 9-5 所示。

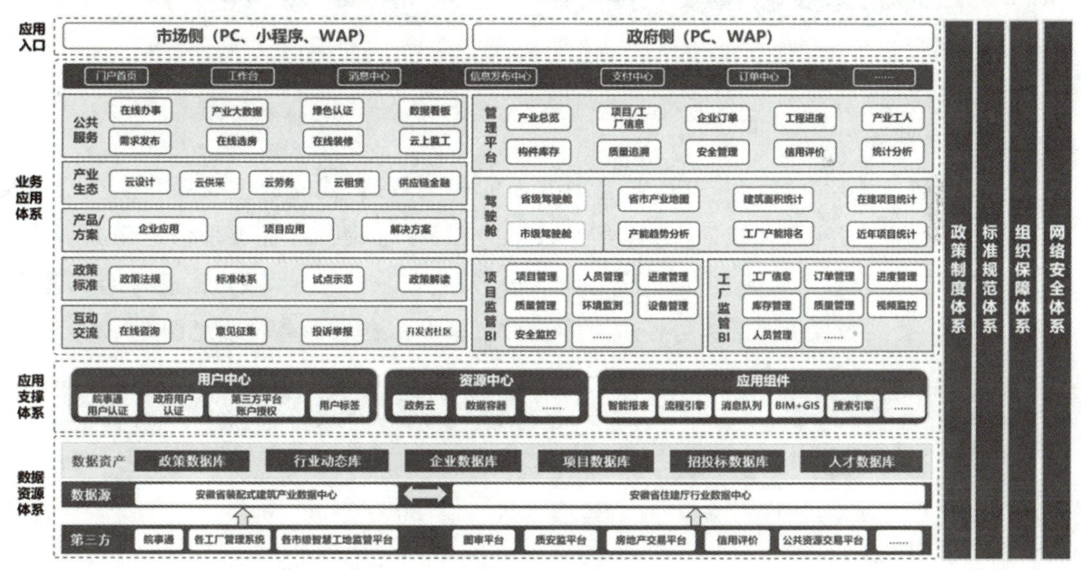

图 9-5 装配式产业互联网平台总体架构体系

建设公共服务、行业、企业、项目四层平台及应用,满足装配式建筑公共监管服务、产业链协同、企业与项目数字化转型等需求,为建筑对象全周期、建造过程全周期提供数字化管理、网络化协同的能力。

4.建设内容

装配式产业互联网平台旨在将建筑行业的各种生产要素与企业主体进行快速连接和

配置，以提升信息流、物质流和资金流的运营效率。通过平台可实现对行业发展态势、项目建设情况、企业信用状况等进行分析和监控，这有助于行业监管机构及时掌握行业动态，制定科学合理的政策和规划，进而推动行业的健康发展。同时，该平台也能够为企业提供更加准确的市场分析和决策支持，从而提升企业的竞争力和运营效率。安徽省装配式产业互联网平台登录界面见图 9-6。

图 9-6　安徽省装配式产业互联网平台登录界面

(1)公共服务层。

依托建造业工业互联网开放行业管理方面的相关数据，建立起覆盖项目全生命周期的服务一体化平台，实现在线办事、行业大数据中心、绿色建材等各类采信应用数据库以及公共资源交易等的全面覆盖，提供全方位的公共服务。此平台为城市运行综合管理、空间建设规划、公共服务资源部署等提供有力支撑。公共服务层业务规划见图 9-7。

图 9-7　公共服务层业务规划

(2)行业层面。

一是打造省级建筑交易中心,以全面覆盖装配式建筑产业链上下游交易,并提供建材采购、PC 构件、装修材料、劳动力、技术服务等交易服务,推动生态系统供需对接和资源统筹,形成全链条信息互通和资源要素的共享。

二是面向中小企业提供供应链金融服务,连接产业和金融,打造数字信用体系,为中小企业融资提供便利。

三是汇集装配式建筑相关标准、规范、工艺方法,建立统一的部品部件数据库,完善产品品种规格,加快形成标准化、系列化供应体系,构建行业级知识库。

产业生态业务规划见图 9-8。

图 9-8 产业生态业务规划

(3)企业层。

积极培育企业集成管理平台,提供统一的应用入口,以便于用户获取各类信息和资源。围绕装配式建筑全过程管理要素,平台提供了装配式建筑设计、构件生产、施工技术、工程管理等各类资源管理系统,强调数据在项目实施过程中的共享应用,以实现项目实施的高效协同和优化管理的建设目标。借助可视化手段实现建筑生命周期的流程可视化,对关键节点实施跟踪监控,确保项目质量、安全、进度和成本控制目标的达成,满足企业数字化、网络化、智能化升级需求,实现企业资源的集约调配和智能决策,从而提升企业的运营效益。图 9-9 为企业级、项目级产品与解决方案。

(4)项目层。

依托物联网技术,联动项目施工现场资源,通过现场流水线作业的生产和装配方式,搭建服务现场、协调各类设备运行效率的智能建造管理平台。针对建筑勘察、设计、生产、采购、施工、运营等环节,以智慧工厂、智慧工地建设为载体,运用智能装备、物联网等技术手段,有效解决施工现场实际问题,强化关键环节的质量安全管控,从而提升工程项目建设管理水平。

图 9－9　企业级、项目级产品与解决方案

5. 应用场景

以装配式建筑为核心驱动力，依托合肥作为国家级智能建造试点城市的定位，推动建设项目向工业化、数字化、智能化方向迭代升级。结合安徽省关于建筑节能降碳行动的相关政策，选取部分重点项目引领示范，在规划设计阶段预先融入智能化、绿色化要素。通过构建装配式产业大数据中心、建材商品交易中心、企业生产管理平台等核心应用模块，促进装配式项目向标准化设计、模块化生产模式发展，加速装配式建筑行业资源汇聚与整合，旨在打造省会城市的千亿级产业集群。装配式产业互联网平台业务场景规划见图9－10。

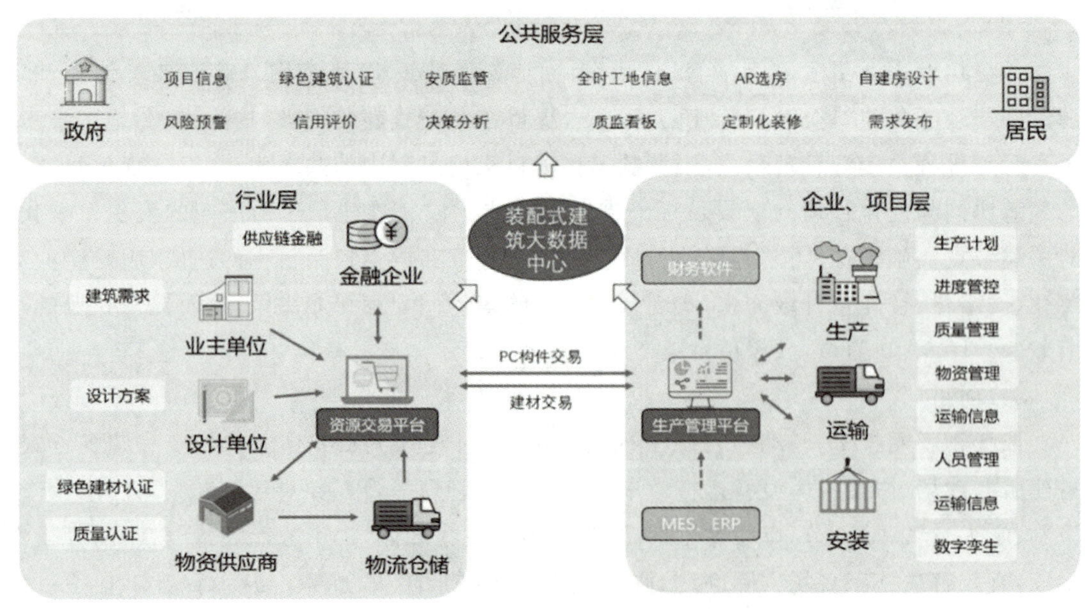

图 9－10　装配式产业互联网平台业务场景规划

(1)公共层面。

汇集全省装配式建筑交易信息,包括 PC 构件生产、运输、安装、绿色建材使用情况等相关数据,依托装配式产业大数据中心,为政府主管部门提供决策分析、安全质量监管、风险预警、信用评价等全方位数据服务。图 9 - 11 为安徽省装配式产业驾驶舱相关数据情况示意图。

安徽省装配式产业驾驶舱
装配式产业基本情况
产业概况
586
621
637
756
853
1020
2017
2018
2019
2020
2021
2022

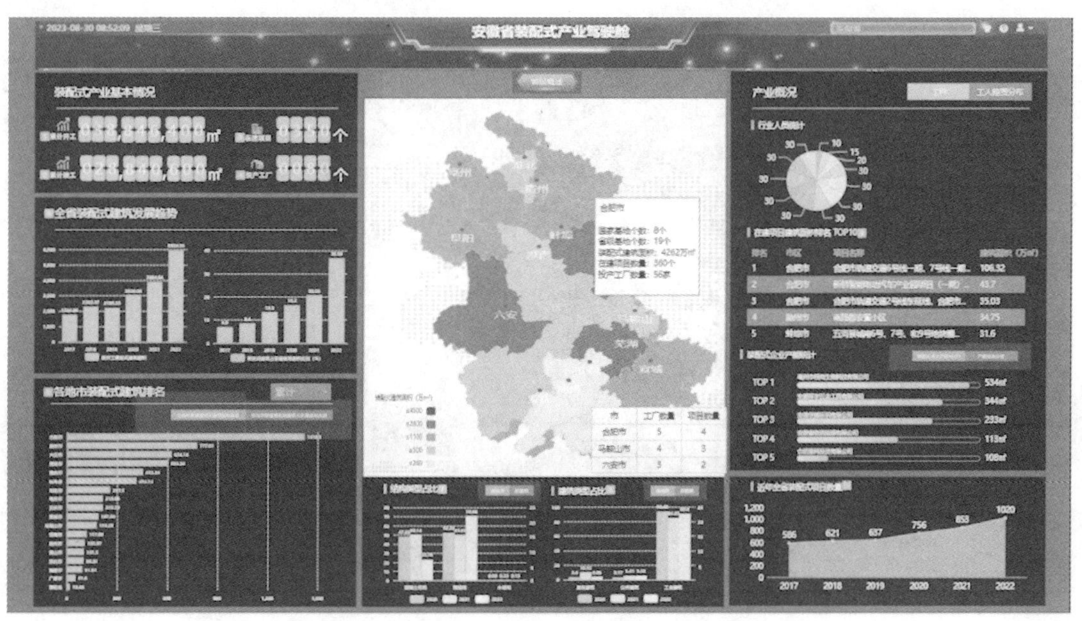

图 9 - 11　安徽省装配式产业驾驶舱相关数据情况

(2)行业层面。

围绕装配式建筑的建设需求及建材采购需求,有效连接需求侧与供给侧,提供 PC 构件采购、建材采购、设备采购、云设备、云劳务、云拍卖、供应链金融、行业解决方案等多元化服务。产业生态服务的具体内容见图 9 - 12。

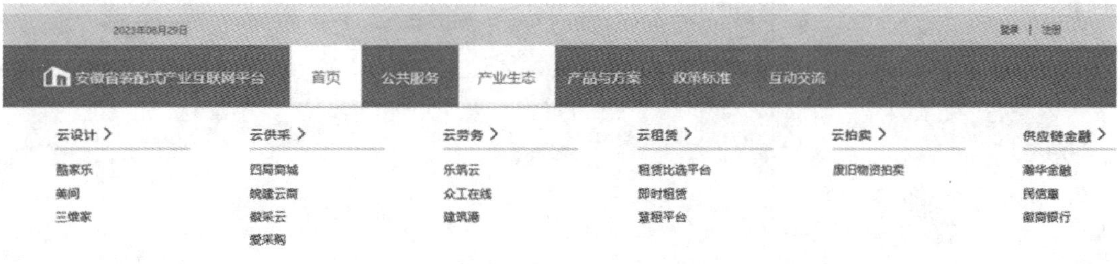

2023年08月29日
登录 | 注册
安徽省装配式产业互联网平台
首页
公共服务
产业生态
产品与方案
政策标准
互动交流
云设计 >
酷家乐
美间
三维家
云供采 >
四局商城
皖建云商
徽采云
爱采购
云劳务 >
乐筑云
众工在线
建筑港
云租赁 >
租赁比选平台
即时租赁
慧租平台
云拍卖 >
废旧物资拍卖
供应链金融 >
瀚华金融
民信惠
徽商银行

图 9 - 12　产业生态服务具体内容

（3）企业、项目层面。

积极推动省内重点装配式建筑项目智能建造试点示范工作。以生产管理平台为基石，对关键节点实施精准跟踪监控，确保装配式项目在生产安全、质量、进度和成本控制等方面达成既定目标，满足装配式工厂生产向数字化、网络化、智能化升级的需求，实现资源的集约调配和智能决策，从而提升装配式工厂的运营效益。企业层面、项目层面相关数据见图 9－13。

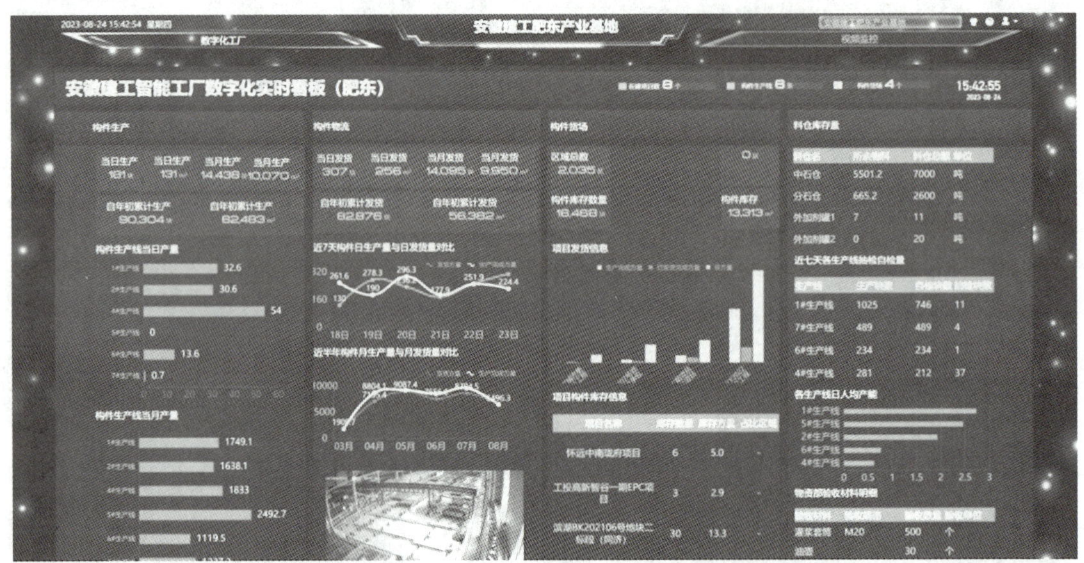

（1）企业层面相关数据

（2）项目层面相关数据

图 9－13　数据

6. 商业模式

平台通过自主研发建设、资源汇聚、生态合作等方式,逐步构建起平台服务能力,形成信息共享、资源优化配置和业务协同的生态系统。平台通过提供多样化的服务来获取交易佣金或服务费用收益,并凭借持续运营来不断探索与拓展新的商业模式及盈利方式。

(1)平台线上交易服务。

通过打造电商交易平台,实现需求与供给、卖方与买方、上游与下游的有机结合,打破时间限制与物理空间距离的限制,提供线上交易服务,简化交易流程并提升交易的安全性和效率。

(2)行业大数据服务。

平台依托其庞大的行业数据资源,提供诸如信息发布、招标投标、企业信用评估、行业发展趋势等数据分析服务及功能订阅服务,为产业链上下游企业及相关从业人员开辟信息获取的新渠道。

(3)供应链金融服务。

平台有效促进人流、信息流、商品流、资金流转化为数据流和价值流,凭借掌握的供应链数据,挖掘更多商机与项目资源,扩大市场规模。同时,平台可为产业链上下游企业提供贷款、担保等金融服务。

(4)企业品牌推广服务。

平台拥有大量的用户和生态伙伴,为众多材料供应商、设备厂商等产业链上下游企业提供了投放企业宣传广告的平台,以助力企业提升品牌形象和市场影响力。

(5)生态价值创新服务。

借助线上积累的用户和数据资源,平台积极促进产业生态的协同演进,减少信息不对称和交易摩擦,使市场更加透明,实现资源的高效利用。同时,平台将营造良好的商业发展环境,促进产业要素及高端创新资源的有效聚集。

三、江苏省建筑施工安全管理系统——智慧安监平台

为实现工地的数字化、精细化、智慧化管理,江苏省围绕人、机、料、法、环等关键要素,建立了建筑施工安全管理系统——智慧安监平台(以下简称智慧安监平台)。该平台包含政府端与项目端,其中政府端包括项目人员动态管理、扬尘管控视频监控、项目安全隐患自查、危大工程管理情况四个模块和一个智慧监管数据集成分析平台;项目端包括项目安全隐患排查、人员安全动态管理、扬尘监控自动降尘、高处作业防护预警、危大工程预警管理五个模块和一个集成展示与分析平台。整个平台能够自动采集施工现场的塔吊安全、施工升降机安全、现场作业安全、现场人员安全、人员动态信息、工地扬尘污染及超危工程监测情况等的相关数据,进行数据的自动集成分析和展示。此举有效推动了工程安全管理水平的稳步提升,加快了管理部门之间的数据融合与业务协同,促进了政府监管效能的

显著提升。目前，全省 137 个县级以上建筑安全监督机构已统一采用安全监管信息化管理平台，节约投资额超 1000 万元。

为实现智慧安监，首先可以将传统的政府业务平台升级至智慧化监管平台。平台通过物联网技术将现场的数据实时采集至工地端集成平台，并借助全省统一的数据接口，与政府端智慧安监平台实现数据层、业务层、界面层的深度融合，最终构建出一个完整的智慧安监可实施框架及其配套的智慧安监平台(图 9－14)。

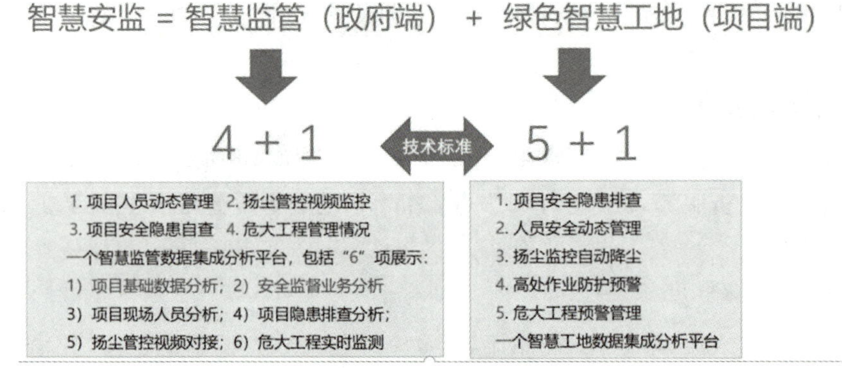

图 9－14　智慧安监平台

四、河南省建筑工人培育服务平台

河南省建筑工人培育服务平台旨在推动建筑劳务产业的数字化转型。该平台通过提升建筑劳务行业的信息化水平，利用打破劳务招工需求与劳务队伍信用评价的数据壁垒等创新技术手段，为建筑工人提供了“在线视频提升技能”“招工精准匹配技能”“过往履历辅助资历证明”等一系列服务模式，旨在满足工人“生活有保障、职业有奔头”的发展诉求。同时，平台充分运用互联网科技手段，使建筑劳务用工过程透明化，从而有效降低了施工企业的用工管理成本。图 9－15 所示为河南省建筑工人培育服务平台。

图 9－15　河南省建筑工人培育服务平台

1.技术方案

河南省建筑工人培育服务平台集成了教育培训、资讯发布、招工找工、赋能服务四大功能,能够精准解决劳务用工过往的痛点。河南省建筑工人培训服务平台功能架构见图9－16。

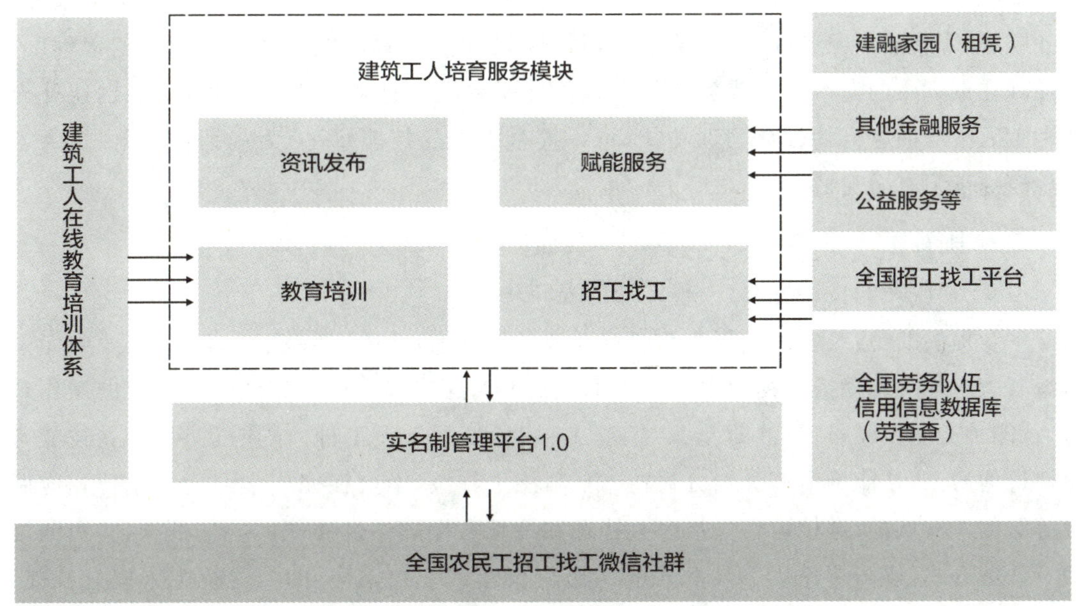

图9－16 河南省建筑工人培训服务平台功能架构

(1)线上短视频培训解决工人学习“无门路、无渠道”的现状。

建筑工人的学习在传统上依赖师傅带,缺乏标准、便捷的工艺工法培训材料。对于渴望提升自身技术水平和技术含量的工人而言,他们缺乏有效的学习渠道及认证和评价机制。平台提供了一套自主研发的完整技能教学体系,采用符合国家标准的在线培训视频,内容涵盖八大基础工种,共342个视频,每个视频时长约3～5分钟;视频内容依据国家标准设计了工种分类、操作规范、操作节点,并与国家工人考级标准相衔接,分为初、中、高级,全套视频均配有题库。该培训结合当前工人的互联网使用习惯,通过对平台的应用,有效避免了集中培训的成本,工人无须脱产,即可在碎片时间内有效提升专业知识和技能。

(2)丰富的招工资讯,解决劳务招工无标准、无平台的痛点。

劳务施工领域普遍依赖“熟人介绍”,难以评价和考核劳务队伍以往的履约情况。缺乏规范的招聘平台,导致招聘过程不透明。平台联动政府主管部门、建设及施工单位、金融机构等多方力量,丰富了招工咨讯并提供了在线招工找工服务。按照地域、工种、招聘人数分类,平台可帮助工人在完成一个项目后,快速匹配下一个项目,减少等待时间,从而提高工人的总体收入。同时,针对用工单位,平台实现了自主研发的劳务队伍信用信息数据库的互通:提供劳务队长和班组长的信息检索功能,支持根据过往履约的项目和班组进行劳务资源查找;根据劳务队伍的过往履约信用评价,对劳务资源进行智能排序和推荐。

(3)建立劳务输出标准和品牌优势,为劳务队伍赋能,推动劳务队伍转型发展。

河南省作为劳务输出大省,尚未像其他劳务强省那样形成规模大、品牌效应强、综合实力优的劳务队伍,在承接项目时缺乏品牌优势。通过平台提供的金融服务、法律服务、税务服务、管理培训服务等,助力劳务队伍不断提升自身的管理水平和运营规范化程度,增强其在市场中的竞争力。劳务队伍不仅能在平台上快速对接总包项目,还能迅速补充技术工人。借助平台的教育培训功能,可以提升工人的技能水平,为规范化经营、扩大生产规模提供了有力支持。

2.项目创新

(1)无须脱产的技能提升,注重实操的视频培训。

平台提供的《建筑农民工职业教育培训视频课程》自 2018 年起着手搭建,由业内专家组编写脚本并实施拍摄。视频重点呈现了一线工人的实操技巧,结合安全、高效的操作理念,技能种类涵盖模板工、混凝土工、钢筋工、抹灰工等八大工种。同时,初步建立技能考核评价体系,将技能难度等级划分为初、中、高三个等级,学员在完成学习后可进行相应课程等级的考核认证,考核内容包括线上答题和线下实操。通过便捷、真实、可靠、实用的培训及认证方式,逐步将建筑工人的薪酬待遇与技能水平相挂钩,助力建筑工人提升技能,并为建筑行业持续发展提供人才支持。线上教育的培训课程种类见图 9-17。

图 9-17　线上教育的培训视频课程种类

(2)借助丰富的数据互通,实现精准的就业匹配。

平台搭建了劳务队伍信息与用人单位业务互联互通的桥梁。一方面,利用积累的上千家劳务公司、超过十万个认证劳务班组的资源,以及可直接触达劳务班组的互联网社群运营体系,可以实现资源共享;另一方面,通过对项目所在地区、用工工种要求、经验要求、薪资待遇等条件进行精细筛选,实现劳务资源的智能线上匹配,满足工地用工随机性、临时性等特点,有效降低了用工和管理成本。

(3)逐步构建建筑劳务行业诚信体系。

为解决建筑劳务行业"诚信无记录,失信无惩戒"的痛点,针对当前劳务行业资质挂靠成惯例的情况,平台通过记录更小颗粒度的劳务队伍(或班组长)的过往项目经历、履约情况、总包用工评价、劳务队伍自我点评、失信事件等标签信息,形成劳务队伍画像,使其历史履约情况真实可查,既提高了劳务队伍失信成本,又帮助解决用工单位不敢引入陌生劳务队伍的顾虑,为劳务队伍的优劣提供了判断依据。

3.应用成效

平台自上线以来,已经为超过 30 万名建筑工人提供了工作信息,超过 10 万名建筑工人在平台上进行了视频学习。该平台通过工作机会实时更新、优秀班组推荐展示、在线学习提升技能等创新探索,为河南省建筑工人的转型发展发挥了实实在在的推动作用。2021 年 1 月 12 日,人民网专题报道了《培养新时代的产业工人》;2021 年 1 月 8 日,《建设银行报》头版专题报道《普惠建工心》,均对该平台的成效进行了全面报道。

第十章 行业级案例

行业级建筑产业互联网为上下游企业提供勘察、设计、生产、施工、运营等建筑产品全生命周期的管理和服务，目前以供应链平台作为主要呈现形式。

一、云筑网

“云筑网”建筑产业互联网平台聚焦于施工现场过程管理，以建立互联协同、智能生产、科学管理的施工项目信息化生态圈为目标。该平台已成功应用于成都天府国际机场项目生产管理，可实时监控施工进度、质量状况、安全防控、环境监测、人员管理等。项目生产相关数据在虚拟现实环境下与物联网采集到的工程信息进行数据挖掘与分析，提供过程趋势预测及专家预案，实现工程施工的可视化智能管理，达到了绿色建造、智能建造、生态建造的预期建设目标，其建设经验及成果在建筑行业领域的智慧工地发展方向上起到了示范作用及推动效应。

中建电子商务有限责任公司是中建集团为响应国家“互联网＋”战略，打造的专注于建筑行业的互联网综合服务平台。公司以云筑网为核心品牌，构建了智慧供采、智慧商城、智慧用工、云筑数科四大业务板块，向全行业提供服务，业务范围覆盖建材线上交易、劳务工人线上管理、数字建造、数字风控等领域。

成立9年多来，公司团队总人数达到900人，旗下在上海、深圳拥有两家子公司，拥有103项软件著作权和80项专利，软件研发成熟度达到CMMI(Capability Maturity Model Integration，能力成熟度模型集成)5级水平。中建电商紧密围绕“互联网＋建筑”主线，深耕建筑行业垂直领域，所打造的云筑网已经成为建筑行业领先的互联网综合服务商，是建筑行业互联网服务的第一品牌、中央企业互联网服务和双创平台的知名品牌、工信部大数据产业发展示范项目、国家级高新技术企业。

1. 技术要点

“云筑网”建筑产业互联网平台围绕建筑施工现场的“人、机、料、法、环”五大要素，运用BIM信息化模型、物联网、大数据、5G、人工智能等先进的高科技信息化处理技术，在提升施工现场管理水平的同时，还为项目相关各方构建了一个沟通协调、信息共享的平台。

目前,“云筑网”建筑产业互联网平台已经集成 BIM 管理,建成了包括进度管理、质量管理、安全管理、劳务管理、物料管理、物联监测在内的六大业务板块体系。

“云筑网”建筑产业互联网平台采用云服务架构,可以实现多个工地、多个终端系统的统一管理及 App 实时数据推送。平台能够跨区域汇总,分析多个承建单位、多个公司、多个项目部工地的数据,为管理人员提供决策支持。该平台致力于打造项目管理一体化的信息化管理平台,构建覆盖集团公司、子分公司、项目现场多方联动的工地监督管理系统。平台按照权限设置、分级管理的原则,工地建设企业、监理部门、施工单位、监管部门等共享资源,互联互通,方便各方管理者随时掌握各自权限范围内的信息。建筑施工领域的数字服务平台的架构如图 10－1 所示。

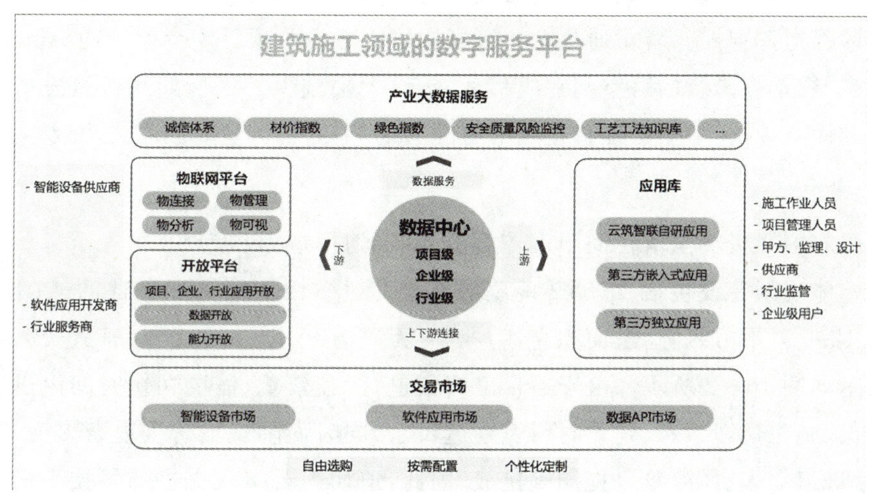

图 10－1　建筑施工领域的数字服务平台架构图

2. 技术创新

(1)工业物联网平台,实现智能设备互联互通。

依托于物联网技术,可以实现不同品牌硬件在同一个物联网平台的接入、数据上报及智能分析。

标准化智能硬件服务协议,确保标准统一。归纳并统一工地应用的智能硬件数据标准,解决因不同硬件厂商的产品、界面、设置、信息格式及技术路线差异导致的集成接口复杂、数据难以交互的问题。

物联网设备接入方式规范统一。硬件供应商需提前将云筑硬件业务标准协议下发至硬件终端或云端,以便硬件服务商、项目现场人员、运营人员能够高效快捷地将物联硬件接入智联物联网平台。

外部数据接口丰富,满足各级管理要求,主要为政府监管部门、建设单位等提供标准数据接口,有效解决项目硬件重复建设及数据重复上报的难题,实现项目的降本增效。

智联平台各子系统联动,与 BIM 数字化模型、安全生产风险预警监控系统、环境保护管理监测系统、智慧劳务人员管理系统、视频AI系统等子系统进行联动应用、智能分析，确保项目闭环管理。

(2)智慧视频监控平台，让项目现场情况一目了然。

“云筑网”建筑产业互联网平台通过构建统一的视频监控平台，增强了视频的稳定性，提高了视频监控实时在线率统计的准确性，降低了运维成本和采购成本，有效避免了监控硬件的重复建设。平台使用方可通过单一视频监控平台对多个项目中不同厂商的视频监控设备进行实时预览及监管。

(3)远程巡检，推动项目管理移动化、在线化、可视化。

自2020年起，“云筑网”建筑产业互联网平台推出的远程巡检功能，实现了公司层面对项目的远程指挥管控。公司通过企业级指挥中心平台与项目配套使用的App进行远程连线，实现了视觉与语音的跨空间在线移动交互，大幅减少了疫情期间各级公司管理层到项目现场的检查频次，缩短了项目检查的时间周期，节约了大量时间和人力成本。

3.应用案例

成都天府国际机场坐落在简阳市芦葭镇，其规划用地面积为52平方千米。成都天府国际机场整体规划建设包括T1、T2两座航站楼，其中，由中建八局承建的T1航站楼，占地面积为12.6万平方米，建筑面积高达33.16万平方米，已于2021年正式投入使用。项目大屏展示如图10－2所示。由于项目工期紧迫、任务繁重，需要在短时间内迅速集结大量管理人员、施工建造人员、建筑材料及建造设备，同时面临现场管理复杂多变、施工进度紧张、作业班组众多、风险难以控制等挑战，因此，迫切需要引入先进的科技手段对施工现场进行全面精细的管控。然而，以往工地上常见的独立子系统拼凑的方式，难以实现对信息的统一整合，从而限制了其在全局统筹规划、决策预警等方面的应用。

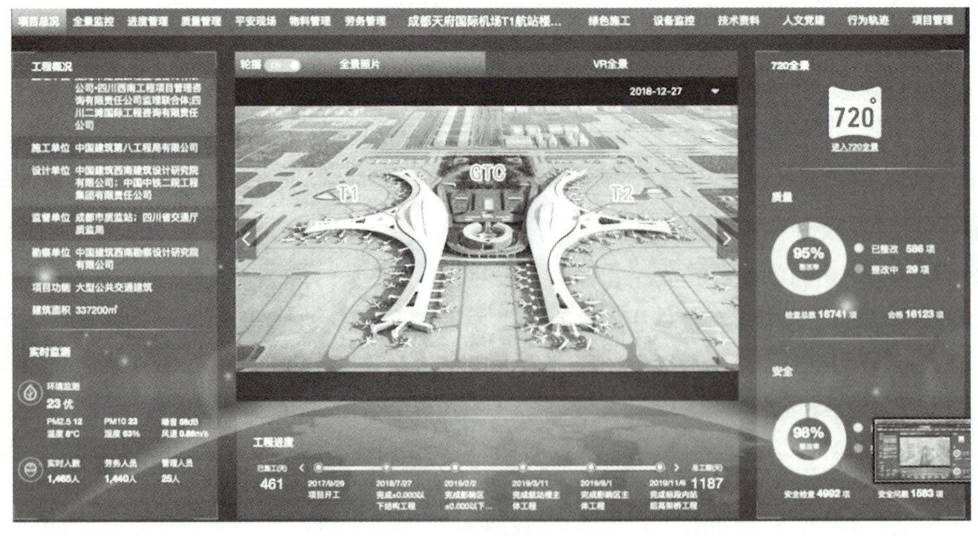

图10－2 项目大屏展示

“云筑网”建筑产业互联网平台，专注于项目现场的全生命周期过程管理，为项目生产管理、大数据经营分析等领域提供了融合 BIM、项目管理及智能物联设备的一站式应用解决方案。该方案的建设内容涵盖了进度、质量、安全、物料、劳务、“BIM＋技术”、设备管理核心管理应用。

平台在显著提升项目施工现场管理水平的同时，还为项目各参建方搭建了一个高效沟通、协调以及信息共享的平台。其中，云筑智联平台的业务规划详见图 10－3。

图 10－3　云筑智联平台业务规划图

(1)进度管理。

项目人员将总控计划导入平台，平台自动将总控计划拆解为月计划、周计划以及相应的工作任务，并落实到工程项目建设周期的各个阶段和各个责任人；同时，建立由上而下、由整体到局部的进度控制系统，以确保工期进度的有效推进。通过将进度计划和 BIM 模型紧密关联，结合总控计划直观呈现建造过程。此外，系统还支持查看计划与实际进度的对比情况，便于在线解决项目管理难点，合理协调各方资源关系，从而降低风险。大屏-进度管理如图 10－4 所示。

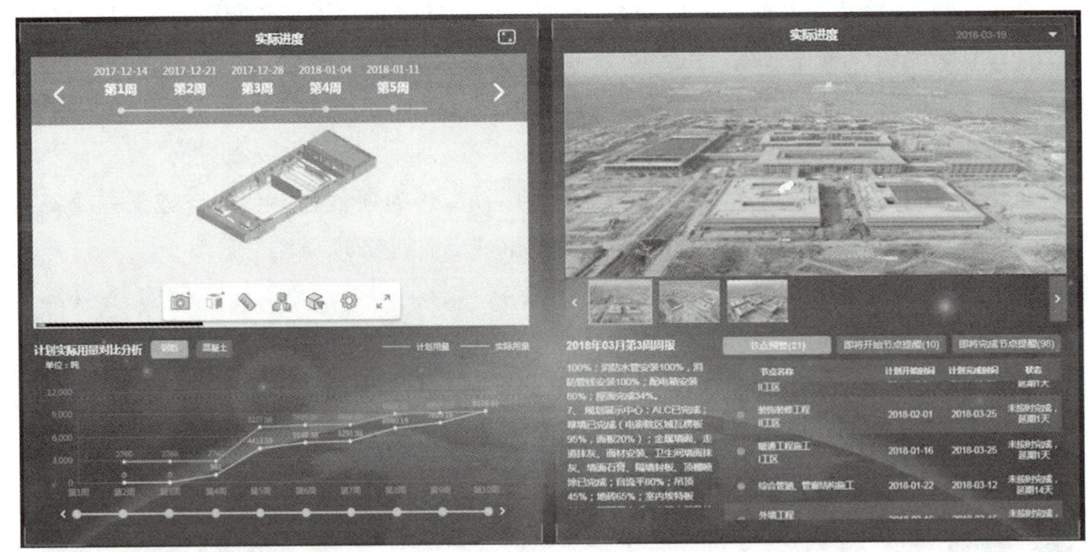

图 10－4　大屏-进度管理

(2)质量管理。

项目人员利用云筑智联 App 填报问题描述，上传现场照片，并明确问题责任人及整改时间，实现施工质量的全面巡查。平台即时通知相关责任人处理，有效解决了质量隐患处理不及时、隐患责任人不明确等问题。大屏数据看板则以可视化模型的方式展示质量巡检记录，根据质量严重程度使用不同颜色标记构件，显著增强了可视化效果。自应用以来，项目完成质量检查累计 18157 次，生成整改单 197 条。大屏-质量管理情况如图 10－5 所示。

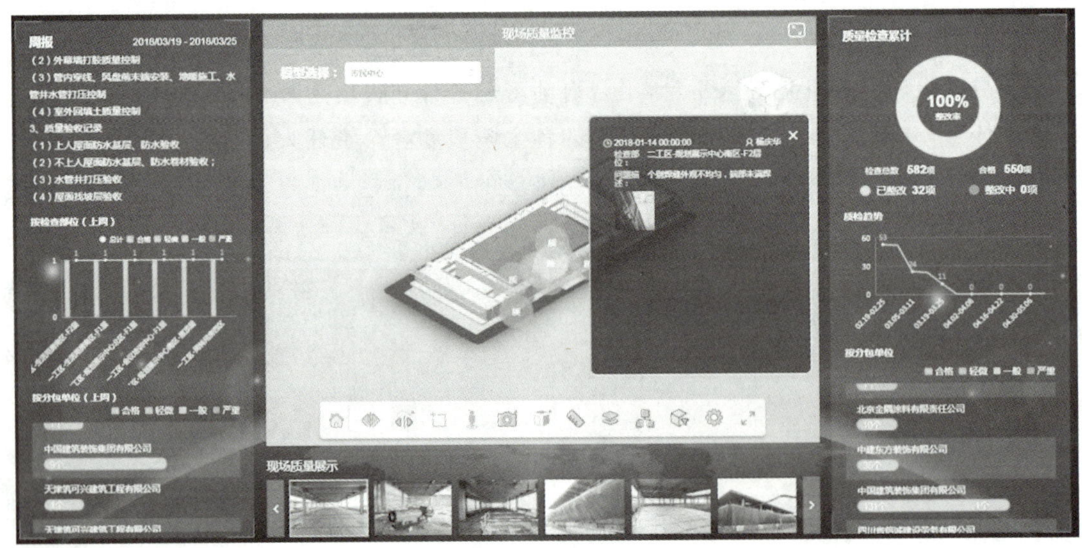

图 10－5　大屏-质量管理

(3)安全管理。

通过云筑智联 App 实时录入安全问题,形成了一套从问题发起、整改、复查到关闭的闭环整改流程,有效解决了现场执行情况不清晰、责任不明确等问题。同时,引入 BIM 轻量化展示模型,实现了对安全问题的精准可视化定位,提升了安全监督情况的展示效果,并促进了各方协同效率的提高。自应用以来,项目已完成安全检查累计 6074 次,生成整改单 96 条。大屏-安全管理情况如图 10-6 所示。

图 10-6 大屏-安全管理

(4)劳务管理。

云筑劳务管理系统对现场劳务人员进行了全面的管理,涵盖实名登记、出勤、施工作业、工人退场等环节,进一步强化了施工现场操作人员的规范化管理。数据看板实时收集并准确统计人员信息,为项目决策层提供了有力的数据支持。自应用以来,项目累计进场 8997 人,其中管理人员 270 人,涉及参建单位 62 家。大屏-劳务管理系统如图 10-7 所示。

(5)物料管理。

通过在施工现场搭设物料地磅并应用云筑收货管理系统,借助互联网手段实现了物料现场验收环节的全方位管控,有效解决了物料验收环节的管理漏洞等问题。数据看板集中展示了最近时间段的收发料数据,实现了对物资消耗的实时控制,确保了项目的正常施工。同时,通过信息化手段降低了物资管理成本,促进了项目管理的提质增效。

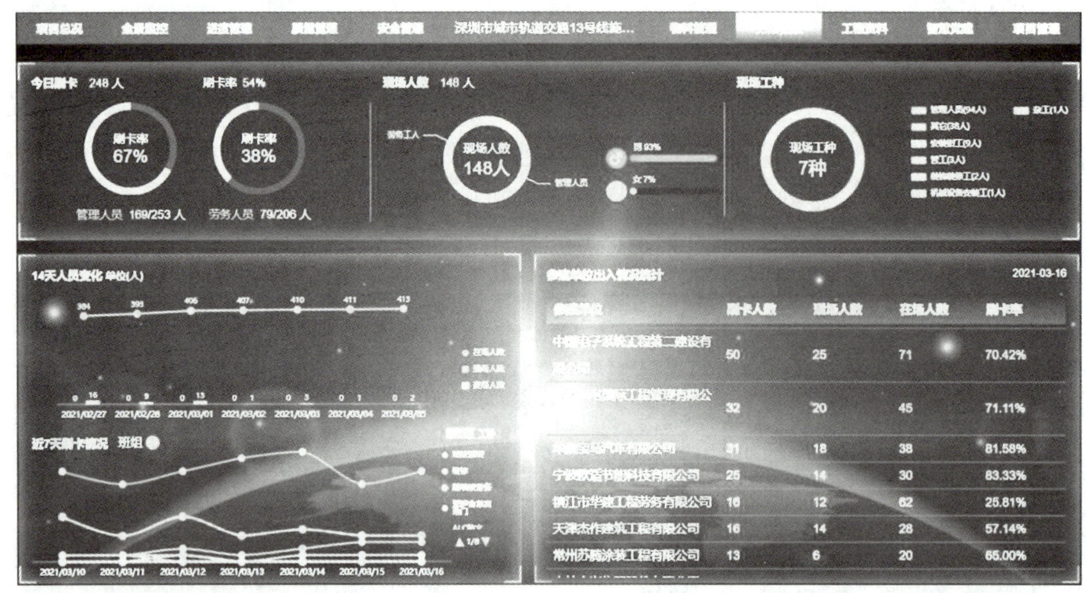

图 10-7　大屏-劳务管理系统

(6)设备管理。

一是视频监控。在项目现场重点部位安装高清摄像头,实现全天候 24 小时实时监控。支持云筑智联 App 查看直播、视频回放及云台操作功能,便于管理员实时掌控工人施工情况及现场生产状况,加强施工项目的日常管理,提高工作效率。自上线以来,项目已累计接入摄像头 25 个。大屏-视频监控情况如图 10-8 所示。

图 10-8　大屏-视频监控

二是塔吊监测。实时监控并显示塔吊运行数据，提供安全预警功能，为操作员及时采取正确的处理措施提供依据，提高了塔吊运行的安全性，有效减少了塔机安全生产事故的发生。大屏-塔吊监测系统如图 10－9 所示。

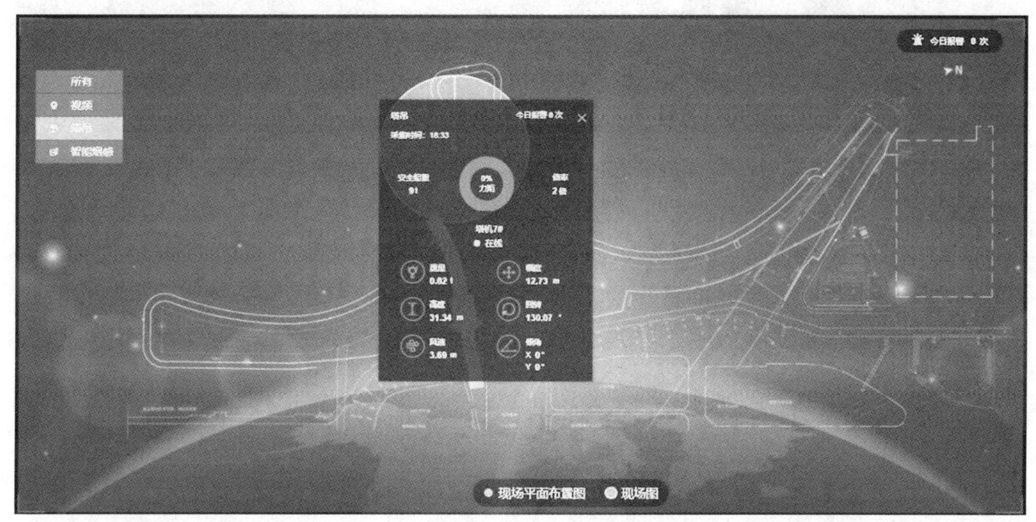

图 10－9 大屏-塔吊监测

三是智能烟感监测。通过安装智能监控设备，实时监测火灾时产生的烟雾并现场报警，同时将报警消息实时推送给大屏幕及 App，以确保施工现场的安全。大屏-智能烟感监测系统如图 10－10 所示。

图 10－10 大屏-智能烟感监测

四是环境监测。在现场设立工地环境检测机，24 小时实时在线监测现场 PM2.5、PM10、噪声、温度、湿度、风速、风向等环境指标，以确保环境质量。设定超限预警，一旦超额后，系统自动启动预警机制和喷淋装置，实现自动控制扬尘治理。大屏-环境监测如图

10－11 所示。

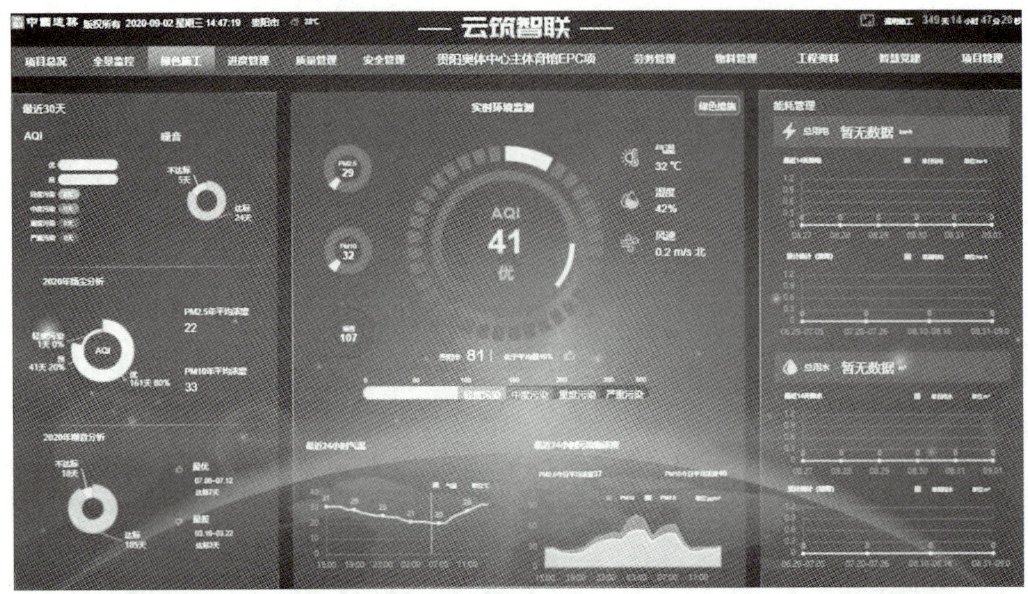

图 10－11　大屏-环境监测

五是水电能耗监测。监测办公区、生活区、施工现场的水电用量，通过移动终端及控制器汇总、统计、分析、处理和存储能耗数据，使能耗指标一目了然，有助于能源的合理分配，保障绿色施工。大屏-水电能耗监测系统如图 10－12 所示。

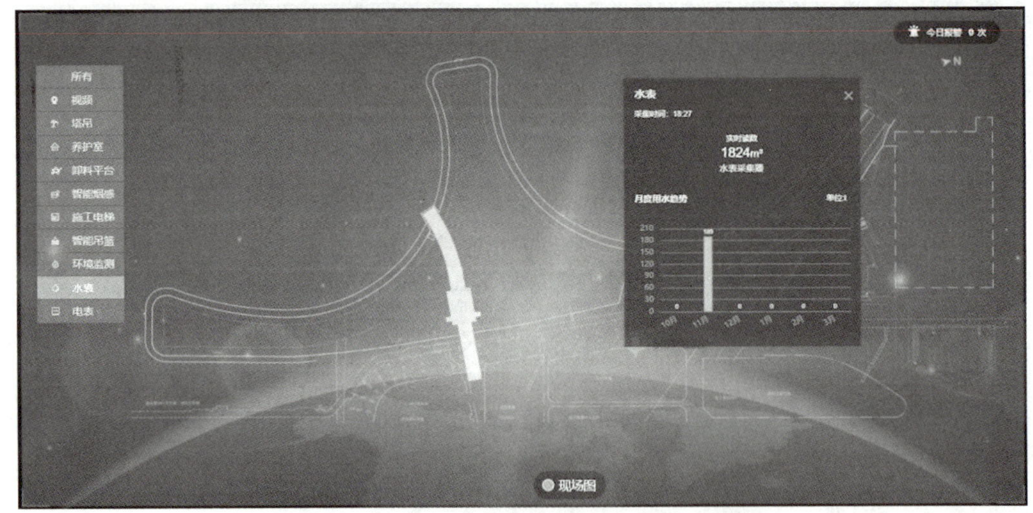

图 10－12　大屏-水电能耗监测

(7)“BIM＋”技术管理。

项目人员将工程资料上传至平台，数据看板集中展示并永久保存工程资料。同时，可将施工方案、技术资料等内容关联生成二维码，现场粘贴，便于随时随地获取资料进行查阅,有效解决查阅不方便、交底不透彻等问题。通过场景化应用BIM技术,解决了实际问题,有效提高了项目各参建方的信息传递效率和协同效率,优化并完善了管理工作模式、工作流程和组织方式。大屏-工程资料系统如图10-13所示。

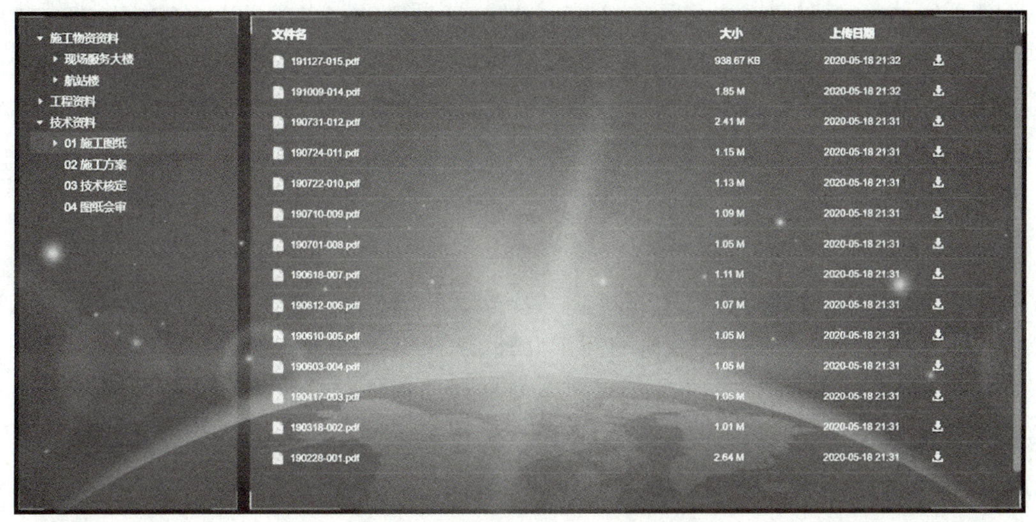

图10-13 大屏-工程资料

4.应用成效

(1)无人值守收验货的运用完善了项目物料收验的闭环管理。

对于传统的项目物料验收,必须要人员值守在项目工地,存在人手不足的可能性,也增加了项目的成本;众多项目的原料收发存数据无法实时获取全貌并进行清晰的统计分析,整个环节缺乏闭环监管。无人值守收验货系统的应用,利用物联网、互联网、云计算、大数据和移动互联等先进技术对原料的进出场业务环节进行全方位管控。通过智能终端,实现全天24小时无人值守称重,利用AI图像识别技术对车牌号进行识别,实现车辆和重量的关联,数据实时上传至云端,通过Web端网站、移动App和微信公众号等多端触达服务项目管理人员、工地人员、供应商。同时结合工地大数据,将进出场的数据与物资库存数据、电子签名的审批流数据相互打通,实现了原料从收取到使用的全程管理和跟踪闭环。自应用以来,项目将地磅称重与移动点验相结合,实现了地磅收料9.674万吨,共计2684车次;地磅发料7313.780吨,共计302车次;移动收料总数量122.3161万吨,收料770批次。

(2)提升了劳务用工管理的规范化、安全化及高效化。

项目劳务作业普遍存在人员文化程度低,安全意识弱,人员流动大,地域来源广、交叉作业多、管理难度大的问题。"云筑网"建筑产业互联网平台的实名制管理平台通过对人员的进场初始认证审核、进出考勤管理、安全教育培训、现场作业安全交底、安全正负向积分激励等多方协同,进行全流程把控,实现安全、有效和高效的人员管理。

(3)物联网应用设备,助力实现绿色工地建设目标。

建筑施工现场环境复杂、能源消耗大、扬尘及噪声污染重。通过物联网监测设备的应用,可以实现对施工现场环境及能耗的实时监测,监测数据实时传输至“云筑网”建筑产业互联网平台,与能源资源系统、环境治理系统进行场景联动。当项目水电消耗量超过正常指标时,预警数据会自动推送至大屏指挥中心、PC 端及移动端,便于管理者远程实时监管并及时作出决策,减少能耗浪费并节约成本。项目现场扬尘监测设备接入平台后,当扬尘数据超过正常指标时,喷淋控制系统自动开启喷淋,高效率地实现工地现场的抑尘、降尘,有效减少了工地现场的扬尘,避免了扬尘颗粒对空气环境的污染。

(4)实现智慧工地的生态建设目标。

当前,建筑施工行业智慧工地建设程度还处于初级阶段,存在业务标准不统一、数据格式不规范、硬件设备不通用、数据相互不联通,实施运维难度大等问题。通过“云筑网”建筑产业互联网平台,制定智能物联网硬件服务协议标准,归纳统一业务数据,规范硬件接入方式,预留内外部接口,实现数据共享、信息处理高效的目标。引导并帮助硬件设备供应商融入智慧工地生态建设,真正实现接入智能化、感知智能化、分析智能化、控制执行智能化。

(5)应用价值。

“云筑网”建筑产业互联网平台解决了各施工企业分散建设、系统林立、无统一规范和标准的智慧工地建设的问题,实现建筑企业内部对各工程项目的集约式管理模式,通过对数据的挖掘、分析,为企业战略决策做支撑,提升产业链效率和企业管理水平。

“云筑网”建筑产业互联网平台聚焦于施工现场管理,围绕人、机、料、法、环等生产要素,综合运用 BIM 模型、物联网、大数据、云计算、移动互联网、人工智能等信息技术,与一线生产相结合,保障现场工程质量、安全、进度、成本等管理目标顺利实现,提高建筑工地的生产效率,提升项目管理效率,辅助项目管理者进行决策,最终通过数字化、智能化实现项目全局优化,在提高施工现场管理水平的同时,还为政府监管部门、建设单位、施工单位、监理单位、劳务工人等项目上下游的相关各方构建了一个沟通协调、信息共享的平台,推动了整个建筑行业的产业化发展。

二、筑材网

2015 年 6 月,筑材网由南通四建集团、南通二建集团、龙信建设集团、通州建总集团、南通新华建筑集团等国内知名建筑企业,联合上海强钰投资管理有限公司、南通交通产业集团、中国建设银行江苏分行共同发起。该平台由江苏足财电子商务有限公司运营,注册资本高达 1 亿元人民币,总部设立于江苏省南通市经济技术开发区,并在上海设有研发分支机构。

筑材网立足建筑领域,依托顶级建筑企业的行业资源,以应对采购管理变革的迫切需求为出发点，致力于提升企业信息化水平和数字化应用程度。平台通过持续的迭代创新，为注册用户提供个性化的电子商务采购解决方案，构建了集“采购管理、交易、资源赋能、业务数据”于一体的新型服务模式，全面助力建筑企业提升管理水平、降低采购成本、增强融资能力，并实现采购业务数据的自发生成和无缝传递。

自 2015 年下半年启动研发以来，筑材网于 2016 年 4 月正式上线，并在股东企业的先行先试及迭代使用后，于同年 8 月正式推向全国。截至 2021 年 12 月 1 日，筑材网已共计吸引了 371 家建筑企业入驻，包括 93 家特级企业；供应商数量达到 49583 家，其中 37%为生产商。平台上线招标项目超过 101279 单，日交易量超亿元，累计交易总金额已突破 1159 亿元，供应链金融放款累计达 20.46 亿元，运营指标在行业中处于领先地位。

筑材网的商业模式核心在于利用互联网、大数据等高科技手段，构建智慧供应链体系，提升建筑企业的采购管理水平和效率，降低采购成本。平台根据采购需求的不同，将采购分为三种模式：招标投标模式、集采直供模式和商城模式。招标投标模式是建筑企业传统采购模式的线上体现，主要针对的是项目部的大宗建材采购需求；集采直供模式则主要利用平台的大规模采购量和大数据优势，与品牌材料供应商达成战略合作，实现了从工厂直供项目部工地的目标；商城模式则可以满足建筑企业在零星采购方面的需求，是对前两种模式的有效补充。图 10－14 为筑材网的网页截图。

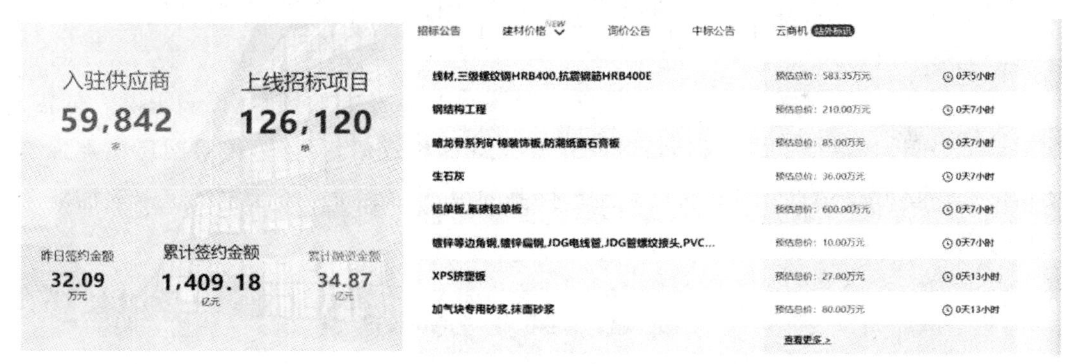

图 10－14　筑材网截图

为了更好地服务建筑企业和供应商，筑材网研发了自定义管理流程体系，允许不同管理需求的企业在平台上灵活搭建自己的采购管理流程。此外，筑材网还上线了筑材商城，与国内知名的 MRO 线上商城（如鑫方盛、震坤行等）对接，满足企业的零星采购需求；引入电子合同印章系统，实现采购全流程线上操作；对接四方物流系统，为用户提供更多物流选择；与建设银行、工商银行、招商银行、中国银行等总行级供应链金融系统对接，为交易双方提供资金快速融通的便利；引入征信大数据系统，为交易双方提供交易对手背景调查支持；并与新中、大等项目管理系统及用友等财税系统对接，实现企业财税大数据的整合，帮助企业进行全局的业务、财务及税务管理和协调。

筑材网通过平台上的海量采购需求，进行统计分析，形成集采需求，并与各大品类的品牌材料供应商进行集采直供的战略合作谈判，实现“从工厂到工地”的集采直供定制模式，显著提升了企业的降本增效能力。

三、采筑网

采筑网是由万科、晋承鼎盛等联合发起成立的第三方 B2B 建材采购交易服务平台，旨在构建以建筑材料设备采购为核心的综合性服务平台。其方案和计划主要围绕提升建筑行业采购效率、降低采购成本、优化供应链管理等核心目标展开。该平台汇聚多方力量，致力于解决地产供应链中存在的交易透明度不足、产品质量波动、管理效率低下、资金成本负担重等问题，以促进行业整体的高效、健康发展。目前，平台已整合超过 7700 家优质供应商资源，拥有超过 32 万个库存单位(SKU)，服务 2500 余家客户，累计订单金额突破万亿元。

采筑网的方案主要包括：建立全面的供应商资源库，汇集行业内优质的建材供应商，为采购方提供丰富多样的选择，同时确保供应商的质量可靠；提供从产品浏览、询价、比价、下单、支付到物流跟踪的一站式服务，简化采购流程，提高采购效率；通过公开透明的价格机制，确保交易的公正性和公平性，减少采购过程中的腐败风险；推动供应链金融服务，采筑网计划联合金融机构，为供应链上下游企业提供融资支持，缓解资金压力，促进供应链的稳定运行。

在计划方面，采筑网将继续扩大供应商资源和商品种类，以满足更多采购者的需求。同时，平台还将加强技术研发和创新，提升服务质量和效率。此外，采筑网还将加强与行业协会、政府等机构的合作，共同推动建筑行业的绿色发展和可持续发展。采筑网业务的组成见图 10－15。

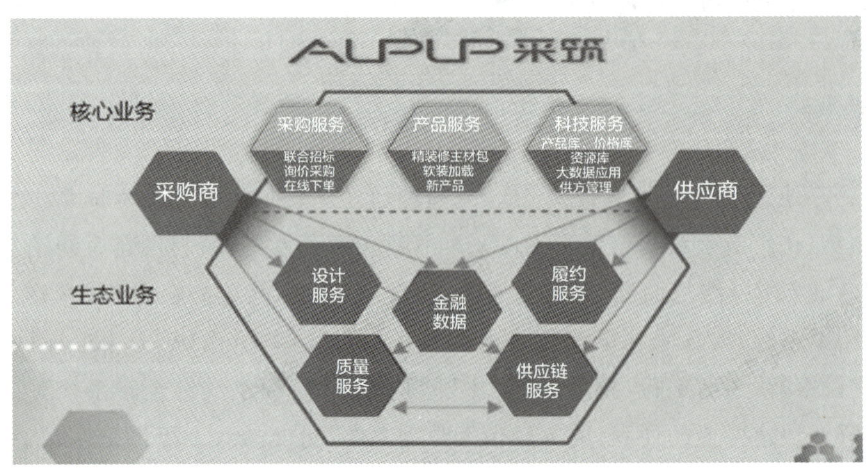

图 10－15　采筑网业务的组成

采筑平台推动供应链协同，提升采购透明度，共同制定绿色采购标准。严控供应商准入标准，确保产品质量，实行质量抽检制度。利用互联网技术，通过大数据分析，优化供需匹配，在提升交易效率的同时，依托交易数据，开展信用评价服务，提供供应链金融服务，增加盈利模式。

2022 年 8 月，采筑网在发布会上宣布国际业务拓展计划，并成立国际建材联盟。采筑网平台自 2021 年起已着手构建国际供应链，目标市场涵盖东南亚、北美、澳大利亚及中东等地区。针对国际业务，采筑网平台制定了三阶段发展规划：2021 年至 2023 年，聚焦建筑材料供应链整合；2023 年至 2025 年，推动中国建材品牌走向国际，提供一站式 B2B 供应链解决方案；2025 年至 2028 年，助力中国建材品牌在发展中国家和地区的增长。

四、广材网

广联达科技股份有限公司（以下简称广联达），作为建筑行业的领军企业，始终致力于为客户提供全面的数字化解决方案。在业务层面，广联达重点推进物资、生产、成本三个一体化方案，横向实现了业务打通、数据互通的管理价值，纵向则实现了从企业层级到项目层级的信息贯通，显著提升了客户的经营效率。同时，广联达还积极推进企业级项目管理系统的建设，以“平台＋组件”模式完成新一代产品从 0 到 1 的建设，并通过数字项目集成管理平台，成功构建了建筑产业互联网平台。

在技术创新方面，广联达尤为注重设计软件的研发与创新。例如，其数字设计软件板块实现了市场重塑，业务重点聚焦基于自主图形平台的数维设计新产品研发、客户验证与市场推广，数维产品已在多个设计院的项目中得到了广泛应用。

广联达设定了 2023 年至 2025 年期间清晰的战略目标和经营计划，其中，2023 年的目标是实现能力升级，努力成为建筑行业数字化的首选品牌；2024 年，计划实现业务的飞跃，力求使广联达成为中国市场的主导品牌；到 2025 年，则旨在实现全球发展和领先，同时计划使营业收入相较 2022 年翻一番，并维持净利率不低于 15％的稳健水平。

为实现这些宏伟目标，广联达确定了以“一体化成型、设计软件引领、PaaS 平台规模化”为战略主线，并依托“平台＋组件”的技术路线，打造具有竞争力的产品和问题解决方案，以支撑业务的快速规模化发展。此外，广联达还计划推出具有自主知识产权的建筑业务平台，该平台集数据平台、协作平台和决策平台于一体，深度融合 BIM、云计算、物联网、人工智能等核心技术，旨在提升建筑业的数据应用和价值发掘能力，强化产业协同和生态开放能力。

在工程项目的造价中，材料和设备的成本占比高达项目建设成本的 70％以上。对于材料价格信息的询价和确认，贯穿于项目生命周期的各个阶段，包括设计（材料选择）、招投标（交易和谈判）、成本管理（指标形成和更新）、结算审价，乃至运维阶段，这一过程往往会占用一线造价工程师 25％及以上的工作时间。因此，材料价格信息的获取至关重要，影响深远，是成本管理岗位提效的关键环节。广材网作为广联达公司旗下的明星产品，能够为成本人员提供网页端的海量材料和供应商的精准搜索服务。

(1)海量数据，覆盖全国。

广材网市场价数据库中，收录了全国 31 个省份超过 3000 万条材料的品牌最新市场价、10 万余家厂商联系信息，且该数据库以每月 1.79%的速度持续增长。广材网的信息价查询服务覆盖了全国除西藏以外的 31 个省、直辖市，388 个市，1059 个区县的造价信息数据，全国十年信息价在广材网均可轻松查询。同时，广材网还提供信息价的走势图，直观展示信息价多年的变化趋势。

(2)信息真实，价格可靠。

广材网的价格信息均来自合格厂商的详细报价。在厂商资质审核方面，广联达严格审查厂商的企业营业执照、税务登记表和产品质检报告等文件，以确保提供优质的供应商；在价格方面，厂商需要提供详细的规格参数、税运费信息及工程折扣价；在数据维护方面，厂商提供的信息均保持实时更新。

(3)数据标准，参数完善，直观比价。

广联达通过建立标准化产品单元(STANDARD PRODUCT UNIT，SPU)的标准材料库，将不同价格来源(如信息价、市场价、综合价及不同供应商报价)横向拉通串联，为用户呈现优质数据。用户可轻松对比不同品牌材料的价格、图片、规格参数和税运费等信息，比价过程清晰直观，方便快捷。

(4)材料知识，助力用户选材定价。

在询价过程中，用户除了查询价格信息外，还需结合自身经验和工程实际情况进行材料选择。对于材料知识积累不足的从业者或面对新型材料时，广材网能根据用户搜索的材料精准推送相关知识，特别是价格影响因素、材料适用范围及不同工程类型的常用材料等，帮助用户做出明智的选材和定价决策。

(5)专属客服，随时解答疑问。

广材网提供 24 小时在线服务，随时解决用户的询价问题。对于标准材料的询价需求，网站承诺在一小时内给予解答。拥有了广材网(图 10－16)等于拥有了全国 25 万家供应商和 200 名专业询价人员的强大支持。

图 10－16 广材网

五、筑享云

筑享云建筑产业互联网平台依托树根互联的工业互联网技术，精心打造了项目“全周期、全角色、全要素”的在线协同平台(图 10－17)，旨在为智能建造提供全面而深入的数字化整体解决方案。该平台囊括项目管理、深化设计管理、构件生产管理、现场施工管理、BIM 数字孪生交付五大核心模块，支持用户实现平台策划、定制化设计、数字工厂自动化生产、数字工地智能化施工、一键一码孪生交付及数据化运营，极大地促进了建筑产业链的互联互通。

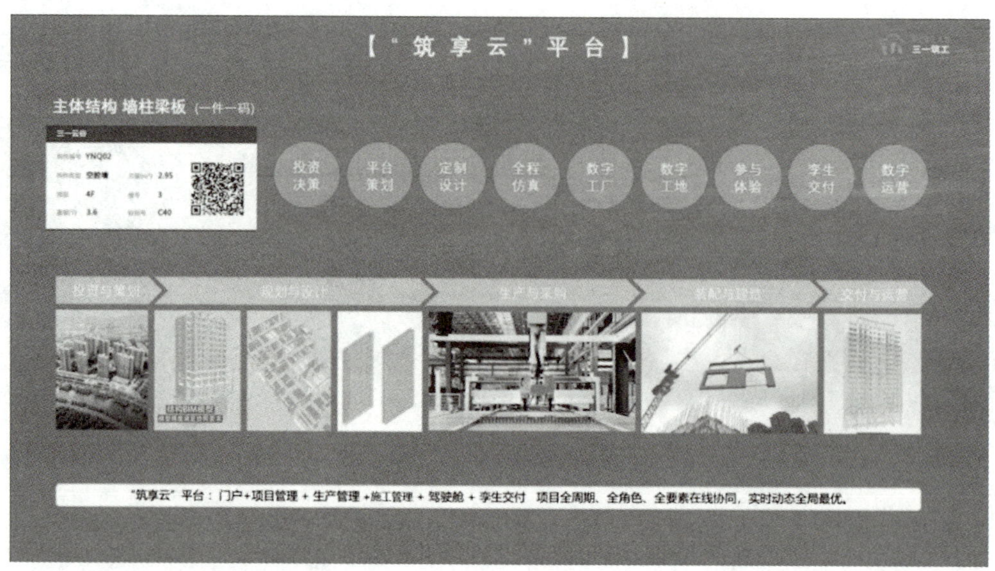

图 10－17　平台业务蓝图

1. 技术要点

筑享云平台在树根互联工业互联网平台的坚实基础上，全面梳理装配式建筑的核心流程与关键场景，精准定义并设计为建筑工业化赋能的核心数字化产品。通过深度整合业内优秀软件应用，形成了"筑享云"平台的整体技术架构（图 10－18），有力支撑了项目全周期、全角色、全要素的在线协同，实现实时动态全局最优。

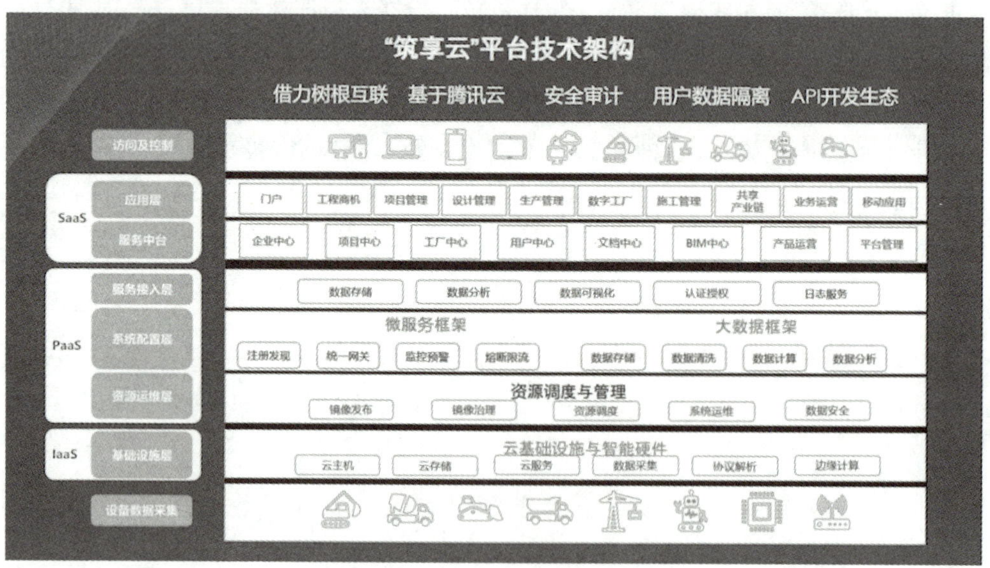

图 10－18　平台技术架构

2. 技术创新

(1)基于物联网的装配式建筑行业应用。

筑享云平台在集成树根互联的物联网平台和工业互联网技术基础上,对装配式建筑场景中的设备进行全方位的实时监控与精准算法分析。如智能跟踪采集并分析现场视频数据,自动抓拍并即时警示不规范作业行为;细致统计分析工厂和工地水、电、燃气等能源消耗数据,科学制定节能策略,助力实现“双碳”战略目标;实现机械设备间的无缝互联互通,设备作业时长和运行效率得以线上化清晰呈现与精准统计;环境监测设备动态记录空气质量、粉尘、噪音、温湿度等关键环境指数,为针对性改善施工条件提供有力支持。图10-19为数字工厂驾驶舱示意图。

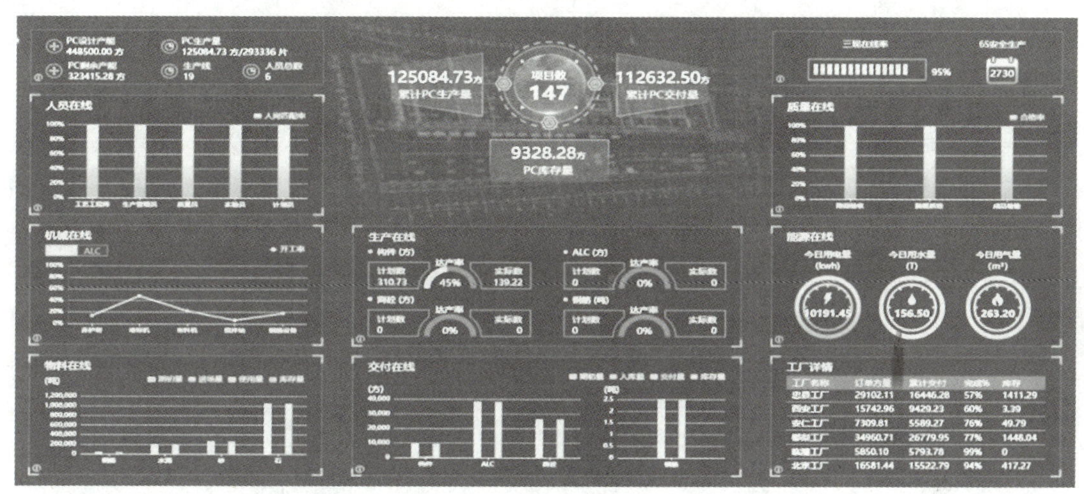

图 10-19 数字工厂驾驶舱

(2)一件一码的构件全生命周期管理。

平台创新启用一件一码标准化构件管理模式,构件的唯一编码自始至终贯穿于设计图纸、销售订单、生产计划、构件生产、质量检验、堆场发运、施工吊装、阶段验收等各个环节,实现了构件全生命周期的数字化交付。通过采用二维码和RFID技术,显著提高了构件的信息采集效率。据统计,工厂排产、质检、发运等环节的作业效率提升了一倍以上,成效斐然。构件的一件一码卡片见图10-20。

(3)BIM技术无缝连通制造和施工。

基于自主可控的BIM技术,平台为装配式建筑设计提供了自动拆分、快速优化、合规计算和智能优化等强大功能,并能一键输出三维模型、构件图纸、构件清单和物料清单。这一创新不仅让设计工作变得更加轻松高效,同时也大幅提升了物料需求统计和BIM施工模拟的工作效率。

国家合成生物技术创新中心

构件编号 YNQ01

构件类型 内墙　方量(m^3) 0.417

楼层 3F　楼号 D4

重量(T) 1.044　砼标号 C40

三一城建住工（禹城）有限公司

筑享云构件管理系统 www.pcteam.cn

图 10－20　一件一码卡片

(4)数据驱动生产智能化升级。

基于平台的构件生产流程(图 10－21),平台支持以数据为核心驱动力,深度融合混凝土预制技术、物联网技术、工业 4.0 先进理念,采用数字化、信息化的智能设备,严格按照准时生产(JUST－IN－TIME;JIT)模式,实现了混凝土构件从 BIM 图纸到成品的高效自动解析转化,显著提高了建筑标准化部品生产线的自动化和智能化水平。

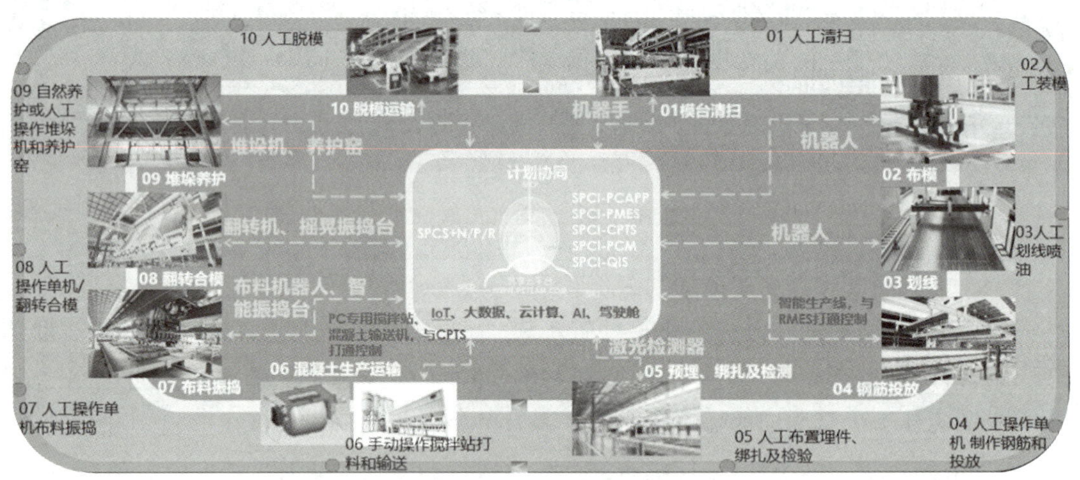

图 10－21　基于平台的构件生产流程

(5)工厂和工地间的紧密协同机制。

平台紧密围绕构件的吊装施工过程,全面打通构件生产管理数据,在工地和工厂之间建立起高效的协同机制。通过实时跟踪运输车辆轨迹,自动触发车辆出发与到达提醒,极大地方便了现场施工的安排与调度。吊装员通过扫描构件二维码,即可基于数字化图纸进行精准安装定位,并利用物联网设备实现一件一码施工记录,从而大幅提升构件生产和吊装施工的协同能力与整体效率。

3. 应用场景

平台充分利用工业互联网、物联网、卫星导航定位、数字孪生、云计算和大数据分析等前沿技术，充分发挥软硬件组合的优势，以实际应用场景为切入点，精准赋能业主方、总包方、建筑设计院、构件工厂和施工单位等各方角色，促进了高效在线协同。平台广泛覆盖投资策划、计划运营、深化设计、构件生产制造、吊装施工、孪生交付和数字运营等多种场景的智能化应用。

4. 平台价值

传统建筑行业往往面临各阶段数据不互通、各参与方采用自有软件系统、未基于统一信息模型进行管理等问题，导致数据在传递和应用过程中易丢失或不对应，严重影响了整体工作效率，进而影响了构件的生产与施工质量，降低了装配式建筑的品质。三一筑工的"筑享云"建筑产业互联网平台作为拥有自主知识产权的系统性软件与数据平台，成功推进了工业互联网平台在建筑领域的深度融合应用，为建筑工业化转型与发展提供了切实可行的解决思路。

(1)提升项目管理协同效率。

平台对项目进行全程跟踪记录，编制全周期的项目计划，实现全角色之间的在线协同，以及全要素的参与和监控，从而对项目进行全方位、平台化的管控。

(2)推动设计智能化与标准化。

一是采用国产设计软件。从底层图形引擎到 BIM 平台，均运用国产技术，有效解决了被国外软件市场垄断和图形技术"卡脖子"等问题。

二是智能化水平高。软件内置结构体系的设计规则，使得预制构件的建模、拆分设计、深化设计、图纸绘制等均可迅速完成，显著提升了设计效率。

三是数据无缝对接。软件上游能够对接传统结构计算分析软件的模型数据，下游则可导出对接工厂生产装备的加工数据以及用于生产、施工可视化管理的模型数据。

(3)一件一码管理构件。

每块构件均分配唯一编码，并贯穿于其整个生命周期，有效解决了构件生命周期中信息断层、口径不统一的问题。基于一件一码的构件清单，平台对设计成果、生产计划、质检数据、库存发运和吊装验收等环节进行全过程跟踪、管理，确保构件生产过程可控，交付进展可视。此举有效解决了工厂及工地数据统计难、订单流转不畅、抢生产、堆场混乱等痛点。

(4)增强要货与吊装施工协同效率。

传统要货环节依赖打电话、发信息等方式，沟通与反馈存在滞后；而吊装施工环节则多通过对讲机、线下图纸等方式进行确认，作业效率低下。通过启用平台施工管理模块，实现了工厂和工地的双向在线沟通，要货和发运信息得以实时跟踪反馈，地上与楼面信息同步更新，吊装过程实现在线协同，从而使作业效率和施工质量均得到显著提升。

5. 应用效果

平台的数字化产品和功能在天津项目中得到了广泛应用。构件生产管理模块，对上承接设计成果，对下提供JIT构件交付，累计保障了4235片构件的按时交付。平台赋能现场施工，实现装配式标准层施工速度提升至每两三天完成一层，相比传统灌浆套筒方式施工，效率提高了1倍。

纵观装配式建筑产业链，平台支持地产项目的同时在线对“人机料法环测”等项目数据的全面采集与应用。截至目前，平台已累计注册预制混凝土构件工厂近600家，触达项目约2643个，月管理构件数量达到60万片。这些举措使得工厂的年总产能提高了42%，人均产能提升了80%，堆场周转率增加了60%，经营资金占用量降低了40%，工地施工效率平均提升了30%。

为了更好地向建筑产业赋能，提高产业整体效率，平台正积极展望未来，探索构件工厂联盟和产能共享的新模式，致力于打造共享产业链互联网App。一方面，满足了客户方的弹性需求，确保了构件供应的稳定性；另一方面，通过产能共享机制，增加了工厂获取订单的机会，并充分利用了闲置产能。通过预制构件的共享，平台将对产业链的利益进行再次分配，力求实现整个产业链经济效益的最大化。

六、筗错网

1. 筗错网的特点

筗错建筑产业工业互联网平台（简称筗错网）是筗错科技有限公司旗下开发的产品。主要经营建筑全产业的数字化、工业化、智能化赋能服务，为企业提供整套成熟的装配式钢结构建筑一站式解决方案。它支持建筑全生命周期的数字化、信息化应用，为建筑行业不同种类的社群提供服务。平台通过创造新的组织形式在线上营造产业生态，在新的组织形式下，政府、银行、投资人、业主及建筑产业链上的设计、施工、材料、供应、工厂、运输、咨询、物业等参与方，通过数字化产品和信息化业务流程聚合在平台上，利用平台赋能实现各自的价值。

依托全装配式钢结构建筑产品部品部件体系，筗错平台的筗错工业商城板块汇集了海量的优质工厂，形成了集成钢结构建筑产品所需的工业化、标准化的全部品产品体系，通过钢结构全部品的集成式供给，实现“像造汽车一样造房子”。筗错网的创新点有以下几点。

（1）平台搭载建谊集团的装配式钢结构建筑产品技术体系。

第一级为完整的产品独立模型，它集合地基基础模型、结构模型、外围护模型、机电模型、装饰装修模型、市政园林模型6大功能模型，是平台的核心产品模型，是一整套装配式建筑解决方案。

第二级即功能模型，按照建筑的专业组成划分出不同类别的功能模型：地基基础模型、主体结构模型、外围护模型、MEP 模型、装饰装修模型、市政园林模型。

第三级为族模组，由特定施工工艺的部品部件组合而成，并在数据结构上满足施工管理的需求。它可以精确提取施工中人、材、机和可计量措施的消耗量，是平台中的最小产品单元。

最后一级为部品部件模型，是由对应真实部品厂家的标准化的产品所建造的数字化的部品模型，是平台中最小的操作单元。

(2)与钢结构建筑产品匹配的定轧 H 型钢集成式供给体系。

装配式钢结构住宅用钢柱应根据标准化户型，考虑高度、风压、地震等因素形成标准化截面，为型钢构件标准化、钢厂定轧提供依据。钢结构住宅用钢柱应尽量减小截面宽度，结构布置时使钢柱外偏，保证室内不露柱。尽可能不改变钢柱截面，保证钢柱外轮廓统一，实现连接节点标准化，减少部品部件种类。结合装配钢结构建筑产品体系，形成了适用于不同建筑高度的定轧 H 型钢工业化标准部品体系。

(3)BIM 与互联网平台技术的融合。

建筑产品由 BIM 作为载体创建并展示，但又不完全依赖 BIM 软件的数据格式。一方面，铯镨平台可以实现常用软件数据格式的无损转换。另一方面，平台构建了覆盖建筑全生命周期的数据库。建筑产品通过平台的数模分离技术应用于施工前台，实施过程中反馈的信息经过筛选再进入平台数据库。

(4)一套数据贯穿始终。

从项目设计阶段(数据生产阶段)开始，铯镨平台就通过社群资源赋予了建筑产品部品供给、施工管理信息，真正实现建筑工程全流程、全要素的“正向设计”。在项目推进过程中，通过数据的传输与比对进行实时监控、反馈和修正，最终形成满足智慧运维需求的竣工模型。

2. 铯镨网的应用

铯镨网以“共建、共享、共用”为理念、以“产业互联网＋”建筑产业全生命周期数字化产品模型体系为核心、以工业化装配式建筑为依托、以集成式供应链为商业模式、以区块链金融为保障，打通建筑从“开始”到“结束”全生命周期各环节。它以“产品”和“模型”形式，推动建筑产业实现平台化、工业化、模型化、数据化、智能化、一体化。

(1)铯镨网应用案例 1：铯镨平台在中白工业园科技成果转化合作中心项目中的应用。

铯镨平台解决了两国协同设计的障碍。设计工作由中方设计师和白俄罗斯设计师合力进行，由于两国相距较远，且语言交流存在障碍，因此在进行正向设计时，就采用平台线上协同的形式进行设计。两国设计师均使用平台功能以及平台上的设计软件进行实时协同，既实现了无障碍的语言沟通，又能及时查看模型变更，各专业无缝协作完成设计。最终实现一次设计，无须转化，标准统一与融合。通过产业互联互通，缩短建造周期，按期交付使用。该项目仅用时 3 个月就同白俄罗斯国家设计院完成设计，一次出图、不需转换，解决了困扰中白工业园推进全面建设的标准转换“老大难”问题。该项目定轧型材生产及加工用时仅一个月。主体结构原计划半年的施工周期仅用时 2 个月，为加快推进“一带一路”的明珠——中白工业园探索出一条基于平台协同的智能建造和智能制造相结合的新型数字化建设模式，刷新“一带一路”工程建设新纪录。

通过平台“建筑产品”与“平台工厂”模块的功能，我们分析优化了原方案的构件种类，节省了钢的用量，进而提高了加工效率，钢材供应周期由原先的 3 个月缩短到 1 个月，为项目的快速实施提供了保证。《“筑谱”平台在中白工业园科技成果转化合作中心项目中的应用》应用案例荣获住建部第一批智能建造新技术新产品创新服务案例。该案例作为建筑产业互联网平台创新服务案例在住建部官网公示并推广给行业借鉴。2021 年该案例被收录在案例集之中并正式出版发行，在行业内引起强烈反响并起到示范作用。

(2)筑谱网应用案例 2：筑谱平台在北京沙河高教园区住宅及配套设施三期 A 区项目中的应用。

此项目依托筑谱平台和装配钢结构建筑产品体系，成功入选住建部科技示范项目“高品质住宅示范工程”和 2023 年度北京市智能建造试点工程项目。

该工程采用从地下到地上全装配式钢结构技术，通过筑谱平台实现了 8000 吨热轧 H 型钢在装配式钢结构建筑中的集成应用，这是批量采用热轧 H 型钢的钢结构装配式住宅示范工程；同时，依托筑谱平台，该项目实现了全国首个实施全过程的全信息模型智能建造管理。

3. 筑谱的最佳实践总结

建谊集团在国内外完成了约百万平方米装配式钢结构建筑产品的实践后，提炼出定义建筑产品所需的 3 个维度要素。其中，第一维度，构建数字孪生，目的是让数字模型产品和物理实体产品之间形成等效关系；第二维度，在设计阶段代入标准化的部品部件来做设计，以此构建设计和工业制造联通的桥梁；第三维度，应用制造业的管理模式管理工程现场，旨在实现粗放的生产模式转向高质量的发展模式。

通过以上 3 个维度要素的定义，筑谱网意识到建筑业需要打造一个基于“建筑产品”的建筑产业工业互联网平台，从而将原本多元化的产业群体聚合在平台上，以使各方能利用建筑产品创新自己的商业模式及工作模式。基于此，筑谱网创建了工业互联网建筑产业平台(筑谱网)，并在 30 余年从业经验的基础上，提炼出了 14 个模块，这些模块从建筑产品、平台工厂、智慧前台、智慧运维、智能生产、金融支付、社群在线、产业研究等方面来支持建筑全产业链条的融合和重塑。在此基础上，筑谱网描绘出了建筑产业工业互联网平台产业场景，该场景围绕建筑产品全生命周期模型，不仅涵盖平台工厂、智慧前台、智慧工地、物业运维等方面，而且形成了一个集载全部要素数据的产业链闭环，实现“用数赋智”。

铯镨平台已经打通了从建设开发、建筑设计、工程施工、钢铁生产等全产业链条，其 14 个核心产品模块服务将支持和推动建筑全产业链的转型和升级。

传统的建筑业生产线较为离散，存在工作复杂、工期拖延、工程质量较差、成本较高等问题。为了解决这些问题，铯谱网构建了铯镨建筑产品“生产线”，该生产线借助建筑产品的虚拟建造，能实现工程建造服务的数据封装，进一步重塑建筑产业的协同流程，以缩短产业协同周期。同时，铯镨建筑产品库可为建设方提供标准化建筑产品，通过虚拟建造对完整的工程建造服务数据进行专业封装，从而给建设方提供高集成度、高标准、高可控的建筑产品，这样能将未知变已知，将求解变代入；此外，还通过产品标准化重塑产业协同流程，以实现风险可控、降本增效的目标，并增强市场的竞争力。

七、装建云

装配式建筑产业信息服务平台(简称“装建云”)是由住房和城乡建设部科技与产业化发展中心牵头、北京和创云筑科技有限公司提供技术支撑，联合江苏省住房和城乡建设厅住宅与房地产业促进中心等单位研发的装配式建筑产业互联网平台。装建云依托《建筑工业化发展行业管理与政策机制》《工业化建筑标准化部品库研究》等国家重点研发计划和多个省部级课题成果，利用大数据、人工智能、物联网等新一代信息技术建立了“6＋6＋6”体系(图 10－22)，即 6 大行业管理类系统、6 大产业链企业类系统和 6 大数据库，能够为装配式建筑策划、设计、生产、施工、监理、运维等全产业链提供系统解决方案。

图 10－22 装建云“6＋6＋6”体系

1. 方案要点

(1)装建云将行业管理和产业链企业应用进行了有机结合。

6大行业管理类系统包括统计信息系统、动态监测系统、质量追溯监督系统、政策模拟评估系统、培训考测系统和人力资源共享系统。

6大产业链企业类系统包括SinoBIM设计协同系统、混凝土构件生产管理系统、SinoBIM项目管理系统、钢结构建筑智能建造系统、SinoBIM装配化装修系统和一户一码社区服务系统。

(2)“一模到底”。

该模式可用于全产业链BIM的设计、生产、施工、运维等环节，实现同一模型的全过程流转，适合建筑全生命周期线上数据同步线下流程的全过程打通及交互式应用。

(3)跨区域、跨企业、跨部门的软件服务模式。

装建云便于全产业链企业间数据共享，打破企业间信息壁垒，整合各企业各环节的离散数据，融合设计、生产、施工、管理和控制等要素，通过工业化、信息化、数字化和智能化的集成建造和数据互通，辅助智能建造。

(4)可进行个性化定制。

装建云提供基于模型驱动架构的无代码开发平台，可快速高效进行个性化定制，为行业主管部门和全产业链企业提供全面软件应用服务和信息化解决方案，并可通过快速开发工具，为产业链企业研发提供满足个性化需求的生产管理和项目管理系统。

(5)装配工具有助于“正向设计”。

该工具可以引导装配式建筑的标准化，引导部品部件的系列化和通用化，便于“少规格、多组合”的正向设计。针对不同的技术体系特点，提供具有不同使用功能、不同安装条件的标准连接件BIM模型。

2.经济效益

装建云可为混凝土构件生产企业节约策划及制造时间，减少在制品滞留数量，提升多部门协同效率，减少统计人员工作量，无纸化办公降低耗材，提高制造效率，构件质量达标率达99%以上。

装建云是施工单位优化方案和设计交底等的有效工具，有助于节约人工、机械费用等。如大连绿城诚园项目通过应用装建云，节约人工成本约240万元，节约机械费用约200万元，系统方案优化节省约300万元。

3.技术创新

(1)研发具有自主产权三维造型和约束求解内核的SinoBIM协同设计系统。

该系统可采用浏览器直接建模的方式进行部品部件建模，基于装建云部品部件库进行“正向设计”，快速形成多方案建筑设计；可支持Windows、Linux、IOS、Andriod、鸿蒙等操作系统；可支持PC机、平板、手机等设备，实现多专业多主体的跨操作系统、跨终端、跨区域使用。

(2)三维模型高效轻量化引擎。

该引擎使用并行计算、mash面简化、同类组件合并、数模分离等技术，实现建筑数据在云端的互联互通，提高设计信息在建筑各环节的传输效率和信息准确率，实现从设计到建造一体化互联互通和“数字孪生”，并可兼容常用模型格式，如Revit、Tekla、Sketchup等。

(3)基于BIM的全过程应用。

在部品部件建模初期，该系统就将部品部件数据按照过程分为生产特征、装配特征、管理特征等数据，为部品部件的生产设备提供数据接口，为施工阶段的自动化装配、为运维管理提供基于三维模型的数据支撑。

(4)基于自主知识产权的无代码开发平台。

该平台可快速响应多类主体个性化需求，它具有先进的标准功能模块和个性柔性定制融合度。无代码开发平台的开发流程见图10-23。

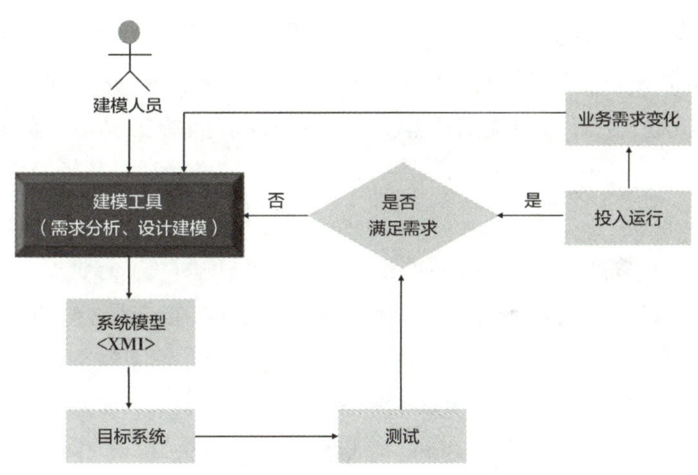

图10-23 无代码开发平台开发流程

4. 技术优势

与普通信息化平台相比，装建云针对装配式建筑，提供了行业管理和全产业链企业有机结合的产业互联网。

SinoBIM协同设计系统研发完成了具有完全自主知识产权的造型内核和三维约束求解器，解决了“卡脖子”难题。

混凝土构件生产管理系统、SinoBIM项目管理系统、装配式建筑部品部件库、钢结构智能建造系统等，经过大量企业实际应用和多轮迭代，已达到“易用、好用、管用”的效果。

5. 市场情况

截至2021年9月，装建云注册企业1405家，其中建设单位392家，生产单位377家，施工单位295家，设计单位112家，监理单位141家，分布于全国26省市；涵盖822个装配式建筑项目，4532 个单体工程，包括 14570064 条构件生产、检验、入库、运输、吊装等信息。

6. 应用价值

(1)有利于装配式建筑相关部门加强行业管理。

装建云为装配式建筑相关部门提供了针对性的高效管理工具和数据支撑，有助于装配式建筑项目和产业健康有序发展。动态监测系统在长沙、南京、南昌、天津等地持续使用；通过政策模拟评估系统对北京、深圳、南京、沈阳、济南、唐山、常州武进 7 市进行了 9 类政策的协同效应模拟评估；装建云的装配率计算、碳排放因子测算等功能，可协助各地引导投资方和设计单位。在项目策划和设计阶段，进行多方案装配率测算、碳排放概算，以通过多维度权衡和比选，来引导装配式建筑绿色低碳发展。

(2)赋能企业数字化、智能化转型升级。

装建云为装配式建筑企业提供产业互联网平台。它通过跨系统、跨企业信息互通，打破了企业间的信息壁垒，也消除了企业内的信息孤岛。如装建云 SinoBIM 协同设计系统，一方面解决了"卡脖子"问题，另一方面又可解决各阶段各企业各自建模、信息孤岛、模型信息利用率低等问题，从而引导装配式建筑项目设计模型、施工模型、运维模型可以"一模到底"。

(3)行业知识服务。

平台已构建 6 大数据库，包括部品部件库、政策库、项目库、企业库、人力资源库、资料库。部品部件库涵盖装配式混凝土结构、钢结构、木结构、装饰装修、设备管线、拆装式建筑的部品部件 BIM 模型，目前已有 11553 个参数化模型供项目和企业使用。项目库项目信息详尽，包括项目五方责任主体、单体装配率、单体工程数、建筑面积、所在位置、项目进度、部品部件使用情况、构件生产厂家等。《装配式建筑部品部件分类和编码标准》《预制混凝土构件生产企业评价标准》《装配式建筑预制构件碳排放计量》等标准要求已内置于装建云，目前已为 822 个装配式建筑项目的部品部件进行了赋码，并对 372 家混凝土构件生产企业进行了试评价。

(4)有利于加强装配式建筑行业人才培养。

装建云平台培训考测系统与人力资源共享系统可以为装配式建筑项目管理人员、产业工人提供线上学习资源，平台已编写装配式建筑系列教材，并服务学校 232 所，开展线上培训 5.2 万人，学员累计学习时长达 24 万余小时。人力资源共享系统已完成在线订单任务 1.3 万个，进行人力资源考核 2.5 万人次，系统可根据培训考测、项目信息、管理系统工作记录、论文发表等多维度信息进行人员画像。

八、土巴兔

土巴兔装修是提供集家装、设计、建材服务于一体的一站式家装平台。土巴兔依托优质家装内容所带来的流量优势，对接线上用户，从而形成良性生态。它能根据用户需求来提供多层次的服务，包括一站式整体家装服务。土巴兔的平台服务内容如下。

1. 装修保

“装修保”是土巴兔为保障业主和装修公司双方利益而推出的一项保障性产品。这款产品可为业主提供装修资金托管与质量验收服务，旨在对业主的装修资金与装修质量进行双重保障，同时也解决装修公司尾款难收的问题。

2. 设计本

“设计本”是土巴兔旗下一个专注高端室内设计服务的平台，该平台主要为用户提供高端个性化室内设计服务。设计本致力于为业主、设计师、设计公司和商家打造真实互动、共享多赢的平台。现已覆盖全国三百多个城市和地区，并拥有130多万室内设计师资源。值得一提的是，2020年11月，土巴兔向外界公布了旗下产品“装修保”将全面升级。在此次升级后，土巴兔的装修保业务将形成系统性的保障措施，内容将涵盖资金、质量、保险、检验等多个方面。

3. 图满意

“图满意”是土巴兔自主研发的一款专业高效的室内装修云设计软件，它依托3D云设计、VR、AR等技术，使用户能够在线完成户型绘制、改造，以及拖拽模型进行室内设计。此外，它还可以实现10秒完成设计方案，10秒生成高清效果图，并能一键生成VR全景漫游效果图，720度全视角呈现细腻逼真的方案预览。这款软件不仅提升了用户体验，还打通了工厂的真实商品，进而实现流量获客、设计、采购、体验、再分销的全流程生态闭环。

九、安心筑

一智科技(成都)有限公司成立于2019年7月，是一家专注于服务建筑业的互联网科技公司。公司汇聚了建筑、互联网等领域的资深专家，以解决农民工欠薪顽疾、推动构建行业健康新生态为己任，运用“建筑+互联网”理念，基于大数据、区块链、云服务、AI、物联网等现代科技，全力打造“安心筑”平台。

“安心筑”是一智科技(成都)有限公司针对建筑行业欠薪等顽疾而开发的建筑产业互联网平台，该平台以国密算法的区块链技术为核心支撑，重新定义建筑施工的用工标准和结算标准(图10-24)，旨在为监管部门、建设单位、施工企业建立大数据共享和预警机制，进而实现施工任务派发和工作量认定记录的在线化、操作班组要约报价的在线化、班组和工人管理的在线化。这一举措有利于解决拖欠农民工工资的社会民生问题，全面落实建筑工人实名制管理，并且能对工程建设的质量、安全、成本、进度进行有效管控。

图 10－24　安心筑平台系统架构

1. 方案要点

“安心筑”在客观分析建筑行业客观规律的基础上，以行业规范为基本准绳，在实名制考勤、派工、记工、结算支付、溯源机制等方面锐意创新，实现了工人每一项施工任务的全流程在线化管理。它努力做到了“过程有记录、质量可追溯、信用可评价、薪资有保障”

2. 技术创新

创新“多维度实名制管理系统”——通过“安心筑”App线上采集人员认证信息，通过智能门禁自动校验进场人员的入场权限，系统将高灵敏度智能考勤闸机、智能面板机、电子围栏、高清人脸识别摄像头等智能硬件和程序抓取的信息进行整合，同时关联考勤、派工、记工记录，多维度验证进场人员的在场信息，形成全员覆盖的实名制管理体系（图10－25），确保考勤数据真实可靠。

创新“电子派工单”——通过有价、有量、有完整交底信息的电子派工单及确认程序，逐级向班组和工人派发施工任务，自动将相关各方的责任义务记录留痕，形成基于特定施工任务的微合约，确保形成真实有效的合约关系（图10－26）。

创新“电子记工单”——通过“安心筑”App和项目管理系统，完整、准确地记录施工过程各方履职履责的数据，经各方线上确认后，形成“有价、有量、有评价”的电子记工单。随后，系统自动校验记工单数据和实名制考勤数据，据实为工人计酬，确保发薪数据有据可依（图10－27）。

创新“工资结算支付方式”——系统根据记工单按月自动生成工资单，再经工人、项目、企业三方线上确认后，总包企业委托金融机构代发薪资。接着，金融机构通过农民工工资专用账户向工人银行卡或社保卡实时、在线发薪，确保按月足额发薪（图10－28）。

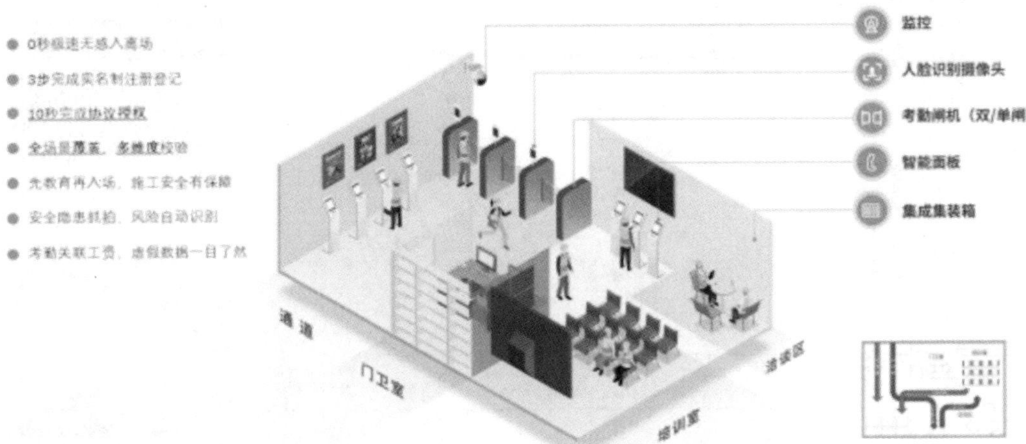

图 10－25　安心筑实名制度管理应用场景

图 10－26　安心筑电子派工单

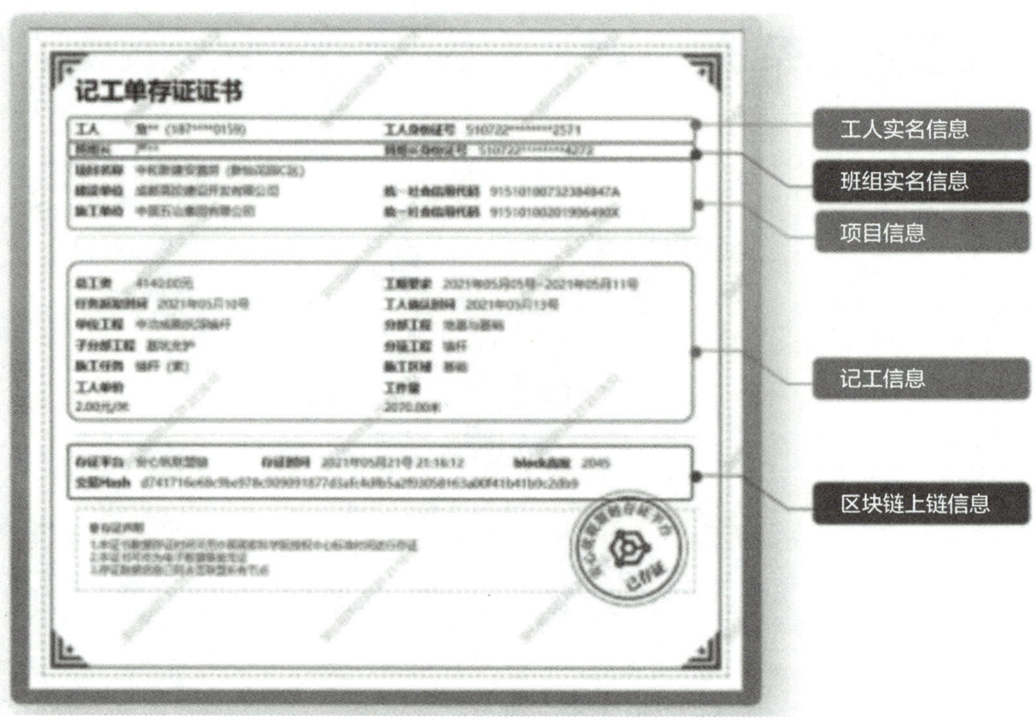

图 10－27　安心筑电子记工单

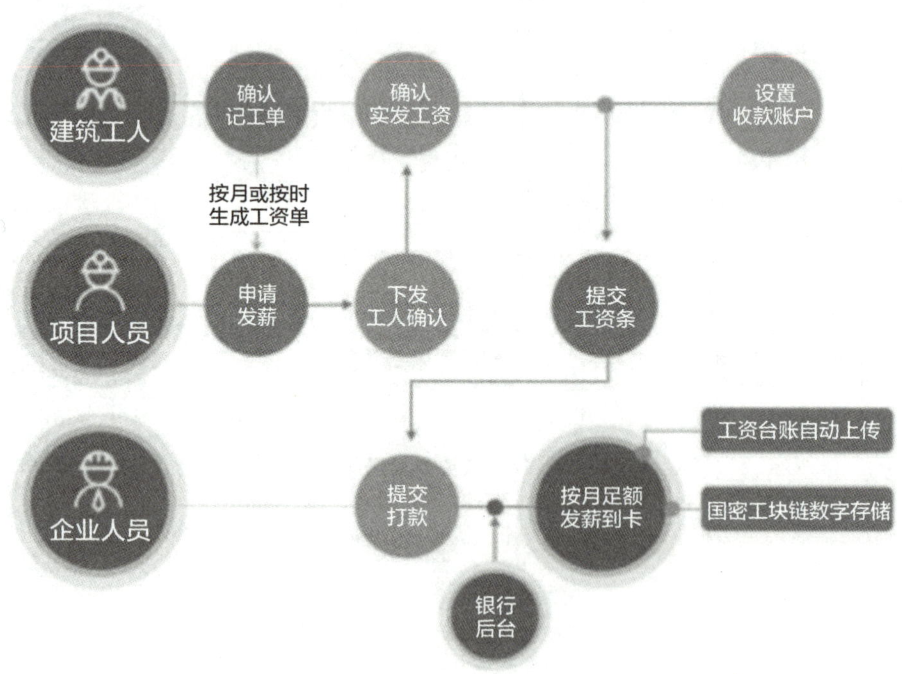

图 10－28　安心筑实时线上发薪

创新“区块链溯源体系”——与上海交通大学密码与计算机安全实验室联合自主研发国密区块链，搭建区块链联盟链平台。在确保数据安全及源头保真的前提下，将实名制考勤数据、记工单数据和发薪数据实时上链、存证，为行业监管提供精准数据服务，以期彻底解决行业监管及信用建设缺乏完整、真实数据支撑的问题，确保实现精准监管。考勤存证证书及工资发放存证证书见图 10－29、10－30

图 10－29 考勤存证证书

图 10－30 工资发放存证证书

3. 应用场景

“安心筑”平台适用于房建、装饰装修、机电安装、市政、交通、基础设施建设等建筑工程，只要施工现场具备网络条件，且安装有物联网相关智慧设备的场地，即可应用。目前，该平台已经在全国十多个省市的70余个工程建设项目中得到应用。

4. 应用成效

截至2021年9月底，麓湖生态城C20组团项目累计注册工人2594人，目前在册人数1266人；累计向班组下发施工任务单1179条，完成劳务总产值3713万元，完成工人总产值3240万元，向工人发薪1626万元，未发生一例欠薪纠纷事件。

项目建设单位通过“安心筑”能够有效监督施工进度、建设成本、工程质量，并实现工程延期预警提示，可实实在在提高项目管理效能。施工企业通过“安心筑”能够避免班组造假、虚报进场人数，进而与工人建立真实的合约关系，实现施工全流程管控和准确计量计价，从而防止包工头或班组扯皮和恶意讨薪，防止虚增工程量、增加工程成本。班组长可通过“安心筑”App对应的线上管理流程，对合约工和临时工进行线上管理，提升管理效率，使得线上派工、记工更加方便且不费时。工人们使用“安心筑”以后，每个月都能足额拿到工钱，从而确保自己和家人的生活得到保障。

5. 应用价值

“安心筑”实现了建筑用工从合约签订到结算发薪的全过程数字化管理，克服了建筑施工过程不透明、不可量化的难题，它为农民工工资实名、按月、足额发薪到卡提供了完整、准确的数据支持，使得建设单位、总包企业、监管部门能对工程建设的质量、安全、成本、进度做到有效管控，进而达成了主管部门精准监管、建设单位降本增效、班组长和工人提高收入的多方合作共赢的局面。

6. 社会效益

(1)促进农民工就业增收。

基于工人的履职记录，为工人建立数字化标签，这些标签展示了工人的技能水平、协作意识和敬业精神，从而打破了传统的“熟人介绍”模式，去除中间盘剥层，进而促进农民工的就业和增收。

(2)提高企业管理效能。

通过信息化、数字化管理手段，能够帮助企业更加灵活、高效地组织劳动力，实现人、事、账、卡统一的分账式管理，以有效避免纠纷扯皮，进而降低用工风险和用工成本。

(3)促进产业工人队伍建设。

该平台以履职记录和履职评价为基础，推动构建全行业、全主体的评价体系和诚信体系，旨在引导企业实施激励政策，给予诚信、优质的工人更丰厚的劳动报酬，以此激发工人的责任感和创造力，弘扬工匠精神和劳模精神，使建筑工人找到价值感、获得感、幸福感，并引导更多年轻人加入建筑工人队伍。

(4)提升政府治理水平。

该平台能为监管部门提供全面、真实、实时的数据支持,有助于实现可预警、可溯源的数字化监管,以助力政府精准执法,进而倒逼行业规范,遏制虚签合同、虚增成本、损企肥私、偷税漏税等违法行为,减少司法资源的浪费。

十、塔比星

塔比星信息技术(深圳)有限公司成立于2015年7月,是中国平安集团的全资子公司。公司秉承“金融+科技+生态”的理念,聚焦建筑、制造行业的生产、交易等环节,为企业提供采购管理、供应链管理、设备管理等数字化解决方案以及多样化的金融科技方案,旨在解决企业融资、经营的痛点,赋能企业数字化转型,从而帮助企业提升管理效益。

塔比星数字化采购平台运用物联网、大数据、区块链和AI技术,提供从寻源、招标、采购、履约结算到供应商管理的全流程标准化、线上化服务。在中建八局(上海)公司钢筋采购项目中,塔比星数字化采购平台通过连接中建八局(上海)公司、找钢网和第三方商贸企业的内部系统,不仅打通了各方的数字鸿沟,而且实现了在线交易和多方高效协同。同时,借助平台真实交易数据及风控能力,第三方商贸企业提供了支付前置的赊销交易服务,这样不仅帮助项目采购方降低了采购成本,还解决了供应商回款难的问题。

1.方案要点

塔比星数字化采购平台由塔比招采、塔比优选、塔比数贸、塔比数科、代运营服务五大部分组成。

(1)塔比招采。

为企业采购提供“询价—招标—合同—订单—收验货—结算—支付”全流程线上服务,该平台通过电子招标、团购、保证金管理、供应商管理等手段,旨在全面提升企业的采购管理能力,实现采购过程的阳光透明、降本增效。

(2)塔比优选。

此部分通过B2B商城,连接海量优质建材供应商和终端工程项目客户,以多端应用、场景化采购、智能化采购等方式来帮助上下游企业提升采购效率、降低成本。

(3)塔比数贸。

塔比星还为商贸企业提供数字化管理方案,这些方案涵盖客户管理、供货业务管理、交易协同等服务,并且支持赊销和预付类业务。

(4)塔比数科。

塔比数科依托平安集团综合金融资源,对接第三方持牌金融机构金融产品,使第三方持牌金融机构能够为线上交易企业提供多元化金融和保险服务。

(5)代运营服务。

该部分服务主要是为大型企业提供供应链管理咨询、前端招采门户搭建、中台数据运维管理以及后台 IT 信息处理的全方位系统服务，同时提供“全流程功能”“个性化运营”“金融级安全”三重保障，以帮助企业快速提升供应链管理能力，进而促使采购部门从传统的成本中心向利润中心转化。

2.项目创新

(1)生态创新。

平台通过将供应链上各参与方的信息流、商流、物流、资金流等进行数字化整合，有效提升产业链整体运转效率，并且能够使第三方金融机构和第三方商贸企业深入触达产业终端，进而帮助采购企业、中小供应商解决资金难题，最终形成良性的产业生态环境。

(2)产融创新。

基于区块链数据技术，平台可确保交易数据不可篡改、真实可信。依托平台的真实交易数据，我们通过在产业链中引入第三方商贸企业与供应商、采购商进行直接交易，从而将供应商回款期限的不确定性变为确定，以实现采购企业近乎“现金支付”的采购方式，进而降低供应链全链条的成本，大大提高了资金周转效率。

(3)科技创新。

平台采用微服务架构，各业务功能均已组件化、模块化，用户可进行自由选配组合，从而满足客户的个性化需求，并且实现低成本快速上线。同时，平台通过建立标准化数据协议，开放 API 接口，连接企业内部管理系统，以便破除多系统间的数据孤岛，进一步提升协同效率。

3.产品特点

(1)低成本、快速交付。

平台提供两种部署方式：一是标准化的 SaaS 服务，基于 SaaS 的多租户版本可实现两周快速交付上线。这样可以帮助企业用户省去高昂的服务器成本和烦琐的系统运维体系，使得重量级采购管理变得轻而易举。二是标准化的私有化部署，基于“云原生架构＋容器化”部署方案，可快速完成实施部署与交付上线。

(2)场景化定制。

具体而言，有三个方面的定制服务：一是企业门户定制，就是提供符合企业既有 VI 规范的采购门户网站，支持自定义域名。二是功能模块化，指的是从招标采购到财务管理，用户可按企业需求灵活配置解决方案。三是个性化功能定制，即根据企业管理制度和实际应用需求，结合标准化产品快速落地来定制化地提出解决方案。

(3)开放互联。

一方面，塔比星数字化采购平台作为第三方平台，通过开放平台，连接产业链上下游，并将集成的授权数据经过脱敏及整理分析，共享至各使用方。另一方面，塔比星将持续参与完善相关行业标准和数据标准，以便提升产业链协同效率。

（4）安全可靠。

基于平安金融云，平台具备了金融级系统安全性和稳定性。同时，平台通过自动化技术，建立了成熟的“7×24”标准运维体系。

4. 应用场景

面向产业链上各类企业，应对各种业务场景，平台依托灵活的组件化设计，可以根据企业需求，组合功能模块，提供不同的解决方案。

（1）面向采购企业的企业采购云解决方案。

该方案为建材生产企业、施工企业、建设单位提供专业、智能的供应链采购管理综合解决方案。它能满足大宗物资招标采购、区域联合采购、零星物资商城直采以及第三方代采四种采购模式，从而消除原材料及建材采购信息不对称的问题，进而实现采购企业的降本增效。

（2）面向政府、行业协会的阳光采购云解决方案。

此方案为政府、行业协会等监管单位搭建了公开透明的电子招投标平台，旨在助力行业信用体系建设，强化行业信用信息共享，以提升从业机构的风险防控能力。

（3）面向商贸企业的数字贸易云解决方案。

该方案为商贸类企业提供了可以与供应链上下游快速达成业务协同的数字化贸易方案，帮助搭建从客户准入到交易执行、风险控制的一整套线上系统，推动企业数字化转型。

（4）面向核心采购企业的链融云解决方案。

通过为核心采购企业搭建自有应付账款多级流转体系，提高资产流动性，提升交易效率。

（5）面向施工企业的基建云解决方案。

此方案为建筑施工企业提供项目全生命周期管理以及企业业务协同的数字化解决方案，旨在帮助企业实现数字化转型。

（6）面向制造企业的制造云解决方案。

具体来说，该方案是通过给中小微制造企业设备加装设备手环，采集设备运行、产能数据，并基于星云物联，最终实现设备上云。

5. 技术对比

塔比星数字化采购平台，作为第三方中立平台，具备科技、生态、专业三方面的优势。

一是科技能力方面。平台综合运用了区块链、人工智能、大数据、物联网等第五代互联网技术手段，从而搭建了信息化、智能化的产业互联网平台。该平台能提供端到端的、覆盖全产业链各环节的数字化服务，从而全面推进建筑行业供应链数字化与智能化的发展。

二是生态能力方面。平台能快速整合建筑行业在供给端、需求端、资金端及全产业链的资源，疏通行业上下游企业的沟通连接管道，全面实现“平台化”的信息流转、信用流转、资金流转与资产流转。此外，该平台还搭建了连接政府监管部门、行业协会、建设单位、施工企业、建材供应商、商贸企业、保险机构、银行、保理公司、投资基金等全产业链主体的产业互联网平台。

三是专业能力方面。塔比星融合了行业资深团队的平台搭建与产业运营能力，它拥有一支经验丰富的建筑行业专家团队。团队将行业先进的采购流程和管理模型融入平台设计，并建立了行业标准材料库，使其能够根据工程项目的不同阶段，提供简洁易用的采购清单模板。另外，公司还拥有完善的运营体系和强大的专业运营团队，可提供24小时全流程、全品类的综合产业服务。

6. 应用成效

一是通过在真实交易场景中引入第三方商贸企业，从而帮助采购企业解决采购资金需求量大、采购成本高的问题。

二是让第三方商贸企业依靠真实交易数据建立企业数字征信体系，并提供支付前置模式，以此解决供应商回款难的问题。

三是通过 OpenAPI 接口将上下游系统进行集成，实现多参与方在线协同，进而提升产业链协同效率。

7. 应用效果

从采购企业角度来看，塔比星数字化采购平台提供的产融服务，在钢筋采购单项上，帮助中建八局（上海）公司有效地降低了采购成本。从2020年7月系统上线到2021年7月，该项目在塔比星数字化采购平台累计发生了1.32亿元的钢筋采购交易，从而帮助中建八局（上海）公司降低了330万元的采购成本。与此同时，第三方商贸企业为项目提供了长达6个月的不占用银行授信和资产负债表的资金支持，大大缓解了项目的资金压力。该项目钢筋采购金额约24亿元，按同比例计算，预估可帮助项目降低6000万元的采购成本。

从供应商角度来看，平台帮助供应商实现了快速回款，盘活流动资产，扩大销售规模。通过运用技术和流程创新，平台支撑第三方商贸企业将采购支付时间前置。找钢网（供应商）通过塔比星数字化采购平台与中建八局（上海）公司开展交易以来，累计实现了1.32亿元的“T＋1”销售回款，平均缩短账期近60天。

从第三方商贸企业角度来看，通过本项目，商贸企业利用塔比星数字化采购平台提供的数字化基础设施，得以向上下游企业提供在线结算、支付前置等服务。这在服务了产业端、扩大了业务规模的同时，也取得了服务收益。

8. 应用价值

塔比星数字化采购平台采用“产品＋代运营”模式，为采购企业、供应商、政府、协会等客户提供“产品＋服务”的定制化数字解决方案。平台利用互联网技术，促进供应链上下游的在线协同；通过数字化流程创新，优化企业供应链管理效能；借助数字化征信，支撑金融服务创新，降低供应链融资成本，提升资金使用效率；同时，运用物联网和 AI 技术加速产业金融互联互通，以提升产业效能。

塔比星致力于打造一个全社会可信、技术可靠、成本相对低廉的数字交易基础设施，旨在帮助建筑产业降低数字化转型成本，缩短数字化转型周期，从而为建筑产业供应链提供最坚实的商业环境，以促进中国的数字经济新生态建设。

十一、建造云

四川华西集采电子商务有限公司成立于 2016 年 5 月，是四川华西集团的全资子公司，是一家专业从事建筑全产业供应链服务的产业互联网平台公司。“十四五”期间，公司将在华西集团新的战略部署下，主攻数字经济方向，致力于打造数字产业集团，为建筑行业的数字化转型贡献力量。“建造云”建筑数字供应链平台，以物联网、云计算、大数据等技术为支撑，深度跨界整合采供链上的用户需求，形成了集采购方、供应商、金融机构、物流方、政府部门、科研机构、监管机构、行业协会“八位一体”的“开放＋互联网”生态格局，目前已入驻建筑企业 50 家、供应商 10 万家、大型金融机构 10 家。“建造云”建筑数字供应链平台见图 10－31。

图 10－31 “建造云”建筑数字供应链平台

1. 方案要点

平台通过构建“一网三库多系统”技术架构(“一网”指建筑数字供应链网站；“三库”指供求信息库、供应商管理库和价格指数库；“多系统”指寻源系统、履约系统、库存管理系统、财务支撑系统、电子发票系统、移动协同应用系统、大数据分析系统、供应链融资服务系统等业务支撑系统),贯通建筑供应链全链条,并以平台技术为支撑,联合用户共建行业数字生态。

(1)打通建筑数字供应链全链条。

基于建筑行业业务和管理需求,整合供应链资源和流程,依托互联网、大数据、区块链等数字技术,实现“计划、招标、采购、供应、结算、支付、库存、融资”全链条业务数字化,在不赚取价差的基础上,通过服务实现当年成立、当年上线、当年盈利的目标。

(2)构建云原生“一网三库多系统”技术架构。

基于云原生开发平台,实现系统内部数据中台和微服务化,结合大数据和区块链技术,达到高可用性、弹性伸缩、不可篡改的目的。同时,结合云平台技术,实现横向扩展及容灾备份能力,建立起“一网三库多系统”技术架构,实现供应链业务的一体化操作。

(3)搭建建筑供应链数字生态。

平台以先进技术为支撑,深度、跨界整合采购方、供应商、物流仓储、金融企业、行业协会等采供链上的用户需求,实现资源共享、平台共建、互利共赢,共同构建行业数字生态。

2. 项目创新

(1)监管创新。

创新搭建“建造云+区块链”融合平台,采用领先的电子加密技术,最大限度提升信息保密能力,实现招采过程实时动态监管。

(2)科技服务创新。

平台采用微服务架构,系统灵活性高,“一网三库多系统”的架构全面支撑供应链全链条数字化。同时,打造“极上线”强适应快速部署技术等 9 大创新技术,通过技术手段有效提升供应链上下游的协同效率。

(3)管理创新。

创新“三台”组织架构,以“大中台+小前台+强后台”的方式实现人员合理配置、权责分明、层级透明、高效协同,助力平台高效运转。同时,以“技术+管理体系”赋能企业数字化转型,帮助企业提升核心竞争力。

(4)业态模式创新。

坚持市场引导,吸引采供链上下游企业主动加入,共建共享生态圈。不仅解决企业自身的采购数字化需求,更是通过生态圈的打造和资源共享,为建筑行业供应链上下游的高效协同需求探索出了可靠的解决方案。

3. 技术指标

一是“极上线”强适应快速部署技术，新用户上线时间少于1h；

二是“云高效”数据共享平台技术，兼容数据接口多于15000个；

三是“云智踪”智能交易跟踪系统，交易跟踪响应时间少于0.5s；

四是“云数眼”高精度单据光学识别技术，有效识别率大于98.8%；

五是“云投易”四方加密投标技术，对称密匙达2048条，非对称密钥达1000条。

4. 技术优势

功能上实现全链条覆盖。平台在招标采购线上化的基础上，增加订单、供应、结算、支付、库存管理等功能，实现全流程线上化管理。

性能、扩展性、安全性符合要求。一是可靠性，两地两中心部署架构，提供高可靠性；二是扩展性，全部基于微服务架构，实现动态扩容和不间断升级；三是安全性，平台应用开发完全自研，公司通过ISO27001信息安全体系认证，系统按照等保三级建设；四是区块链应用，打造建筑行业“建造云＋区块链”融合平台，实现数据安全、不可逆推。

应用上是行业级互联网产品。平台不仅解决华西集团内部供应链需求，也是较早以开放式架构面向全行业进行服务的产品。

5. 市场情况

上线以来，平台已实现交易额超1200亿，每年为采购单位提供寻源服务超13000次，为包括央企、四川省属国企、四川地市州国企、民营企业等在内的多家各类规模的企业提供数字供应链服务，已应用于四川天府国际机场T2航站楼、北京大兴机场、白鹤滩水电站、深圳基金大厦、赞比亚卢萨卡机场等海内外4500余项建设工程项目。

6. 应用成效

围绕建筑企业供应链全流程业务，平台实现了“计划、招标、采购、供应、结算、支付、库存、融资”的数字化、在线化。

(1)计划环节资源聚合转型。

在原有的方式下，分子公司信息孤立不通，存在同区域同品类单独采购的情况，导致难以形成量的集聚。应用平台后，各单位提前将采购计划上传至平台，同区域、同品类的信息会自动汇总，各企业就该类似项目实行单批次统一采购，形成量的集聚，从而降低采购成本，且能够有效提升企业对生产计划掌握的准确度，便于做出更优的资源整合决策。

(2)精准招采决策数字化转型。

在原有的方式下，分子公司信息不透明、供应资源不共享、资料查阅不便，数据的准确性和留存资料不易保证，还可能导致供需双方不协调的问题。应用平台后，订单可通过在线方式下达至供应商，供应商在线确认并安排供货，可实现物流轨迹监管，到货后在线签收。同时，采购单位的月度、季度计划也可提前通过平台告知供应商，以便供应商有针对性地进行备货。采购和供应环节通过平台数字化，可以有效提升订单效率和准确度，减少供需双方"扯皮"的情况，提升上下游的协同能力。

(3)数字供应链生态化转型。

在原有的方式下，企业供应链平台仅围绕核心企业自身服务。华西集团结合大中小型建筑企业的不同诉求，将数字供应链平台的建设经验、系统、资源、运营经验对外开放，已建成建筑供应链生态圈，形成数字供应链咨询业务、平台建设业务、招采运营业务、供应链集成业务四大业务模式。目前，平台已为包括华西集团、中核城建、核西南建、成都市政、川航置业等在内的50家企业提供服务，实现场景应用由内到外的生态化转型。

7.项目效益

一是构建生态，已有50家采购单位、10万家供应商(其中，中小企业占比92.2%)，10家大型金融机构入驻平台，向平台用户提供47万种产品及服务，年交易规模达700亿元；

二是降本增效，仅钢材一项，为采购单位降低成本超过10亿元(该数据以每个项目公开市场价格与实际采购价格的差额进行汇总计算得来)；

三是优质创收，在不赚取价差的模式下，平台共完成交易额超过1200亿元，上缴税收近1亿元；

四是技术引领，平台已获得软件著作权102项、技术专利10项，公开发表论文14篇、发布标准2项，为行业发展提供有效的技术支撑；

五是行业赋能，"建造云"平台坚持以价值释放为核心、技术赋能为主线，对传统建筑采购供应链的信息公示、招投标、交易、采购执行、物流监督、结算支付等各环节进行上线升级，进而打通全产业链和全价值链的数据通道。同时，高效整合建筑行业优质供应商、服务商资源，进一步提升产业链、供应链、价值链水平，赋能行业高质量发展。

十二、即时租赁

中铁一局集团有限公司(简称"中铁一局")是世界500强企业中国中铁股份有限公司的全资子公司，该公司成立于1950年，注册资本61.52亿元，是国家工程基建系统的主力军。公司始终坚持"百年大计，质量为本"的方针，始终坚持科技兴企战略，荣获新中国成立70周年"功勋企业"等上百项国家级荣誉。"即时租赁"工程机械在线租赁平台(以下简称"即时租赁平台")是中铁一局打造的一个面向全社会工程机械租赁行业的综合服务平台，依托"互联网+租赁"模式，为供需双方搭建起业务对接桥梁，有效解决供需对接困难、竞价机制不规范、租赁成本高等行业难题，真正实现"依法合规、公平公正、快捷方便、降低成本"的建设效应，推动社会设备资源动态整合，促进设备制造业供给侧结构性改革，为工程机械租赁行业提供全面服务支撑。"即时租赁"工程机械在线租赁平台见图 10-32。

图 10-32 "即时租赁"工程机械在线租赁平台

1. 方案要点

即时赁平台由设备租赁模块、物联网智控服务模块、广告服务模块、操作手招聘模块、二手机交易模块、工业商城模块、融资租赁服务模块、保险服务模块、大数据信息服务模块等组成。该平台通过互联网信息技术实现租赁业务线上运营，在网络上进行资源调配和信息沟通；平台采用物联网技术、大数据分析，4G/5G 技术构建一个全方位的网络信息综合服务平台，形成多功能的综合体系链。

2. 关键技术

平台采用云计算技术，将平台的用户、设备、需求、交易等数据集中起来，通过自动管理实现无人参与，用户使用时可以自动在系统中调用资源，并发能力强，满足 1000 个以上用户同时处理业务，支持 50000 个以上用户同时在线，且系统响应时间短、运行流畅（表 10-1）。

表 10-1　主要技术参数

序号	主要参数	性能指标
1	响应时间	1.5 s
2	处理时间	<1 s
3	网络传输时间	<0.5 s
4	并发量	请求数> 1000,在线数>50000
5	开发模式	敏捷模式,微服务架构
6	安全性能	DDoS 防护、防暴力破解、多次加密

采用智能推荐算法技术:需求方发布需求后,自动匹配出此区域的设备供应商,并向其精准推送需求匹配信息,实现需求快速响应、即时对接,提升平台的撮合效率。

采用大数据挖掘分析技术:自动采集、统计分析、展示区域设备种类、生产厂家、数量、使用率等分布情况及交易数据、成本降低金额等。实现数据的可视化,提供不同区域不同设备的市场租赁参考价格,掌握设备市场供需情况,帮助制造商降低生产风险,节约国家生产资源。

采用物联网技术:一是数据采集传输,自动采集设备状态、所处位置,行驶速度、油量油压、水温情况等数据。实时发送数据至管理中心,支持海量数据并发上传。二是数据管理分析,对数据进行统计分析,提供设备定位、轨迹回访、电子围栏、运动状态、工时统计、全景呈现等各类服务功能。把机械设备、现场人员与平台相连接,对人员、设备进行智能化识别、定位、跟踪、监控和管理。

3. 技术创新

工程机械租赁电子商务模式:传统的租赁方式供需双方参与门槛高、成本高、信息不对称,供需不均衡。通过电子商务方式可以实现设备在线租赁业务流程的闭环,降低了供需双方信息沟通的门槛及成本。

大数据挖掘、智能推荐算法技术在传统行业信息化中的应用:利用大数据技术、智能推荐算法技术,将历史数据与当前需求相结合,向需求方推荐合理的租赁方案,辅助需求方做出更利于项目施工、设备管理、成本管理的租赁选择。

物联网技术在传统行业的应用突破:通过物联网技术,对工程机械进行定位,对设备状态进行实时监控,可以实现设备的远程健康管理与智能维护,降低设备维修成本,提高设备的完好率。

4. 产品特点

采用一呼百应的租赁模式:需求发布后,自动进行精准匹配,向满足要求的供应商推送相关信息。供应商进行响应,高效便捷,真正达到"需求发布,即时响应"的目标。

采用真实严格的认证模式：用户均进行严格的资质审核，确保其信息的真实性，进而保障撮合过程的可靠性，维护各方权益。

采用一站式在线租赁服务模式：从需求发布到报价响应再到供应商选取，采用每个业务节点进行信息推送的方式全程跟踪，使流程闭合，让供需双方享受一步到位的便捷服务。

采用不断累积的信用评价机制：用户可对单次租赁进行服务评价，通过服务评价的不断累积，形成用户的信用评分，进一步优化设备租赁市场环境。

5. 应用场景

即时租赁平台广泛适用于铁路、公路、城市轨道交通、水利水电、码头机场、城镇化等建筑领域及工程机械设备租赁行业，覆盖国内各大施工单位及工程机械设备租赁供应商。随着功能的不断迭代和升级，平台将逐步构建起工程机械租赁行业的多功能体系链，且不受地域、环境等因素的限制。

6. 竞争优势

近年来，国内涌现出多种机械租赁平台，它们都在积极探索信息化、智能化的管理路径，为工程机械租赁市场注入了互联网的新鲜活力。然而，由于流量获取难度大、用户服务手段单一、租赁后监管困难、信息撮合流程未形成闭环等原因，部分平台发展停滞不前，或仅在小范围内应用，无法实现业务网络服务的全面覆盖。

即时租赁平台能为用户提供咨询服务、专家解决方案、技术交流、线上互动等多元化的服务功能；同时，信息撮合的各个环节均可以实现自动推送相关信息，形成完整的流程闭环；雄厚的背景资源为平台建设提供强大的技术、人力、财力、物力及用户支持，能够实现业务网络服务的全面覆盖。

7. 应用价值

(1)优化租赁环节，提升实施效率。

即时租赁平台严格审核入驻平台的供应商及其发布的设备信息，优化了传统线下设备租赁招标过程中的市场调查、招标发布、评标选定等中间环节，从而降低了劳动成本，提升了设备租赁的实施效率。

(2)增强比价竞争，降低租赁价格。

即时租赁平台结合限价和“背靠背”的报价响应模式，在扩大资源面的基础上进一步引入租赁业务的比价竞争机制，形成一个公平、公正、公开、良性竞争的租赁市场环境，有效降低了租赁价格。

(3)盘活闲置资源，提高设备利用率。

即时租赁平台面向全社会、全行业寻找市场、推广设备调配，不仅可盘活企业的闲置设备，增加企业的收益，还能节约闲置设备的场地存放、维护保养、巡守看管等费用。

(4)丰富市场资源,助力项目策划。

在项目前期策划中,若不了解市场设备动态和资源情况,则难以做到精细的设备配置计划和合理安排。即时租赁平台整合市场资源,提供质优价廉的设备和灵活的租赁方式(如月租、临租、工程量租等),可帮助项目进行更为精准的前期策划。

(5)严格把控各方,提升项目管控水平。

针对项目设备管理人员水平参差不齐的问题,即时租赁平台的专业人员会对发布的租赁信息进行审核和监控,及时指导调整、更正信息,以提高需求信息的准确性并避免错误响应对施工产生的影响。同时,公司级和项目级的管理人员可按各自权限随时查询设备租赁的详细表单并进行过程管控和风险预警。

(6)物联智能管理,实时掌控动态。

通过即时租赁平台后期即将上线的物联网智控服务模块,设备管理人员能远程监控各工程机械在各租赁周期中的运行状态和移动轨迹,快速掌握设备的使用率和安全状况,便于实现设备的精细化管理。

8. 应用效果

(1)快速智能匹配,供需即时对接。

通过即时租赁平台将设备租赁业务迁移至线上后,在需求方发布设备租赁需求信息后,平台可利用自身算法自动在众多供应商中筛选出符合需求的供应商并推送匹配成功的信息,使供需双方能够即时对接。

(2)规范租赁市场,保障合规运行。

以即时租赁平台为支撑点整合设备租赁供应商资源并建立统一的供应商认证机制,以规范设备供应来源。同时通过特定的运作模式促进公平竞争并避免一些不合规行为的发生。

(3)引入评价机制,培育优质服务。

通过建立完善的供需双方信用评价体系来直观展示双方的信用状况。这有助于增强供应商的服务意识并提升服务质量,进一步规范租赁市场中供需双方的租赁行为,使整个租赁过程更加公正透明,实现阳光租赁并提高租赁市场的运营环境。

(4)实现资源共享,达到提质增效。

即时租赁平台依靠互联网整合了大量的设备信息资源,实现了设备信息资源的共享。这不仅规范了设备租赁行为并提高了服务质量,还最大限度地发挥了设备资源的效能,从而为企业增效,为社会减负。

(5)提供专业管理服务,推动平衡发展。

即时租赁平台提供的设备购置、专业出租、专业维修和专业操作等一站式设备配置服务,可以推动社会设备资源的平衡发展并减少大批单位在设备资金上的投入。这符合国家绿色、节能、环保、共享的发展理念。

十三、中信平台

1. 平台概况

中信智能建造平台（简称中信平台）以工程金融为依托，以智能构件为核心，利用 BIM 技术、云计算、大数据、物联网、移动互联网、人工智能、区块链等前沿信息技术，通过对人员、流程、数据、技术和业务系统的有效集成，实现对工程项目从前期策划、勘察设计、采购分包、施工安装、竣工交付到后期运营的全过程、全要素、全参与方的数字化、网络化、智能化流程，从而构建项目、参建方和产业的平台生态新体系。平台通过聚合高质量的服务供应商，集成丰富的建筑信息化产品、服务及解决方案，服务于全产业链的生产活动。项目参建方基于平台开展数字化项目，实现数据互通、信息共享、业务协作和资源整合，形成网络化与规模化的多方协作。改变了建筑业的要素、参与方与生产过程割裂、孤立、分散的状态，打破企业、区域、系统边界限制，形成以项目成功为目标的利益共同体，打造高效、完整、多方共享共赢的产业生态圈，促进产业链的高效整合和建筑业的高质量发展。产业互联网平台架构图见图 10－33。

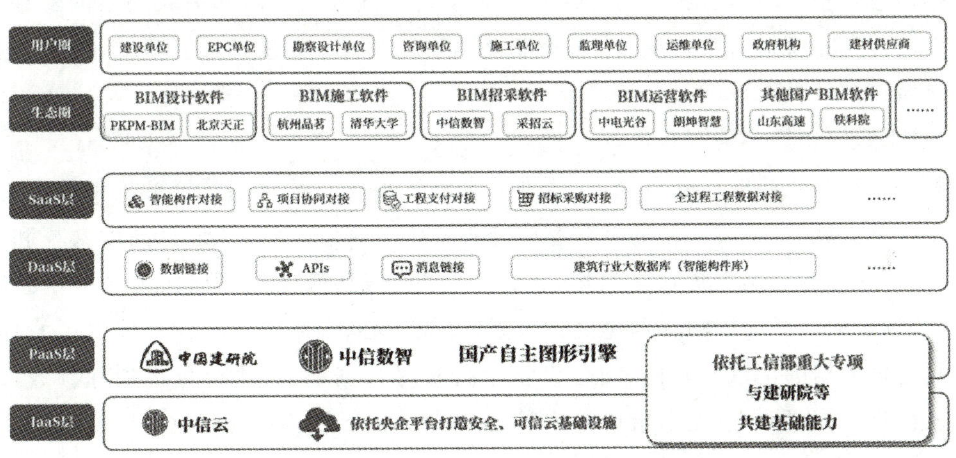

图 10－33 产业互联网平台架构图

平台致力于推动中国“智能建造”，用金融及数字技术赋能城市建造及运营，为工程各参与方输出全产业链的多元化整体解决方案。截至目前，平台已在包括神山湖商务区、清水入江、国家网络安全人才与创新基地项目、东湖实验室等项目上充分试点应用，并联合生态合作伙伴共同打造了一系列行业数字化应用的典型示范项目，为工程建设行业数字化转型发展提供了基于自主可控 BIM 技术的“中信方案”。

2. 平台亮点

（1）高效多边协同支撑项目智能建造。

基于三维可视化的 BIM 协同设计，各个专业之间协调工作，实时分享，大大减少了各专业的工作量，设计效率和质量得到了明显的提高，实现跨专业、跨领域、跨企业的协同设计。设计师通过智能构件获取与构件相关的知识（例如技术规范、定额造价、施工工艺等），能有效打破各阶段专业知识壁垒，填补设计经验的缺失，提高建筑的品质、实用性和可持续性。采购客户群及终端供应商群通过平台，实施线上招采全流程，实现供需双方端到端一站式采购，减少采购中间环节，精准匹配供需两侧，促成实时、在线交易。以项目模型为载体，利用物联网采集施工现场及设备的实时数据，关联施工过程中的进度、合同、成本、质量、安全等信息数据，智能输出可选的资源匹配计划和施工组织计划，科学配置资源，精准组织施工，实现精益建造。

（2）数字资产交付打造城市数字基础设施。

通过平台实现一个模型通用整个工程，并产生项目竣工模型，模型中沉淀了从设计、采购、施工等建设阶段的生产数据，汇集数字档案、设施设备等信息，形成数字孪生体，与工程实体同步交付给建设单位，实现实体建筑物的数字化交付。根据移交前的历史数据和信息，可提高交接效率和交接质量，为项目建造管理和延续运维提供管理经验，体现出“数字决策，看得见；过程管理，摸得着”。平台能够以三维可视化全方位展示建筑全生命周期数据信息，通过多种数据处理方式，实现对建筑基础数据及内部关联关系的管理。这些数据能与外部系统进行数据交换，对接安防、消防、医疗、交通等众多领域，为智慧城市治理提供城市数字基础设施。

（3）基于数字资产实现智慧运维。

以数字资产为核心的运维系统，将运维原本分散独立的各应用系统有机地联系起来，集成一个相互关联、完整和协调的综合监控与管理的大系统，使系统信息高度共享和合理分配，克服以往因各应用系统独立操作、各自为政的“信息孤岛”现象，实现各应用系统的互操作、快速响应与联动控制。构建设备数据、监控中心、调度终端三位一体的展示体系。基于工程建设数据的记录与分析，结合设备运行实时数据，实时比对分析指标参数，即时呈现预警信息，将预警信息发送给指定的运维人员。平台自定义联动控制机制，设备异常预警时，支持跨系统联动调节异常预警事项，确保建筑内设备及环境安全。

（4）基于真实业务，输出可信数据，实现金融供需的有效对接。

旨在打通产业供应链中的商流、物流、信息流和资金流，以建筑产业互联网平台上各类交易和服务形成的产业大数据和交易信用构成信用体系，以基于建筑产业互联网平台的在线化真实交易为场景，运用供应链融资的方式，通过供方融资（应收账款）、需方融资（订单融资）、质押融资等手段封闭资金流或者控制物权，为产业链中小企业提供供应链融资服务，成为新一代供应链金融服务重要模式的载体。图 10－34 为产业互联网平台的界面展示。

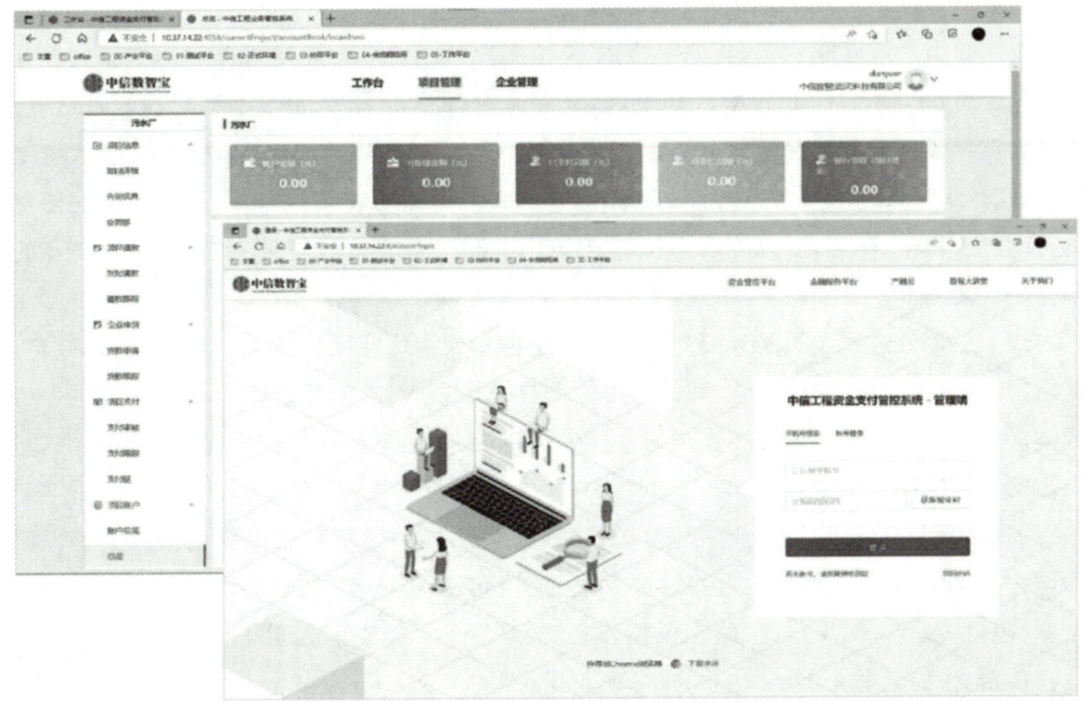

图 10 - 34　产业互联网平台界面

3. 应用效果

通过共享共建、创新共赢的开放理念，孵化嫁接项目级、企业级、行业级相关生态应用入驻平台，推进生态应用与平台技术对接，实现线上运营，打造工程建造领域的“淘宝商城”。通过一个平台、一套数据，实现项目设计、采购、施工、运维全生命周期的数字化、可视化、在线化流程，形成“数字孪生”的数字运营体系。同时，通过数字技术提供全流程基于应收账款的供应链金融服务，有效实现合作企业之间的资金管控和高效流转，从而有效控制项目建设成本、工期和质量，推动工程项目建设方式由“传统建造”向“智能建造”转型升级，提升行业的生产效率。

截至 2022 年 6 月，平台已入驻企业 1857 家，涵盖建设单位、设计单位、总承包单位、供应商、软件服务商等；对接国产 BIM 软件 60 余款；拥有智能构件数量超 10000 个；实现线上招采交易 251 项，交易总额达到 9.27 亿元；完成资金管控支付 19 笔，总计管控金额 12179.8 万元。

十四、天工平台

2020 年 8 月，重庆市住房和城乡建设委员会（以下简称“重庆市建委”）携手重庆市渝北区人民政府（以下简称“渝北区政府”）以及紫光建筑云科技（重庆）有限公司（以下简称“紫光建筑云”），在中国国际智能产业博览会（简称“智博会”）上发布了天工建筑产业互联网平台。

天工建筑产业互联网平台(以下简称“天工平台”)由重庆市建委与紫光建筑云联合开发。该平台作为建筑产业新型基础设施,采用政府深度参与和市场化驱动的方式运营。该平台汇聚各种产业数字化服务要素,涵盖企业数字化服务、产业链协同服务、价值链增值服务、建筑大数据服务、产业治理服务,通过服务要素间的连接组合,汇聚产业链的信息流、资金流、物流、商流,形成建筑产业新型协作网络,充分发挥数据要素效用,提升产业的整体生产效率。

天工平台通过云端的服务门户为建筑产业企业数字化转型提供业务协同、知识共享、智能制造、供需对接、安全监管、智慧运维六大典型场景服务,为建筑产业数字化提供平台载体。该平台可构建基于智慧建筑的产业生态圈,推动建筑产业流程乃至管理体系重塑,最终实现建筑产业转型升级。

天工平台定位于建筑产业新型基础设施,聚焦于提供建筑产业的全生命周期管理服务,致力于以产业链供给侧平台打通端到端的产业链。目标客户群体为政府、建筑产业链企业(包括房地产商、生产商、施工单位、规划设计企业、咨询企业、建材商)、生态厂商(包括科技企业、物流企业、金融企业、教育企业等)。

平台融合先进的新一代基础设施,如 AI、云计算、物联网、BI、BIM、GIS 等能力,构建技术使能平台、数据使能平台、业务使能平台,提供视频云服务、数据治理与分析等技术。以强大的技术底蕴、先进的研发人才、前沿的开发理念为支撑,一方面极大丰富与提升平台的技术实力,另一方面赋能行业信息化建设。

平台致力于通过丰富的产品与服务,构建基于智慧建筑的产业生态圈,推动建筑产业流程乃至管理体系的重塑,从而促进建筑产业的转型升级。同时,平台致力于打破原有行业壁垒、信息孤岛的现状,横向促进行业上下游的协同,纵向深化行业产业信息化发展。

平台专注于提供优质、全面、价优的产品与服务,涵盖规划设计、招投标、生产制造、施工建造、运营管理等建筑生命全周期的信息化服务。

当前行业供需对接效率低、成本高,现有的供需对接平台缺乏“建筑”基因。平台专注提供建筑行业的专业供需对接服务,帮助弥合供需鸿沟,提高行业的交易效率。

1. 天工建筑产业互联网平台建设情况(截至 2023 年 12 月)

天工建筑产业互联网平台目前已建成门户首页、平台产品、云市场、产业运营 4 个核心板块及 1 个后台运营管理板块。平台已入驻 60 余家生态企业,上架 212 款产品,包含智能设计 16 款、智能建造 14 款、智能制造 12 款、智能运维 39 款、通用应用 33 款、智慧工地 25 款、智慧楼宇 4 款、智慧小区/社区 34 款、智慧政务 12 款、企业数字化 23 款。平台累计浏览量达 1 903 万次,产品搜索量超过 20 万次,轮播图点击量达 3.7 万次,热搜点击量达 7.2 万次,菜单点击量超过 435 万次,已服务超过 170 个项目。

2. 当前板块使用及运营情况

(1)门户首页主要是对平台产品的总体能力进行介绍,用户可以快速了解天工平台的平台特性、服务范围等。

(2)平台产品分为使能平台(PaaS)和平台应用(SaaS)两大功能模块。

使能平台(PaaS)为平台提供重要的技术支撑,同时为生意伙伴提供容器化的应用开发环境。包含灵犀-建筑智联平台、数据集成平台、数据资产管理平台、数据运营平台、数据共享交换平台、数据存储计算平台、元数据管理平台、主数据管理平台、数据标准平台、时空信息服务平台、应用开发赋能平台、应用协同服务平台、云账通等工具。

平台应用(SaaS)提供天工平台自营的 SaaS 化应用,包含天工数字设计平台、天工数字建造平台、天工数字制造平台、天工智慧建设管理云平台、天工住房保障平台、天工项目全过程管理平台、天工智慧工程平台、天工智慧物业平台、天工城市信息模型基础平台、天工数字孪生可视化平台等应用。

天工平台已应用于 170 多个项目,服务北京市、上海市、重庆市、广州市等上百个城市,参与建设了北京市大兴区智慧城市、上海市崇明区数据湖(智慧城市)、重庆市住建委智慧住建、重庆市智慧城市商圈云数据中心、重庆市梁平区智慧城市指挥中心、重庆市江津区智慧园区、广东省广州市南沙车路协同、四川省成都市高新智慧城市、四川智慧简阳、天津滨海智慧城市、江西省上饶市车路协同、湖北省武汉市智联车路协同、湖南省长沙市智慧房管平台等诸多项目。

2021 年 10 月,航天中认软件测评科技(北京)有限责任公司对天工建筑产业互联网平台进行了验收测试,测试内容包括对平台的功能测试、云资源测试及云服务测试。测试结果表明,该平台共开发功能 12 501 个,并全部通过测试,测试通过率达到 100%。天工建筑产业互联网平台系统见图 10 - 35。

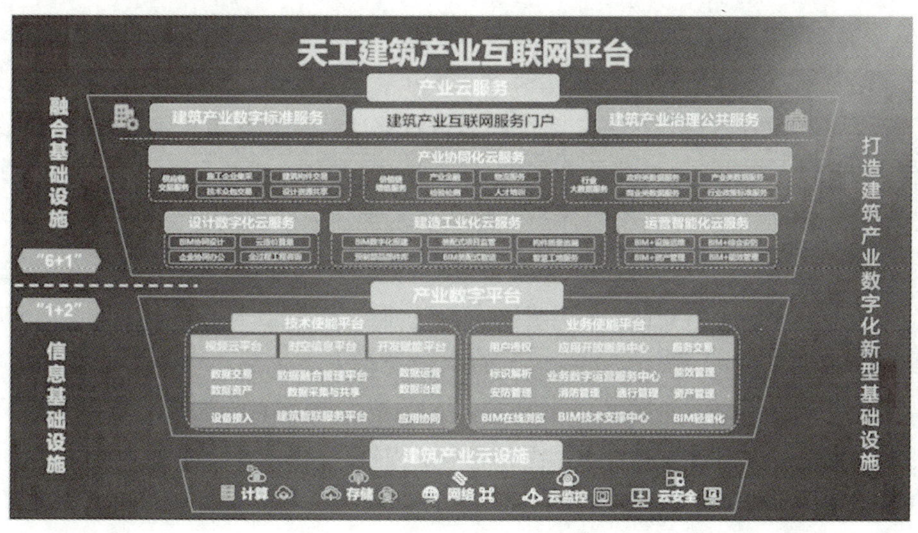

图 10 - 35 天工建筑产业互联网平台

十五、筑行家

浪潮集团，作为云计算、大数据服务商，致力于成为世界一流的新一代信息技术产业龙头企业、经济社会数字化转型的优秀服务商，以及新型基础设施建设的骨干企业。其覆盖基础设施、平台软件、数据信息和应用软件 4 个层面的整体解决方案服务能力，全面支撑政府、企业的数字化转型，并已为全球 120 多个国家和地区提供 IT 产品和服务。据高德纳(Gartner)最新数据，浪潮服务器以 10.4%的市场份额位居全球第二；在中国服务器市场，浪潮以 36.4%的占有率位居第一；浪潮存储装机容量位列中国第一、全球前三，其存储容量同比增长 39.7%，增速达到市场平均增速的 7 倍，装机容量超过 1EB。同时，浪潮在人工智能服务器、政务云市场以及大型集团管理软件市场的占有率方面均位居中国第一。2022 年，浪潮入选艾媒金榜(iiMedia Ranking)发布的《2022 年中国信创服务器企业排行榜 TOP30》，并位列《2022 中国品牌 500 强》榜单的第二百零七位；在中国先进计算企业百强榜单中，浪潮集团有限公司位列第三名。

山东浪潮爱购云链信息科技有限公司，作为浪潮集团的全资子公司，是国内领先的一体化产业升级综合服务提供商。公司定位为产业交易的服务者、基础设施的提供者以及信用体系的构建者，致力于构造围绕新一代信息技术产业的供应链生态圈。为产业链上下游合作伙伴提供“以交易服务为入口、物流服务为基础、知识服务为增值手段、数据和信息化技术应用为核心能力”的一站式综合性服务。通过实现产业信息流、商流、物流、资金流、技术流的多流融合，促进产业数字化转型，重塑产业流通领域新秩序，从而助力传统供应链实现数字化、网络化、平台化转型，促进产业链降本增效，构筑更具活力的产业生态圈。

浪潮爱购云链勇担时代使命，大力实施以“产业＋科技＋金融”为核心的发展战略，积极打造数字供应链产业生态平台(以下简称“产业互联网”)。该平台以浪潮云的“云计算”为基础，支撑企业数字化转型；以“人工智能”为引擎，加速产业智能化升级。通过推动大数据、云计算、人工智能等数字技术与产业的深度融合，为上下游企业提供交易撮合、金融、物流、技术等服务。通过搭建产业互联网平台，实现各个垂直行业产业链的重塑和改造，形成新的互联网产业生态，为实体经济高质量发展注入新的动力。

在建筑行业，浪潮爱购云链围绕建筑产业链供应链数字化场景，打造了独立业务品牌平台——筑行家。该平台搭建了一个建筑业全产业服务生态平台，一端连接建筑产业的央企、国企链主企业，另一端连接产业链上的众多配套中小企业和产业集群。中台则对接金融及其他服务合作机构，构建了一个“建筑企业＋SAAS 平台＋监管机构”的全产业链生态。通过链式上云策略，打造基建产业物资链与工程链，实现产业生态的双链驱动。该平台提供商机服务、仓配服务、产融服务、产业服务、数据服务、产业集群和数字建筑七大服务板块，致力于成为建筑从业人员必备的综合服务门户。图 10－36 为筑行家网站主页展示。

图 10－36 筑行家

1. 商机服务

筑行家整合多个央企国企平台的商机、供应商、产业集群资源，实现跨平台的商机撮合。利用大数据及人工智能技术，对商机信息进行多维度风控评分，构建平台的优质商机专区。同时，通过平台内部数据和外部数据的联合建模，构建细分品类的区域成交价格指数画像，为采供双方提供数据支撑。

2. 仓配服务

筑行家聚焦建筑行业物资配送的痛点，整合优质物流承运商，为供应链的每一环节（从出库到交付）提供在线仓储、物流一体化服务。物流板块涵盖零星物资的快递快运、同城配送以及大宗的城际物流。仓储板块则建立了一张由“直营＋加盟”构成的多级仓网体系，通过电子仓单、共享仓库形成物资循环共享的新模式，并实现货权流转的全记录。

3. 产融服务

筑行家围绕建筑产业链供应链的数字化场景，对接区域金融机构，深入挖掘供应链全流程的金融服务需求。以数字化供应链为数据底座支撑，建设以数据模型为标准的产业基础设施平台，实现泛核心企业的产业金融模式，并打造全周期的金融服务体系。通过采用隐私计算、大数据等关键技术，结合逆向溯源数据确认，与区域金融机构联合共建数据模型。提供包括筑行 E 贷、易赊宝、订单融资、货到融资等确权产品，同时还提供应收融资、保函服务、保险服务等。

4. 产业服务

筑行家面向建筑产业的特色业务场景，通过协同行业智库专家、各大院校的科研机构、行业协会及建筑龙头企业，为全产业链的企业客户提供产业知识、咨询服务。同时，整合内部和外部数据资源，针对建材细分品类的履约订单进行分析，提供建材区域成交价格指数服务。此外，通过与绿色建材认证机构、实验室的合作，为平台的优质合作伙伴提供绿色建材认证服务。

5. 数据服务

筑行家以数据价值化为导向，面向政府和企业提供数据资源化、数据资产化、数据资本化的全流程服务。打造规模化的数据采集汇聚、治理清洗、数据加工服务体系。在满足数据管理标准规范的基础上，提高数据的一致性、规范性、可控性，从而进一步提升数据价值。借助数据治理的成果，为企业提供 DCMM 贯标咨询评估服务。通过“以评促建”的方式，提升企业数据管理能力，持续完善数据管理组织、程序和制度。发挥企业数据价值，帮助企业提升数字化转型的核心驱动力，支撑企业数字资产入表和数字化转型。同时，以数据资产管理为核心，通过配套服务帮助企业完成数据治理、合规评估、数据登记、质量评价、价值评估、资产入表等业务，实现数据资产的全方位管理，支撑企业数据资产披露、交易流通和融资授信。

6. 产业集群

筑行家通过互联网＋产业集群的方式，将互联网技术与传统产业相结合。按照产业链云工厂的思维，通过与钢材、商混搅拌站、建筑铝、电缆四大产业集群的深度合作，形成具有协同效应的中小企业产业集群。筑行家面向区域的建筑业终端用户及围绕建筑业终端用户的产业链上下游相关用户，提供用户直采、平台集采、产能预订、赊销代采等多种业务模式。

7. 数字建筑

筑行家深入推进建筑行业“互联网＋”的应用，充分利用大数据、BIM、区块链、物联网、人工智能等先进技术，构建数字建筑云平台的基础设施。打造项目部平台中心、总包企业平台中心、政府监管单位平台中心以及智慧工地云应用。为行业监管机构、建设、设计、施工、监理等各方主体提供信息化工地的整体解决方案。

在企业端，从施工现场源头抓起，依托物联网和人工智能算法最大限度地收集关键业务数据。打造数字招投标、B2B 商城、智慧工地、数字造价、数字施工、数字劳务、数字教育、智能收验货等“40＋”数字化应用。实现项目、人员、设备、环境、材料、质量和安全等多维度的管理。

在政府端，从用地规划到拆除灭失的九大环节，打造智慧工地监管、质量安全监管、智慧物业、房屋安全管理等“20＋”数字化应用。实现全流程在线审批、智慧工地协同监管、质量安全数字化监管、工程档案数字化归档和信用联合奖惩等全生命周期的数字化管理。

针对工程建设项目全生命周期的数字化管理，爱购云链打造工程建设数字化平台。面向工程建设的规、建、管、用四个阶段，提升工程建设全过程数字化的应用水平。实现工程建设项目审批管理系统、建筑市场监管公共服务平台、质量安全监管平台、建筑工人实名制管理系统、房屋安全管理系统等相关系统的互联互通。推进住建行业各领域的数字化应用和发展，实现工程建设领域数字化管理模式的创新。

第十一章 企业级案例

企业级建筑互联网能够在工厂生产、现场建造等环节，通过采集与分析工程全要素信息，为企业生产过程、资源管理提供数据来源和决策依据。

一、上海宝冶集团有限公司的项目管控体系

上海宝冶集团有限公司(以下简称上海宝冶)是一家国有建筑施工企业，始建于1954年，是世界500强企业中国五矿集团和中国冶金科工集团有限公司旗下的骨干子企业。

在信息化建设方面，上海宝冶积极推动数字化转型，通过建立项目管控信息平台，实现了项目管控水平的跨越式提升，为企业数字化转型持续赋能。该平台包括项目管理平台和智慧工地平台，通过项企一体化和业财一体化建设，实现了内部横向业务互通、上下级流程互联以及系统之间的数据共享，并利用大数据进行智慧分析，实现了业务应用一体化，从而提升项目运营的管控效率。公司积极利用5G、大数据、云计算、人工智能等现代数字化技术，打造“5G+”钢结构智慧工厂，推动产业数字化和数字产业化。借助这些技术手段，上海宝冶在施工生产中实现了产业数字化，增强了企业的核心竞争力，为打造“数字中冶”“数字五矿”贡献出自己的力量。图11-1为上海宝冶的数字化转型系统集成。

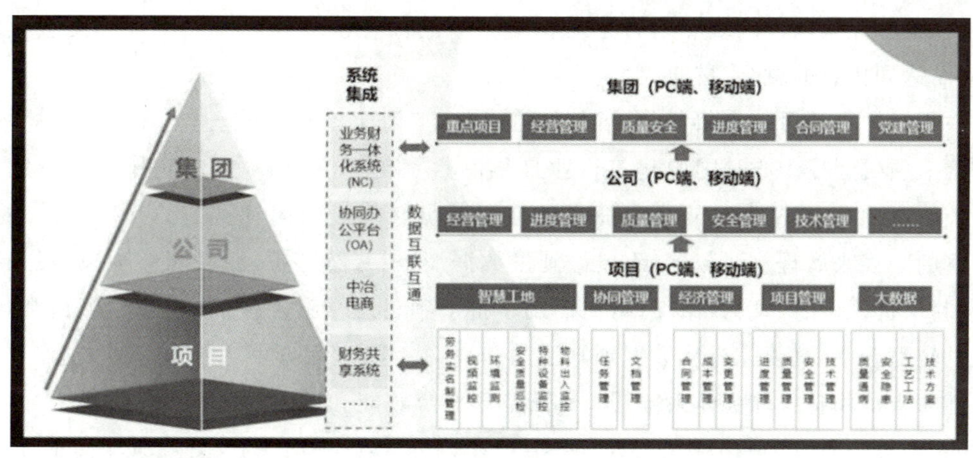

图11-1 上海宝冶的数字化转型系统集成

上海宝冶项目管控体系是公司近20年项目管理成功经验和做法的总结提炼。该体系在完善项目管理机制的基础上，创新管理流程，并创造性地运用信息技术，从质量、成本、风险、人力资源、信息管控平台建设五个维度对项目进行高效管控，以实现集约化管理。这为将上海宝冶打造成一流的、最具竞争优势的、全产业链全生命周期的工程服务商提供了坚定的保证。而作为整个项目管控体系的现实路径，项目管控信息平台的建设则是重中之重。

上海宝冶的企业信息化建设起步较早，目前已有的OA(Office Automation，OA)系统、集采系统、财务系统、智慧工地系统和BIM系统等，涵盖了企业的核心业务数据。2019年12月10日，上海宝冶与广联达公司签约，启动了项目管控信息平台的建设，并以"立足现实、着眼长远、统筹兼顾、协调发展"为建设原则，旨在打造"宝冶特色，国内领先"的"339911"一体化项目信息管控平台。整个信息平台被划分为九大模块，并建立九大分析仓，通过项企一体化和业财一体化建设，实现内部横向业务互通、上下级流程互联以及系统之间的数据打通。此外，通过企业商业智能(Business Intelligence，BI)汇集软硬件数据，以进行大数据智慧分析，从而真正实现业务应用一体化，并提升项目运营管控效率。

项企一体化模式成功地实现了企业与项目之间的业务互联和数据互通，它通过纵向打通项目部、二级单位和集团三级数据，不仅能向上汇总，还能向下追溯，从而实现三级管控。通过标准集中、数据集中、决策集中，在集团层面实现智慧决策。此外，提高企业管理层的管控能力可以实现管理集中，并在公司层面实现协同管控。同时，利用移动办公、智能硬件、BIM模型等数字化技术，可以服务作业层，提高项目层的工作效率，从而在项目层实现敏捷作业。

业财一体化模式成功地实现了业务、财务、资金、税务之间的业务互联和数据互通。它通过横向打通部门间的业务协同、流程互联、数据互通，集成数控(Numerical Control，NC)、共享、电商、OA数据源，同时汇聚智慧工地数据、生产经营数据、财务数据等，从而打破部门墙，将原本以部门级应用为主的相对独立的信息系统升级为完整统一的企业级系统，从而达到信息的融合、贯通。

在积极推进项目信息管控平台建设的同时，上海宝冶还率先建成了项目运控中心。上海宝冶项目运控中心是国内建筑行业最早的数字化运控中心之一，它作为上海宝冶项目管控的指挥和"作战"中心，可将海量的业务数据转换成面向管理的数据，同时，利用各种丰富的图表来展现这些数据，不仅做到了数据汇集、智慧分析，而且能够为决策层、管控层、项目层提供强有力的数据支撑，从而逐步推动项目运营管控模式向标准化、精细化、智慧化的转型升级，真正完成从数据到知识的转变，并实现工程项目管控的智能化。

上海宝冶将持续加强体系建设，不断提升平台效能和项目管理水平，致力于"建精品工程，树中冶形象"，为中冶集团"聚焦中冶主业，建设美好中冶"的美好愿景添砖加瓦。

二、上海建工四建集团有限公司的智慧建造与运维平台

上海建工四建集团有限公司是上海市国资委所属的国有企业，具备房屋建筑工程施工总承包特级资质。集团注册资本高达10亿元，年经营额高达400亿元。该集团成立有数字建造研究中心，下设五个专业研究室，专门负责推进企业的数字化转型工作，拥有50余名软件研发人员。目前，企业已形成包括研究中心、基层单位BIM中心、项目BIM工程师的数字化人才梯队，总人数超过200人。

智慧建造与运维平台旨在解决当前公共建筑建造与运维中存在的信息断层严重、智能化水平低下以及管理粗放等问题。通过应用BIM、物联网、大数据、人工智能和云计算技术，平台开发了公共建筑全生命周期数据集成系统，能够提供建筑智慧建造与运维的SaaS应用服务。实现了从设计、施工到运营的全过程精细化管理，推动了企业的数字化转型，为城市的精细化管理提供支持。

1. 平台架构

本平台的系统设计包含四个层次。最底层为边缘层，其上是IaaS层，即云基础设施及其连接通信层。第三层为PaaS层，该层是功能高度集中的核心层。而位于最顶层的则是SaaS概念下的应用层，其中包含了各类建筑应用App、轻量化应用以及创新的功能模块。

2. 技术特点

(1)搭建建筑大数据，形成行业知识库。

公共建筑智慧建造与运维互联网平台为众多医院建筑、商业综合体等公共建筑提供了统一的建筑全生命周期大数据存储和处理服务。通过大数据挖掘技术进行知识积累，该平台还能辅助建筑更新改造的决策、设备选型参考，甚至优化新建建筑的设计方案。

(2)推进建筑产业互联网创新服务模式。

通过将BIM技术应用于现有的公共建筑，并从运维角度出发，该平台实现了对建筑模型、空间、布局、设备和能耗的全面监测与分析。这有助于平台对新建建筑的设计、施工、机电采购安装等过程进行优化，从而形成一个高效、低耗的智慧建筑解决方案，该方案能够充分融合更多由业务驱动的市场和买方因素，实现对传统建筑行业的深度赋能，推动产业的智能化升级。

(3)助力施工企业实现智慧建造服务模式。

通过远程监控与管理施工现场的设备、材料和质量，以及基于云端大数据的质量问题分析、设备安全诊断和工程资料自动分类等管理功能，提高了管理效率。

(4)实现基于人工智能的主动式运维模式。

利用大数据和人工智能技术，平台实现了设备故障预测、用能异常诊断以及报修工单自动定位与维修知识推送等功能。这将传统的“发现问题、处理问题”被动应急管理模式

转变为主动管理模式。同时，该平台还支持工程总承包企业、设备维保单位通过远程监控、分析、预测对已交付的建筑和设备进行维保，从而减少突发事故和现场维保工作，能够降低交付后的维保成本。

3. 技术创新

(1)研发了 BIM 模型质量自动审查方法。

包括模型与图纸一致性审查、基于 MR 的模型与现场一致性审查，以及模型合规性和模型元素关联关系计算等方法。这些方法确保了设计模型与图纸、竣工交付模型与建筑实体的一致性，以及模型信息的完整性，从而为基于 BIM 的数字建造和智慧运维提供了坚实的数据基础。

(2)研发了建筑 AI 算法，支撑主动式运维。

该算法基于不同类型建筑的设备故障监测数据、维修维保数据以及服务满意度评价数据构建而成，能够对设备供应商和维保供应商进行智能评价。这为建设单位和运营单位在选择设备及服务厂商时提供了决策依据，从而形成了运维数据驱动前期决策的新模式。

(3)研发了建筑节能管理方法，助力“双碳”目标。

该方法基于不同类型建筑的能耗分项计量数据构建而成，能够对各类型建筑进行能耗评价和异常用能挖掘。通过建立智慧能源管理模式和关键回路的用能基准评估算法，该方法有效地辅助了节能管理并为建设单位在选择用能技术方案时提供了决策依据。这种双管齐下的方式形成了基于大数据的节能管理模式。

4. 市场应用

该平台适用于医院、图书馆、商业办公楼等大型复杂公共建筑，尤其适用于工程网络基础设施较好、建筑智能化系统水平较高的场景。目前，该平台已在上海建工四建集团有限公司承建的医院、图书馆、音乐厅、商业综合体等多个工程项目中得到了广泛应用(表11－1)。

表 11－1　应用平台的部分工程项目

序号	项目名称	项目类型	应用阶段	应用功能
1	上海交通大学附属医学院	医院建筑	运维	运维总览、空间管理、机电设备管理、能耗管理、资产管理
2	新华医院	医院建筑	施工运维	施工：项目首页、模型管理、进度管理、质量管理、安全管理、工程资料 运维：接管验收、运维总览、空间管理、运行管理、维修、管理、机电设备管理、能耗管理、资产管理、安防管理
3	上海图书馆东馆	文化场馆	施工运维	项目首页、模型管理、进度管理、工厂管理、质量管理、安全管理、工程资料

续表

序号	项目名称	项目类型	应用阶段	应用功能
4	中共一大会议纪念馆	文化场馆	施工	项目首页、模型管理、进度管理、工厂管理、智慧工地、质量管理、安全管理、工程资料
5	金地集团嘉定北菊园项目	装配式住宅	施工	项目首页、模型管理、进度管理、工厂管理、智慧工地、质量管理、安全管理、工程资料

5.经济效益

借助本平台，公共建筑设备和施工机械设备能够实现主动式、精细化的运维管理，从而减少突发故障和报修数量，并降低设备运维费用。同时，平台解决了传统建筑行业管理散乱、耗时耗力的问题，通过基于 BIM 的建筑全生命周期精细化管理，有效降低了建筑建造的设计和施工成本。此外，平台还对建造和运维能耗进行大数据分析，诊断异常用能点，辅助建筑节能管控和绿色施工，进一步降低了公共建筑的运行成本。最终，实现了公共建筑的远程数字化建造和运维管理，利用运维大数据优化设计和施工过程，提升建造企业对建筑产品的质保服务水平，并降低了施工单位后期的质保成本。

6.社会效益

从运维角度出发，推动已有建筑信息化应用的互联互通，并反哺在建建筑的精细化设计与施工信息化应用，深度挖掘以 BIM 为代表的建筑信息技术在建筑全生命周期的价值。

通过构建基于 BIM 的建筑全生命周期精细化管理应用，不仅实现了既有建筑的 BIM 模型化，还进一步促进了公共建筑运维的精细化管理。

同时，积极构建建筑全生命周期的大数据平台，以形成行业级的建筑知识库。这将为整个行业提供基于 BIM 的三维可视化建造和运维培训资源，从而提升行业整体的技术水平。

值得一提的是，上海建工四建集团有限公司主编的《医院运维建筑信息模型应用标准》为整个行业提供了开放共享的运维 BIM 标准、设备运维特征模型和用能特征模型，为公共建筑的用能异常诊断和设备故障预测提供了有力支持，推动了主动式运维的转型升级。

智慧建造与运维平台的目标是保障公共建筑的施工安全和平稳运营，减少突发事故的发生，降低公共安全风险，为城市的数字化转型贡献力量。

三、中建科技集团有限公司智慧建造平台

中建科技集团有限公司(以下简称中建科技)于 2015 年 4 月成立，注册资本为 20 亿元，由中国建筑股份有限公司全资持股并直接管理，是世界 500 强企业中国建筑集团有限公司的“技术、投资和产业平台”。公司深度聚焦智慧建造、绿色建筑及未来城市发展，专

注于建筑科技的创新与实践，旨在推动建筑产业生产方式的变革，加快新型建筑的工业化进程，并推进建筑产业现代化，始终在行业中发挥引领作用。公司已主持了4项国家“十三五”重点研发计划，联合主持了1项国家自然科学基金重大专项，并承担了30余项省部级课题，是国家级的装配式建筑产业基地。

中建科技秉承一体化管理理念，针对EPC工程项目管理的痛点，以BIM标准化正向设计为基石，融合大数据、人工智能、数字孪生及云计算等技术，成功研发了中建科技智慧建造平台。该平台旨在通过信息化手段推动装配式建筑在建造、管理及生产模式上的变革，进而通过整合产业链资源，构建一个涵盖设计、招标采购、生产加工、施工装配及运营维护等全产业链融合的智能建造产业体系。此举有助于推进基于一体化数据源的全要素、全生命周期的数据建设，实现多方参与、协同联动的一体化管理。

1. 技术要点

中建科技智慧建造平台涵盖数字设计、云筑网购、智能工厂、智慧工地、幸福空间五大模块（图11－2），与REMPC（Research Engineering Manufacturing Procurement Construction）全过程管理中的设计、采购、生产、施工和运维环节相对应。该平台实现了建筑全生命周期线上数据与线下流程的全过程打通及交互式应用，从而打破了建造模式中条块分割的信息化壁垒，整合了传统产业中各板块间的离散数据，并融合了设计、生产、施工、管理和控制等要素。通过工业化、信息化、数字化和智慧化的集成建造与数据互通，该平台为智能建造提供了有力支持。中建科技智慧建造平台体系架构见图11－3。

图11－2　中建科技智慧建造平台

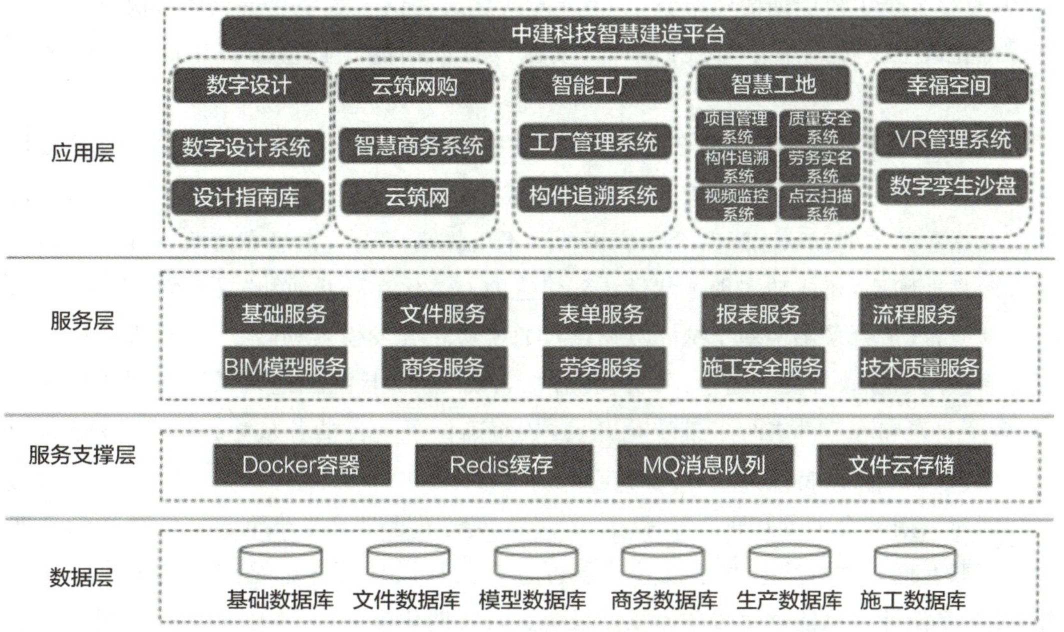

图 11－3 中建科技智慧建造平台体系架构

中建科技智慧建造平台将建筑工业化视作一个系统工程，从全局出发，围绕三个一体化集成建造的需求，系统性地集成了 BIM、互联网、物联网、大数据、人工智能、虚拟现实等技术。同时，该平台强调建筑设计工业化、标准化思维，并推行以标准化设计为主导的设计、采购、生产、施工、运维工程总承包管理模式。借助“全员、全过程、全专业”的三全 BIM 应用，该平台形成了数字化设计成果，并以此为数据载体，纵向打通了设计、采购、生产、施工、运维各阶段，使得设计数据能够直接指导项目招标采购、工厂生产、现场施工和建筑运维。此外，利用构件全生命周期追溯系统，该平台通过将建造数据即时写入 BIM 模型，实现了跨阶段的交互式数据赋能应用，并在云端建立了以实际建造数据为基础的数字孪生建筑，从而实现了虚拟数字建造与现实建筑建造的虚实结合，最终形成了建筑数字孪生数据资产。

2. 关键技术

中建科技智慧建造平台通过对装配式建筑“设计、生产、运输、装配、运维”等环节的信息进行采集、汇总和分析，成功解决了装配式建筑在建造全过程中无法进行有效的协同设计、生产过程管控和质量监督评价等关键技术难点。此外，该平台还系统整合贯通了建筑设计、采购、生产、施工、使用的全过程，成为“BIM＋互联网＋物联网”技术在装配式建筑领域的集成应用典范。

3. 产品特点

以工业化建筑系统集成设计理论为基础，该平台突破了传统建筑信息模型碎片化的瓶颈，整合了全生命周期的建筑数据，为装配式建筑提供了数字建造整体解决方案。平台将标准化数字设计成果作为数据基础，使得设计数据能够直接指导建筑建造的全生命周期。

该平台研发了具有自主知识产权的轻量化引擎，并创新了能够无损提取设计数据的数模分离技术，从而解决了传统 BIM 数据生成及共享交互过程中的软件瓶颈问题，实现了建筑数据在云端的互联互通和全面应用。这不仅提高了设计信息在建筑各环节的传输效率和信息准确率，还成功实现了从设计到建造的一体化互联互通和“数字孪生”。

此外，该平台采用了基于统一数据接口的模块化开发模式，确保了多软件环境和不同操作系统间的强兼容性。通过系统工程方法，该平台将装配式建筑从设计到建造的全过程、各个要素和环节都进行了模块化开发，从而确保了平台的开放性、迭代开发性和功能拓展性，便于平台的持续升级和广泛应用。

通过采用融合工业互联网技术，该平台还实现了数字孪生模型与智能建造设备间数据的互联互通。这意味着数字设计成果可以直接从设计师的电脑传输到工厂的智能装备，使数字设计信息能够直接驱动工厂设备进行智能化生产。

4. 应用场景

中建科技智慧建造平台广泛适用于建筑全生命周期的各个环节阶段。目前，它主要应用于装配式建筑领域的公共建筑、学校、住宅、厂房等各种类型的工程项目中，随着平台的不断迭代和功能的升级，它有望逐步扩展为建筑行业普遍适用的智慧建造平台，且受地域、规模、环境、资源、能源等因素的影响较小。

5. 技术优势

一是全面覆盖设计、采购、生产、施工和运维等全产业链的各个环节，能够满足全产业链管理的全方位需求。

二是从装配式建筑工程总承包的实际需求出发，基于 BIM 轻量化和互联网技术，实现了设计、加工、施工、采购、交付等全过程的智慧建造管理。

三是该平台在处理 BIM 模型技术数据与管理数据时，采用了前后端系统的模数分离方式。前端专门处理 BIM 模型技术数据，聚焦于装配式建筑的核心业务流程，而后端系统则负责处理管理数据。这种分离处理方式有效避免了技术数据与管理数据混杂导致的数据链不清晰、管理功能不实用等问题。

6. 产品成效

目前我国建筑业的生产模式仍然采用传统建筑行业的设计、采购、施工三段割裂的运作模式。智能建造在发展的过程中，还存在诸多问题：一是建筑、结构、机电设备及装饰装修等各专业体系之间缺乏协同；二是条块分割的建造模式造成了产业链中的信息化壁垒；三是在传统的施工总承包模式下，产业链碎片化割裂严重，使得生产关系无法适应产业健康发展的需要，同时，也未能实现技术、管理、市场的有效整合。

中建科技创新研发的智慧建造平台，全面配合装配式建筑在研发、设计、采购、生产、施工和运维等各环节的应用点和标准流程。该平台从前期策划、组织架构、应用流程、人员配置、网络和软硬件配置、技术标准等方面，形成了装配式建筑标准化应用方案，从而彻底破除了“碎片化元素”与“系统性产业”之间的矛盾，为智能建造的发展提供了有效的解决思路。

7. 应用效果

通过智慧建造平台的应用，长圳公共住房项目累计节约了 6891 万元。其中，由人员减少带来的直接收益约为 192 万元，无纸化办公节约资源约 60 万元，软件费用节约约 50 万元；节约的会议成本约为 50 万元，节约的变更成本约为 1489 万元；工期提前 62 天，节约 5050 万元。

中建科技智慧建造平台已在中建科技集团有限公司的 117 个装配式建筑项目中得到全面应用。4 年时间里，该平台覆盖了全国 9 个装配式建筑预制构件生产厂，全过程追溯了 39 万个装配式建筑预制构件，使得预制构件厂的效率提高了 3 倍，并实现了 98%的构件品控优质率。同时，该平台还覆盖了 117 个装配式建筑项目，对 1400 万平方米的建筑面积进行了数字化高精度监测，涉及的项目合同额达到 29 亿元。这不仅节约了 30%的招投标时间和 25%的管理人员，还减少了 8%～10%的施工工期。总计为企业提高了 15%的经济效益，提升了 20%的利润，并支持超过 50%的线下业务流程转为线上流转操作，从而大幅提高了 EPC(Engineering，Procurement，and Construction，EPC)工程的管理效率。

8. 应用价值

中建科技智慧建造平台通过打破建造模式产业链中条块分割的信息化壁垒，整合了传统产业中各板块间的离散数据，并融合了设计、生产、施工、管理和控制等要素。该平台通过工业化、信息化、数字化和智慧化的集成建造以及数据互通，为装配式建筑项目的全生命周期管理决策提供了有力的辅助，这解决了建筑企业项目各阶段信息不畅、效率较低、资源浪费等问题。经过综合测算，该平台可以为项目带来五个方面的经济效益：一是减少管理人员；二是提升工效；三是节约工期；四是节约资源；五是节约软件费用。预期产生的经济效益可根据项目规模划分为四个等级，具体可产生的经济效益测算见表 11－2。

表 11－2 经济效益测算

工程项目类型划分	减少的管理人员/人	提升的工效/万元	节约的工期/天	节约的资源/万元	节约的软件费用/万元	总计/万元
合同额＜2 亿元	5	200	30	10	20	500
2 亿元≤合同额＜5 亿元	5	200	40	10	20	550

续表

工程项目类型划分	减少的管理人员/人	提升的工效/万元	节约的工期/天	节约的资源/万元	节约的软件费用/万元	总计/万元
5 亿元≤合同额<10 亿元	6	300	50	20	30	816
合同额≥10 亿元	8	400	60	30	50	1464

四、比姆泰客装配式建筑智能建造平台

浙江精工钢结构集团有限公司创立于 1999 年，是一家集国际、国内大型钢结构建筑设计、研发、销售、制造、施工于一体的大型上市集团公司。该公司是住房和城乡建设部首批试点的房屋建筑工程（钢结构）施工总承包一级资质企业，曾荣获“国家科学技术进步奖”5 项、“中国土木工程詹天佑奖”13 项、“中国建筑工程鲁班奖”28 项以及“中国建筑工程钢结构金奖”145 项。

为了改变传统的粗放式钢结构建筑项目管理模式，并减少现场进度追溯效率低、钢构件发货配套性差的问题，浙江精工钢结构集团利用云计算、BIM 技术、物联网和二维码技术等，研发了比姆泰客装配式建筑智能建造平台。该平台旨在进行钢结构建筑项目的全生命周期管理。通过二维码技术，该平台将物联网与 BIM 模型相关联。每当构件进入特定阶段（如成品入库、成品出厂、进场验收、安装完成）时，构件的状态会实时反映到 BIM 模型中，从而实现与工程进度的互动，确保项目相关方能够实时掌握工程进度。此外，该平台还实现了现场可视化要货、工厂精准配套排产、配套发货、项目进度实时监测与共享、进度环节实时智能预警以及自动生成对比分析报表等功能。这些功能有利于提高工作效率、减少资源浪费、控制工程施工周期以及辅助管理决策等。

1. 技术要点

比姆泰客装配式建筑智能建造平台是基于 BIM 技术，并结合二维码、物联网、云计算、大数据、5G 和智能算法等技术进行自主创新研发的。该平台实现了装配式建筑项目的 BIM 参数化设计、工厂信息化管理、系统智能化预警管理、项目信息化管理以及全生命周期运维管理。项目全生命周期数字化技术应用实例见图 11－4。

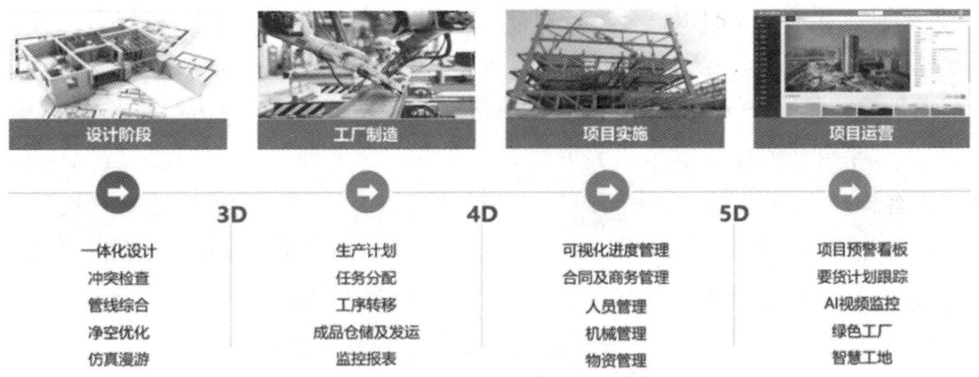

图 11-4 项目全生命周期数字化技术应用

平台的总体架构设计采用了 SaaS-PaaS-IaaS 搭建模式，并基于微服务-网关架构进行构建。通过融合 Docker 技术和 WebApi 技术，采用分布式部署方式，该平台能够通过 Internet 提供服务。平台统一部署在自身的服务器上，并负责软件的全权管理和维护。客户可以根据自己的实际需求，通过互联网订购应用软件服务。平台的系统架构情况见图 11-5。

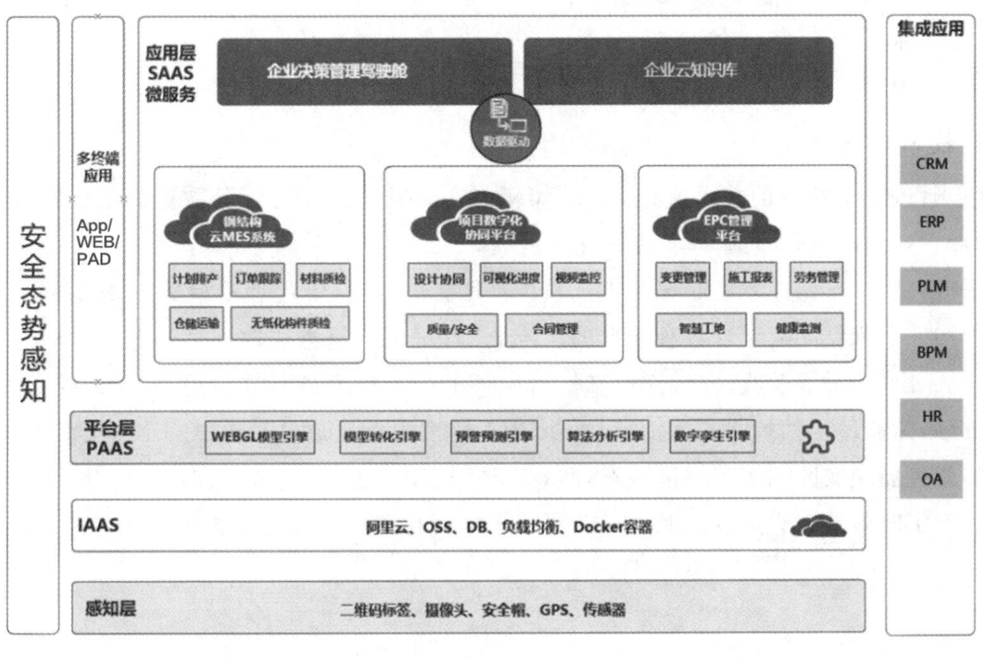

图 11-5 系统架构图

比姆泰客装配式建筑智能建造平台主要以装配式建筑为核心，同时涵盖了施工总承包项目、金属屋面等多专业的项目管理。依托5G、物联网、云计算、BIM技术、人工智能等技术，该平台从建筑设计、生产、运输、施工到运维，为客户提供数字化、系统化、智能化的全生命周期信息化管理方案，从而帮助客户创造更大的价值，并实现传统建筑业的“互联网+”转型。该平台能够保证项目相关方能及时掌握工程进度，并实现现场可视化要货、工厂精准配套排产、配套发货、进度实时检测、实时预警以及安全质量问题闭环反馈等功能。这不仅确保了项目相关方能够实时掌握工程进度，还提高了工作效率、减少了资源浪费，并有效地控制了施工周期。图11－6为系统平台示意图。

图11－6　系统平台示意图

2.技术创新

(1)通过一套特定的技术流程，打通BIM软件和企业ERP、SAP数据的集成交互，实现实时动态BIM模型浏览——“可视化进度管理”。

平台利用二维码技术将物联网与BIM模型关联，并利用管理平台完成数据的交互。每个钢构件上都粘贴有包含各种信息的二维码“身份证”，每当构件到达特定阶段(如成品入库、成品出厂、进场验收、安装完成)时，对应环节的授权人员通过使用PDA或手机扫描该二维码，能够使构件的状态实时反映到BIM模型中。通过这种方式，BIM模型能够以不同的颜色展现实际的工程进度状态，实现BIM模型与工程进度的实时互动，从而确保项目相关方实时掌握工程进度。图11－7展示了可视化进度管理的具体实例。

图 11-7 可视化进度管理

(2)提出钢结构发货和配套的检测预警方法,对钢构件发货及其配套性进行实时智能反馈与预警处理。

基于 BIM 模型生成配套预警包及要货计划,通过数据映射、数据采集、数据处理和预警系统,实现对钢构件发货及配套性的实时智能反馈与预警。相比传统的工厂发货管理模式,此技术不仅实现了钢构件的信息化管理,还提高了信息的反馈速度,从而带来了间接的经济效益。智能化预警管理系统见图 11-8。

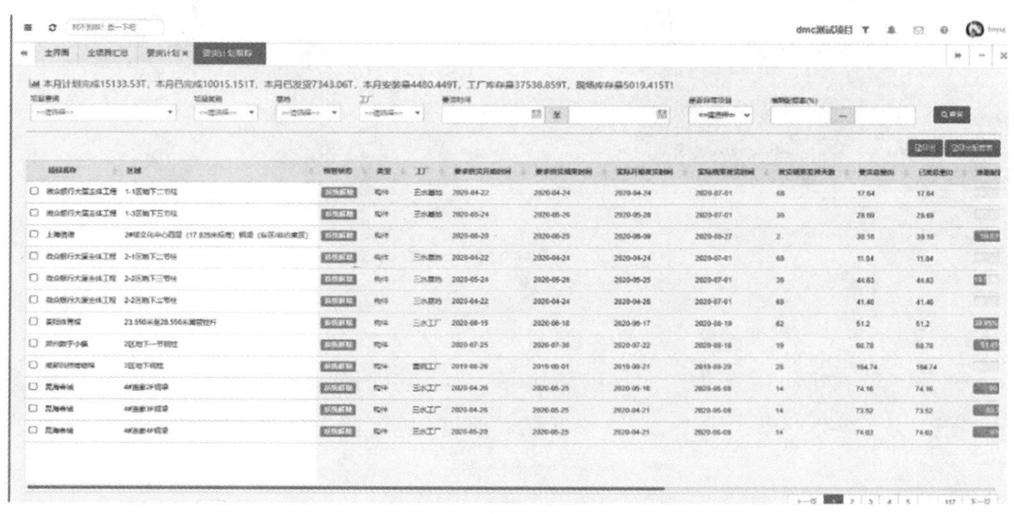

图 11-8 智能化预警管理系统

(3)提出一种基于BIM模型的可视化智能库存预警管理系统。

此系统基于BIM要货模型自动分析材料清单与库存,通过动态安全预警机制和原材料采购周期大数据,能够实时评估材料采购周期及钢构件供货风险等级并发出预警,进而优化库存与采购,最终达到高效智能的生产库存平衡。此外,系统还能将堆场等信息赋予BIM模型,使模型构件色彩自动与堆场预设色彩匹配,方便用户根据几何特性、安装位置及配套性判定构件的最佳堆放位置,这样不仅便于构件的查找及管理,还能对构件堆放进行实时统计,通过智能分析触发构件堆放位置错误预警和堆场荷载安全预警。

(4)研发激光三维扫描测量与数字预拼装技术。

该技术通过融合逆向成形、虚拟现实、激光三维扫描、计算机编程和BIM技术,成功地将先进的高端工业制造技术引入传统建筑行业。同时,该技术拥有的自主研发算法插件,能够促进各行业技术的融合,从而改变钢结构行业的传统检测模式。利用精度高达0.085 mm的工业级激光三维扫描仪(图11-9),可以对实际加工构件进行实景扫描复制及逆向建模,并通过对扫描模型的测量实现构件测量。此外,根据特定算法及拟合方案,能够在虚拟环境下仿真模拟实际预拼装过程。再通过扫描模型与理论模型的拟合对比分析,实现结构单元整体的数字预拼装,这样就可以提前将超偏构件返厂维修,从而保障现场施工的有序进行。不仅通过成套技术的研发应用解决了传统实体预拼装存在的施工工期长、施工资源消耗量大和施工安全风险高等问题,还通过技术创新实现了建筑工程的节能环保,提高了测量的精度和预拼装的效率,从而降低了成本,缩短了预拼装工期。

图11-9　激光三维扫描示意图

3. 市场应用

该平台已经成功应用于北京大兴国际机场、亚洲基础设施投资银行、港珠澳大桥香港旅检大楼以及卡塔尔世界杯体育场等多个重要项目,显著提升了项目管理效率,取得了良好的经济效益。

4. 应用成效

平台为客户提供了涵盖从建筑设计、生产、运输、施工到运维的全生命周期的数字化、系统化、智能化的解决方案，从而确保了工程消耗有依据、预警有监测、管理有规范。这有利于推动建筑业企业的转型升级，且取得了较好的应用成效。具体来说，一是构件发货配套率超过95%，有效避免了因构件发货不配套造成的施工现场人机待料的资源浪费；二是解决了传统管理模式“计划上墙”的弊端，使得项目沟通的时间成本降低了55%以上；三是部分工作环节实现了无纸化绿色办公，从而节约了10%以上的办公费用；四是通过减少人工统计工作，降低了出错风险，使成本预算中的人员工作量降低了60%，从而大幅度提高了企业项目管理的效率。

五、明源云

明源云是一家专门为中国房地产开发商以及房地产产业链的其他参与者提供企业级ERP解决方案和SaaS产品的公司。该公司成立于2003年，总部位于深圳，是国内领先的地产生态链数字化服务商。明源云秉承“专业制胜、产品领先”的战略和“让用户成功”的经营理念，已经累计为全国超过6000家房地产企业提供了智能商业解决方案和管理系统。

明源云的业务主要分为ERP解决方案和SaaS产品两大板块。ERP产品致力于简化及优化房地产开发商的内部管理流程，涵盖销售、营销、采购、成本管理、项目管理、预算以及房地产资产管理等方面。SaaS产品主要用于协助房地产开发商与客户、供应商之间的协同，包括云客、云链、云采购和云空间等产品，这些产品能帮助客户优化采购、建造、营销、销售、房地产资产管理等运营方式。明源云数字经营产品矩阵见图11-10。

图11-10 明源云数字经营产品矩阵

云客是明源云的旗舰产品，它为房地产开发商提供了全面的销售、营销以及客户关系管理功能。借助多渠道数字营销工具、智慧售楼处及案场管理、物业销售流程端到端协助等方式，云客赋能房地产开发商，以更加透明、高效及简便易用的方式获取销售线索，并有效辨别及接洽潜在的购房者。

此外，明源云还通过其云采购产品打造了中国房地产行业领先的采购招投标平台，该平台连接了房地产开发商、建筑材料供货商及其他服务提供商，旨在降低交易成本并提高材料采购流程的效率和透明度。

六、智建云

智建云是一家专注于建筑工程领域移动互联网应用的高新技术企业。自 2011 年成立以来，该公司凭借对行业发展趋势的深刻理解和前瞻性思维，致力于在建筑工程现场实现移动互联网的重要价值。经过多年的努力和积累，智建云已经在细分市场中与大型上市公司(如用友和明源云等)并驾齐驱，成为行业内的佼佼者。图 11 - 11 为智建云的发展历程。

使命
善用科技赋能建设
提升中国人居品质

专注数智化工程管理产品，引领工程管理数智化升级；
为客户带来提质、增效、降本的价值，促进行业进步。

2011-2013	2014-2015	2016-2017	2018	2019-2020	2021-2022
定制开发	单场景	多场景	平台化	配置化	生态化
单场景应用 移动验房 样板点评 现场检查	SaaS1.0 移动验房 工程检查 工程巡检	SaaS2.0 工序管理、实测实量 进度管理、图纸文档 安全检查、业主报事	PaaS1.0 融合APP1.0 开放平台1.0 管理驾驶舱	PaaS2.0 应用引擎、流程引擎 智建BI、报表引擎 集成引擎、……	数智化工程管理体系 软件+咨询+服务 集成物联监测生态伙伴 监理、施工产品组合

图 11 - 11　智建云发展历程

1. 产品介绍

智建云的产品线主要围绕数智化建造和交付管控平台展开，包括工程管理、交付管理和移动验房三大核心产品(图 11 - 12)。这些产品专注于工程现场，以移动优先为设计理念，注重用户体验，旨在打造出经验丰富的老师傅也能轻松使用的应用程序。

(1)工程管理。

该产品提供了全面的工程现场管理解决方案，从而帮助施工单位提升工程质量和工作效率。

(2)交付管理。

该产品专注于提高交付环节的质量和效率，确保项目能够按时交付。

(3)移动验房。

该产品是一款移动应用，第三方独立验房师可以使用该产品在检查房屋时的记录问题，并为业主出具验房报告。

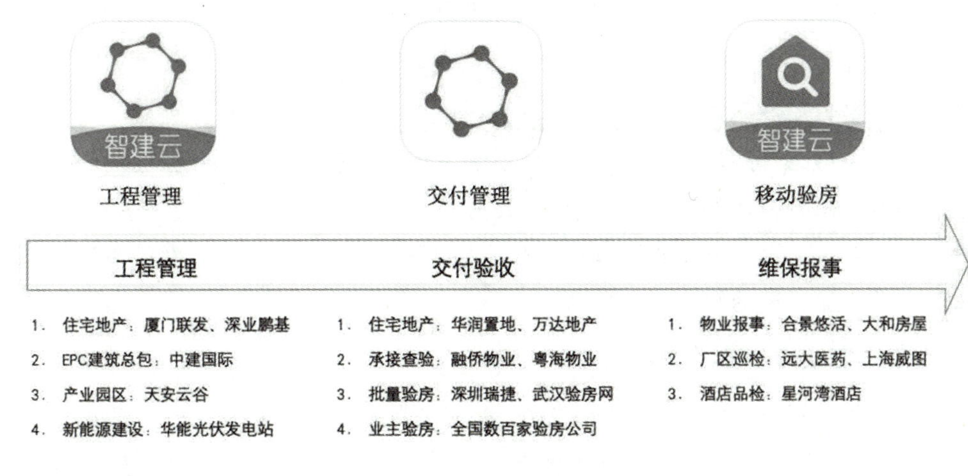

图 11－12 智建云产品介绍

2. 服务介绍

智建云深知客户的需求不仅限于产品，更需要有针对具体问题的有效解决方案。因此，该公司从成立之初就开始提供深入的咨询服务，旨在帮助客户解决实际问题。智建云的服务不追求华而不实的噱头，而是专注于实际生产力的提升，通过与客户的深度合作共同探讨战略对齐和价值定位。智建云的具体服务内容见图 11－13。

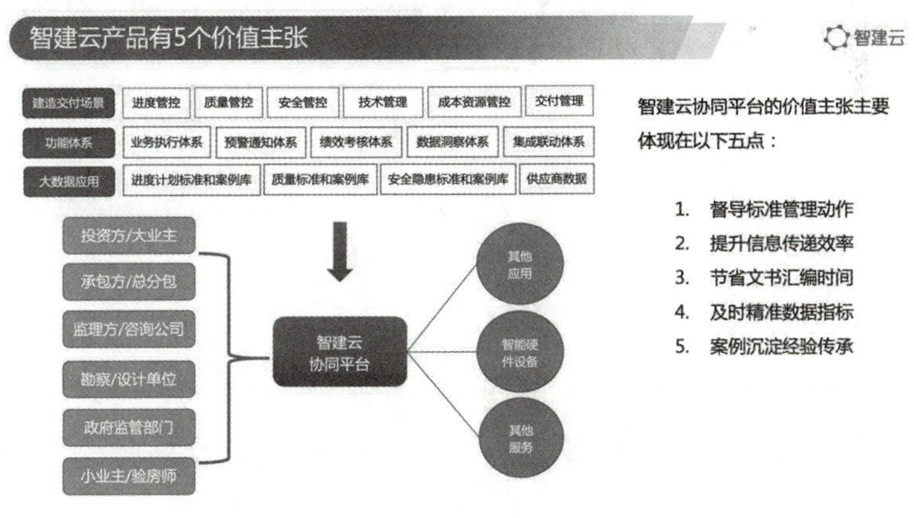

图 11－13 智建云服务介绍

3. “五系两库”体系

为了帮助客户实现数智化转型，智建云构建了“五系两库”的服务体系。其中，五大系统涵盖了工程管理、质量控制、进度跟踪、成本监控和风险管理等关键领域。两大数据库提供了丰富的行业数据和案例，以支持客户的决策和优化。

4. 第三方合作

智建云的服务和产品在地产交付、物业工程服务、建造过程中的工程质量管理与进度管理、防渗漏专项方案等多个领域都取得了显著成效，与龙湖集团、华润（集团）有限公司、中梁控股集团等知名企业都有合作，形成了良好的口碑。

智建云还与多家第三方工程咨询服务公司（如深圳瑞捷、武汉验房网等）携手合作，共同为客户提供更加完整的解决问题的方案。

5. 新建住宅质量指数报告

智建云的移动验房 App 是中国第三方独立验房师使用最多的平台，基于此，智建云生成了《新建住宅质量指数报告》。该报告以第三方验房机构在新建住宅交付阶段进行现场查验时采集的数据为基础，按照评分算法进行分值计算，最终得出新建住宅质量指数得分。报告采用百分制，指数分值高低与质量好坏呈正相关关系。

智建云将新建住宅质量分为五个等级，并提供了详细的质量特征分析。公司还联合业界专家与多家验房机构，依据国家标准、行业标准以及多个地方标准，汇编形成了“业主验房标准 1.0”的住宅查验标准体系。该体系包含 20 大类 152 个子类的检查对象，汇集常见的质量缺陷 1571 项，覆盖了 95%以上的住宅检测内容。

智建云大数据平台采纳了业界标准的评分算法，以问题的类别、数量、严重程度和评分规则为依据，计算每户住宅的指数得分，通过多套住宅的分数汇总，得出项目（楼盘）、城市和全国的指数得分。

第十二章 项目级案例

一、广联达“BIM＋”智慧工地

广联达“BIM＋”智慧工地方案运用了物联网、BIM、大数据、AI 等核心技术，并将这些技术进行了集成应用。该方案内置了建筑管理规范和数据分析模型，构建了一个集数据驱动和软硬结合的智慧工地。它能够全面感知工地状况，实现高效协同，并为科学决策提供依据，旨在为建筑企业提供生产提效、质安可控、成本节约的一体化解决方案。广联达“BIM＋”智慧工地总体解决方案见图 12－1。

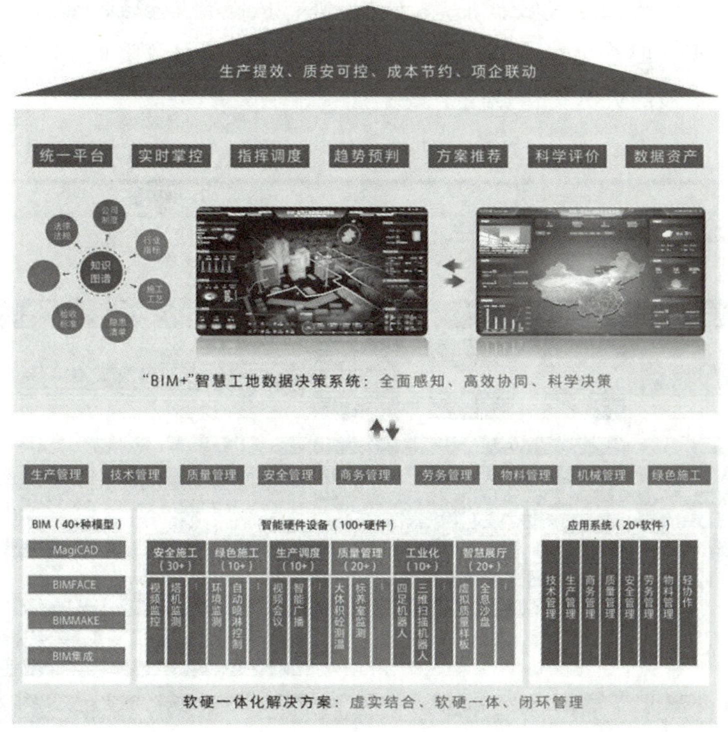

图 12－1　广联达“BIM＋”智慧工地总体解决方案

围绕不同的项目量级，广联达“BIM＋”智慧工地形成了领航版、旗舰版、标准版和基础版等多种解决方案（图 12－2）。

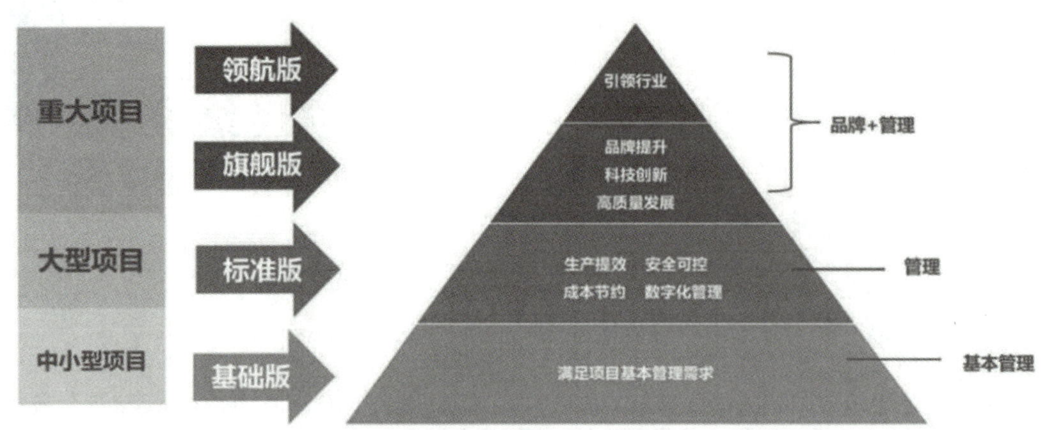

图 12－2　四大解决方案

广联达“BIM＋”智慧工地通过运用物联网、BIM、大数据、AI 等核心技术，集成项目的软、硬件系统。这样，可以通过数据汇总、分析，进行风险智能识别并发出预警，为项目管理层构建一个数据实时汇总、生产过程全面掌握、项目风险有效降低的“项目大脑”。广联达“BIM＋”智慧工地的方案架构见图 12－3。

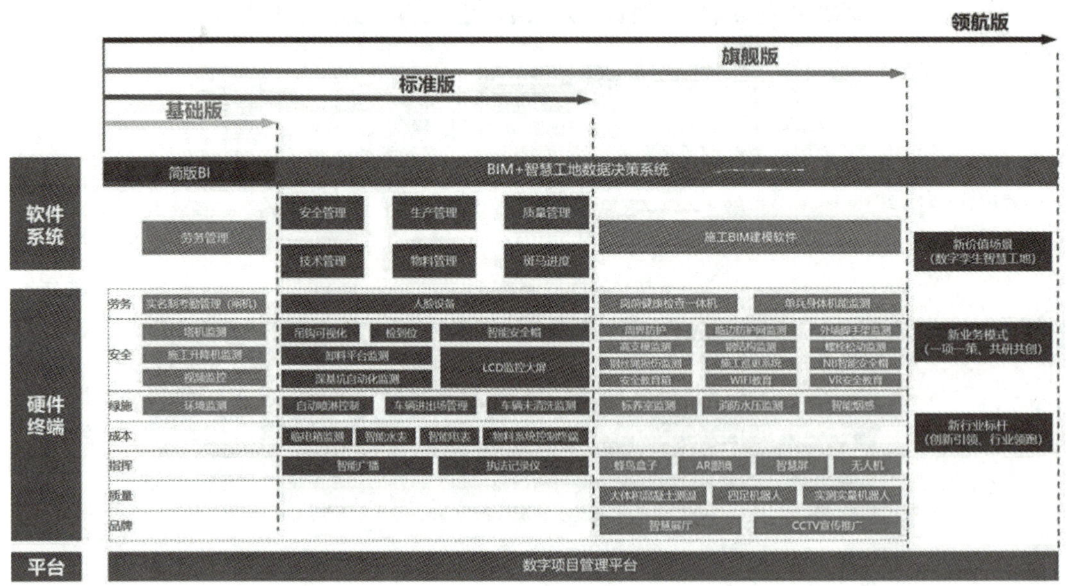

图 12－3　方案架构

二、鲁班工程管理数字平台

鲁班工程管理数字平台以用户权限与应用端的形式实现对项目 BIM 模型数据的创建、修改、应用与分享，从而满足企业内各岗位人员的需求，并能最大限度地提高管理效率。该平台以 BIM 三维模型及数据为载体，关联施工建造过程中的资料、图纸、进度、质量、安全、技术和成本等信息，形成工程项目的数字化管理解决方案，旨在为项目提供数据支撑，实现有效决策和精细管理。平台涵盖客户端、Web 端、移动端指挥中心大屏。

鲁班工程管理数字平台的功能具有如下特点。

1. 项目管理

平台通过提供项目启动、计划编制、资源调度和风险管理等全方位的支持，帮助用户进行项目进度、成本、质量等的实时监控，并支持多人协作。

2. 进度跟踪

平台通过建立进度计划、实时更新进度状态、及时反馈进度信息，来实现对工程进度的全过程监控与管理。

3. 质量管控

平台提供全面的质量体系，该体系包括建立项目质量计划、制定质量控制标准、检查验收、问题追踪等流程，从而确保工程质量达到规定的要求。

4. 安全管理

平台提供全面的安全管理功能，具体包括安全计划编制、安全培训、安全检查和事故处理等方面，旨在保障工人在施工场所的安全与健康。

5. 资料归档

平台通过提供云端存储服务，支持资料的在线上传、下载、查看和编辑等操作，进而实现全方位的资料管理。

6. 移动办公

平台可在手机、平板等移动设备上使用，用户能够通过该平台随时随地进行项目进展查看、工作报告提交、审批流程处理等操作，使工作方式更加灵活和方便。

7. 供应链管理

平台提供了材料管理、采购管理和合同管理等功能，旨在方便管理供应商和优化采购流程。

8. 设备管理

平台具有设备台账、维修保养和报废处理等功能，以帮助企业实现设备管理信息化。

9. 财务管理

平台的成本核算、预算管理和费用审批等功能，能够方便企业进行财务管理和分析。

10. 移动端支持

该平台支持手机 App 和平板电脑使用，便于工地现场实时更新数据和管理。

11. 自定义配置

用户可根据不同行业和项目的具体需求在平台上进行自定义配置，能够满足用户的特定需求。

12. 数据分析

该平台提供实时数据分析和报告，以便管理者能够更好地了解项目进展和各项指标。

鲁班工程管理数字平台致力于推动建筑行业信息化和智能化，旨在降低企业的管理成本，提高工程的效率和质量，是建筑企业数字化转型的重要工具。鲁班工程管理数字平台的特点见图 12－4。

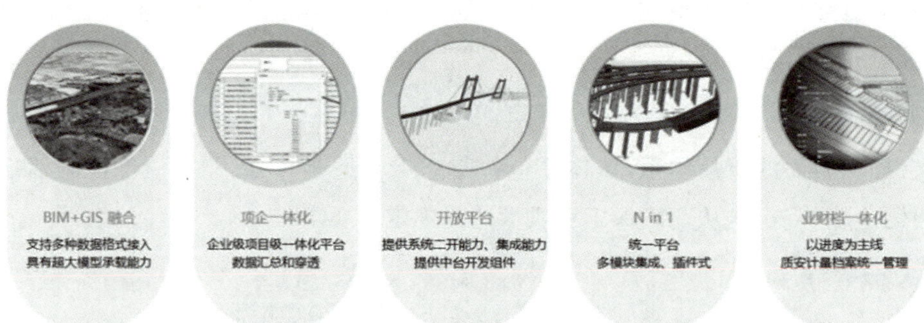

图 12－4　鲁班工程管理数字平台特点

此外，鲁班软件还推出了鲁班工场，鲁班工场是一个基于 BIM 的企业级项目协同管理平台，它综合考虑了施工企业项目信息化管理的需求特性，并能够在用户实践反馈的基础上不断进行优化。

鲁班工程管理数字平台借助其全面的功能，能够为建筑工程管理者提供智能、高效的数字化管理工具，帮助他们更好地掌控工程进度、质量和成本，从而提高工程管理的效率和质量。

三、品茗智能建造数字化平台

品茗科技有限公司以科技赋能建筑行业为使命，深耕工程建设信息化领域，为用户提供数字建造技术和相关产品。其业务涵盖数字造价、施工软件、BIM 软件、智慧工地、数智企业、数字监管、数字教育和人工智能等方面，用户群已实现了从政府级、企业级到项目级、岗位级的全覆盖。

品茗智能建造数字化平台 BIM 全业务协同方案如图 12－5 所示。该方案旨在通过提供协作、数据集成、智能分析和决策支持等功能，帮助用户提高项目管理效率、优化资源利用、降低风险，并推动建筑行业的数字化转型和创新性发展。

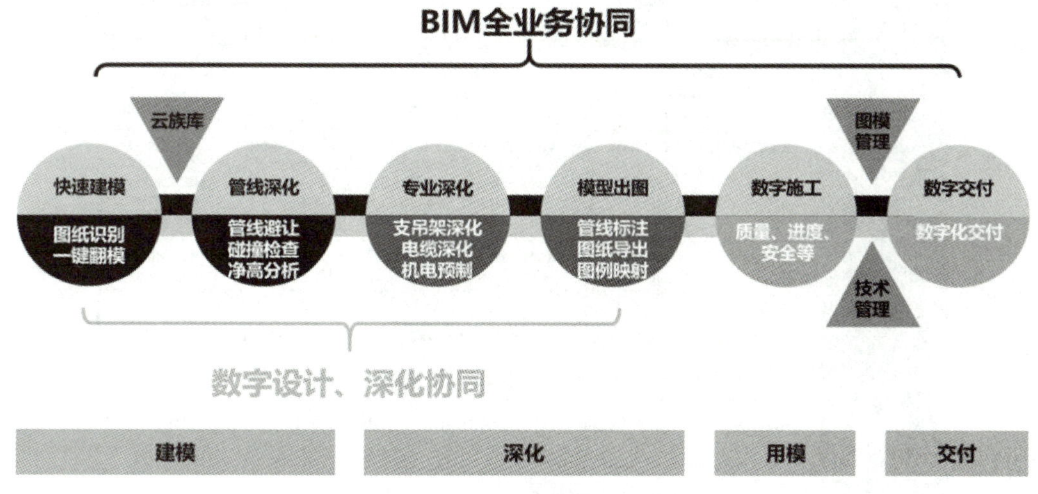

图 12-5 BIM 全业务协同方案

四、乐筑建筑产业互联网平台

江苏乐筑网络科技有限公司(以下简称乐筑科技)成立于 2015 年，是一家立足于解决建筑业数字化转型的综合服务企业。公司为建设工程施工企业提供全周期数字化管理服务，并开发了“乐筑”建筑产业互联网平台。目前，该平台已为中国建筑集团有限公司、中冶天工集团有限公司、中国中铁股份有限公司、润企集团、华天建设集团有限公司等企业提供了服务。该平台以建筑产业全生命周期数字化解决方案为核心，包括供应链管理和智慧工地管理两大模块，有利于实现物料的数字化采购和施工现场的智能化管理。它为建筑业企业提供了集供应链金融、采购、运输、施工管理和售后于一体的产业链上下游整体解决方案，从而提升了企业管理运营的效率。

1. 技术要点

“乐筑”建筑产业互联网平台由智能设备、乐筑云计算、数据存储、数字化应用和终端展示五个层级构成。智能设备层涵盖智能安全帽、智能车载仪、智能充电柜机、无人机、智能摄像头、塔机监控、扬尘监测和升降机监控等乐筑全系列智能物联产品。通过乐筑云计算(包含音视频编解码、AI 图像分析、大数据分析、智能匹配算法等)技术，实现企业平台、乐筑平台和政府平台三方独立存储或联动数据存储。数字化应用层包含数字采购、智慧工地和安全监管平台三大应用功能，旨在打造政企融合的数据监管平台，进而为建筑产业数字化转型和发展提供解决思路。乐筑 App 产品的五层体系架构见图 12-6。

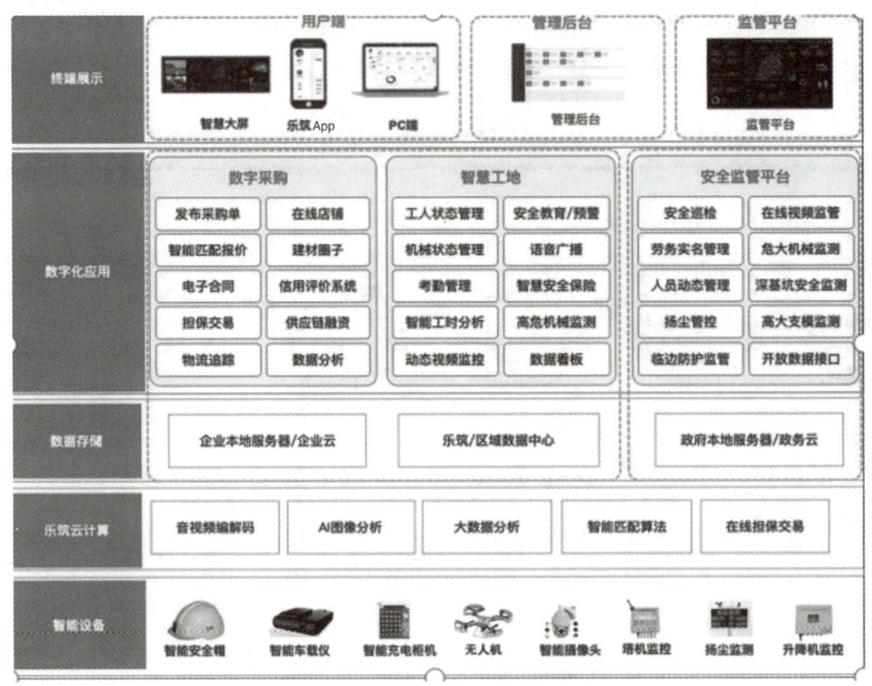

图 12-6　乐筑 App 产品架构图

数字采购模块包括以下内容。

(1)数字采购流程。

此流程将材料采购询价、比价、选商、签订合同、收货等采购环节由传统的线下方式转变为线上云平台的数据同步统筹。在符合材料采购生态的同时，该流程还优化原有采购供应链，实现材料发布标准化、供需双方智能配对高效化、电子合同无纸化、采购全过程留痕可视、在线协同办公等功能，确保所有材料源头可追溯、数据可留存。乐筑建筑产业互联网平台的采购流程见图 12-7。

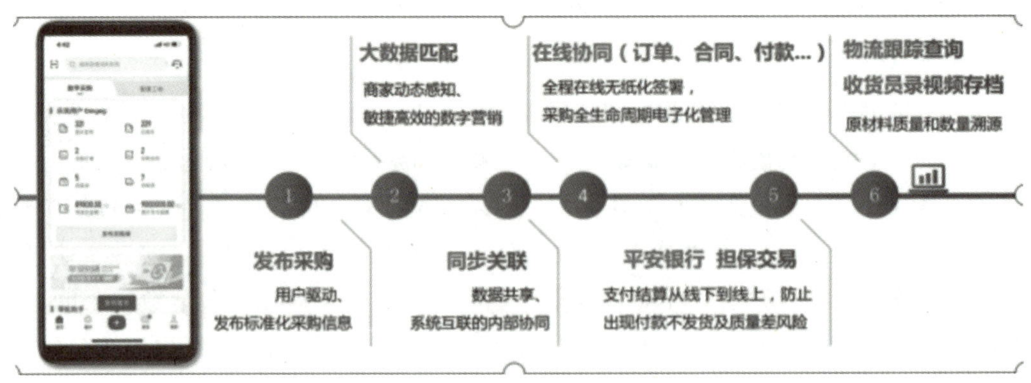

图 12-7　乐筑采购流程图

(2)线上担保交易。

通过银行担保交易,该平台充分确保用户采购过程中的资金安全,为用户提供“专业平台+金融机构”的双重安全保障(图 12-8)。

图 12-8

(3)供应链金融。

此服务基于采购数据,并依托核心企业为其上游供应商提供授信,旨在降低融资成本,加速资金流动。供应链金融业务的具体流程见图 12-9。

(4)智慧工地模块。

该模块以建设工程项目现场管理为中心,通过自主研发的“守护者”穿戴系统、“鹰眼”机载系统、无人机巡检系统等智能物联网前端设备,构建了一个全方位智能监控防护体系。它通过一个中心、两个管理维度(政府监管+企业管理)、四级监控体系(省、市、县、企业项目),打造“6+X”业务场景模块,全面集成工程项目信息管理、安全预警、劳务人员动态、扬尘监测、项目巡检、危大工程监管和高处防护预警等功能信息,进而实现监管一张网,不仅为施工项目管理提供便捷服务,而且也为政府部门的安全决策提供信息支撑。智慧工地智能物联设备布局图见图 12-10。平台智慧工地的部署方案见图 12-11。

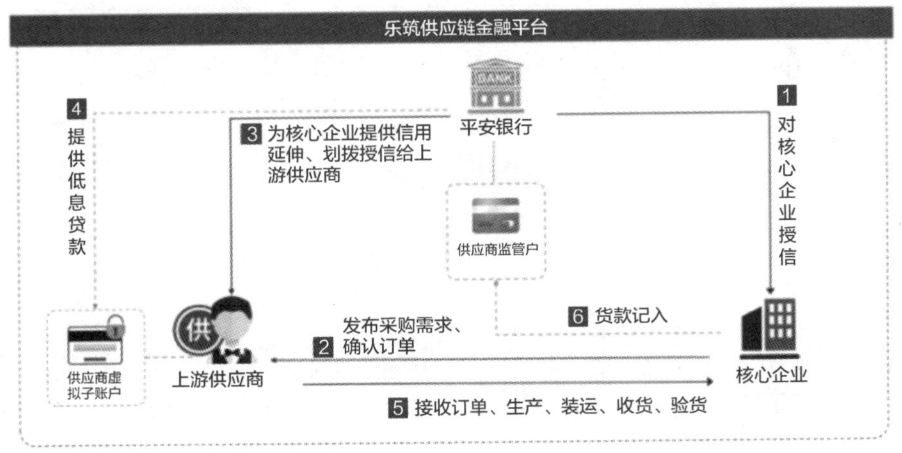

图 12-9 供应链金融业务流程

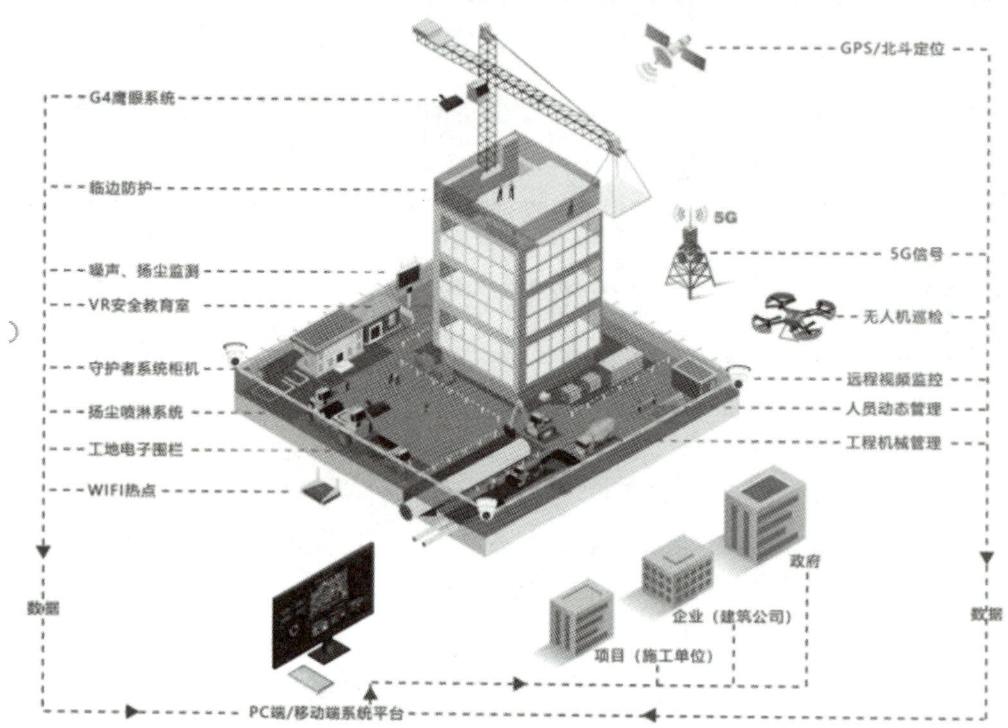

图 12－10　智慧工地智能物联设备布局图

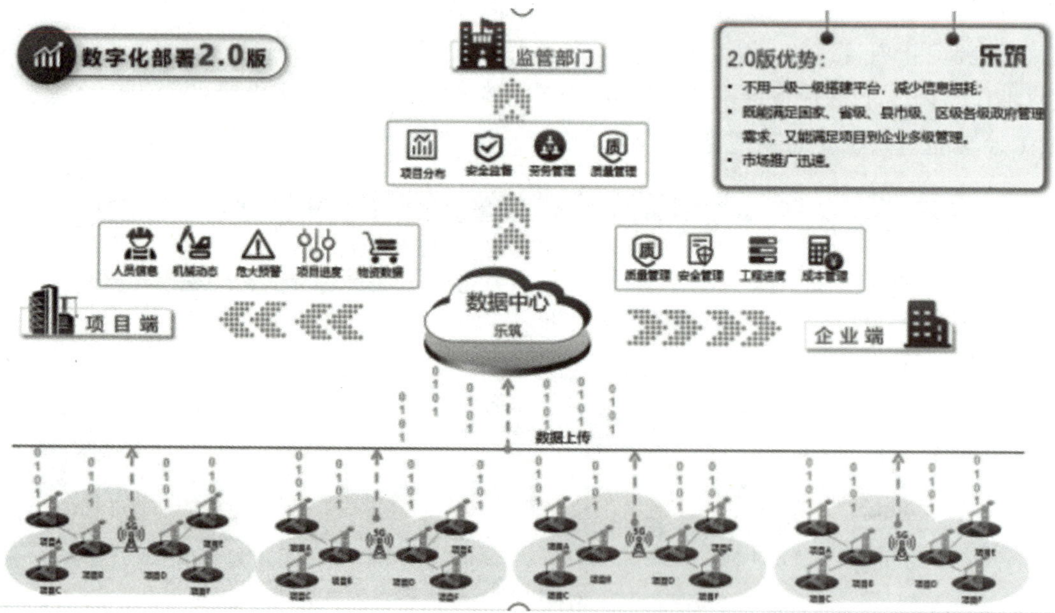

图 12－11　平台智慧工地部署方案

2. 技术创新

高效的数字化采购。该平台拥有数量庞大的建筑企业、供应企业等行业上下游参与方，能够满足全行业发展链条的需求。真正实现了全流程线上操作，包括单笔高达500万元的大宗资金在线担保交易、全天不限额交易，并且免除了交易费和佣金。乐筑平台的产业生态系统见图12-12。

(1)多功能集成，全场景开发。

该平台兼具开放性和融通性，能同步支持多种安全监测设备，如基坑监测、塔吊监测、升降机监测和卸料平台监测等设备。平台能够快速接入海量智能设备，具有设备安装简单、搭建周期短的优点，从而使产品快速实现市场扩张。此外，平台围绕建筑施工生态，能够对难点及痛点问题进行快速迭代。平台智能硬件集成情况见图12-13。

(2)基于智能终端的AI识别及深度学习。

通过AI的深度自主学习，平台可以精确计算人、机、料相关的出围栏时长、空闲时长和工作时长。它还能对安全帽佩戴、工服穿着、安全带使用和外来人员闯入等情况进行识别判断，准确率高达93.8%以上。此外，平台通过AI算法能够快速从海量数据中完成数据价值的“提纯”，寻找数据关联关系，建立有效模型，从而发掘数据的应用价值。

图12-12 乐筑平台产业生态

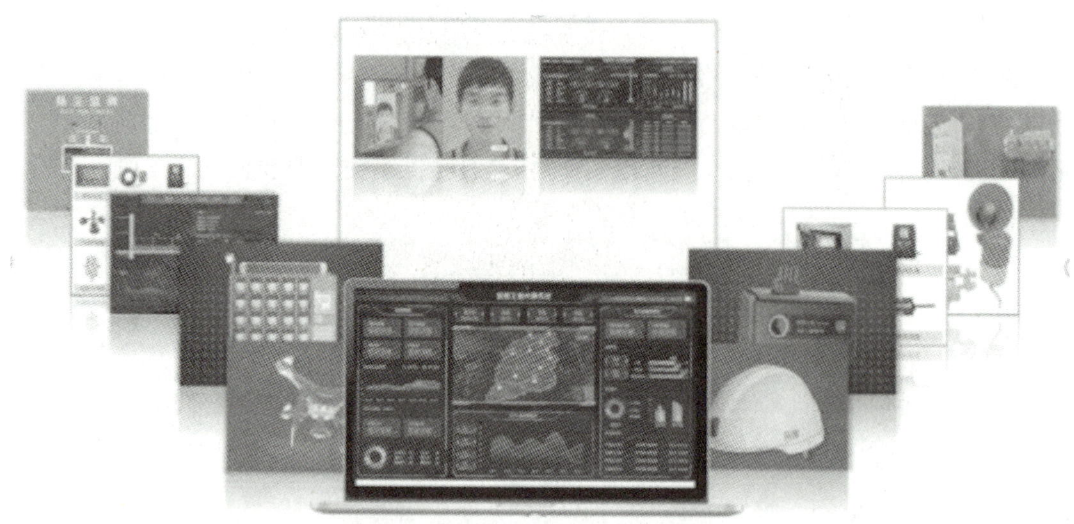

图 12－13　平台智能硬件集成图

(3)戴帽上险,为施工安全提供保障。

乐筑科技联合平安银行和山东星贝共同开发了工人意外险服务,该服务通过绑定智能安全帽,实现了工人戴上安全帽即保险生效,并具有脱帽停保、戴帽自动续保的功能,从而避免了施工现场无保、错保、漏保等现象,为施工安全保驾护航,降低了企业的经营风险。

3. 应用场景

乐筑科技自主开发的建筑产业互联网平台不仅适用于建筑企业、供应企业,也适用于政府监管部门等。它能满足行业材料采购、施工管理、产品销售和建筑监管等多种需求。同时,平台不受地域、规模等因素影响,具有可复制性和可推广性。

4. 应用成效

(1)材料采购方面。

在招标采购信息发布后,企业足不出户就能获得多家供应商的报价,这不仅节约了20%的采购时间和5%的管理人员,还能让企业在更多的供应商报价中有更多的选择,从而节约了采购成本。

(2)施工管理方面。

该平台改变了企业“靠人盯靠嘴说”的传统监管模式,通过采用“智能硬件＋管理系统”的方式,帮助企业解决了管理难题,减少了10%的工期,从而提高了企业的施工效率,并减少了安全问题。

(3)综合应用效果。

在具体项目中,乐筑能够为企业提供新型采购数字化管理,将采购、协同、供应商管理、合同结算、建筑施工，以及企业建筑项目管理等流程统筹到云平台中，以此提供覆盖建筑项目全周期的智慧化管理方案，旨在提升建筑行业的现代化、智能化、数字化水平。该平台在能够为企业降本15%的同时实现20%的增效，并帮助企业在项目实施中形成多方的协同计划和动态履约。

5. 应用价值

(1)为企业的降本增效赋能。

具体体现在：一是材料采购的发布方便快捷，节约询价成本；二是减少业务人员的工资支出，能够快速建立供应商体系；三是电子合同方便快捷，无纸化签署、全程在线的操作方式节省了运输成本、打印成本及时间成本，同时还能提升业务效率；四是选定商家、合同签订、协同审批等操作都可通过线上平台完成。

(2)数字担保交易、供应链贷款赋能。

其优势在于：一是货款支付先在银行冻结，收货并确认合格后进行支付，这样可以减少卖家违约风险。二是根据买方信用授予贷款支持。平台从行业的“场景视角”出发，构建紧密的产业链生态系统，为供应链内企业提供融资服务。

(3)数字化为工地项目管理赋能。

其效果有：一是项目管理人员可以主动查看工地动态，监督材料使用情况，此举解决了人工监管货物流向效率低，难以准确追踪货物轨迹的难题；二是借助全新数字化技术，将项目施工场景的信息及数据优化整合，从而形成一套有效的数据信息，以供企业管理者调用及留存；三是该平台进一步将劳务管理系统应用到项目管理中，真正实现人员的动态管理；四是平台持续推进施工业务信息化，能够提升项目人员的信息化水平，以便相关工作人员在生产进度、质量、安全等业务方面使用平台对项目进行更加高效的管理。

五、腾讯云微瓴智能建造平台

腾讯云计算(北京)有限责任公司成立于2010年10月21日，能够为开发者及企业提供包括云服务、云数据、云运营等在内的一站式整体服务方案。该公司在全国拥有六大区域中心、四十多家直属机构，业务覆盖全国所有大中型城市。其主要业务涵盖云服务器、云存储、云数据库和弹性Web引擎等基础云服务，腾讯云分析(MTA)、腾讯云推送(信鸽)等腾讯整体大数据能力，以及QQ互联、QQ空间、微云、微社区等云端链接社交体系。

腾讯云与重庆市住房和城乡建设委员会联合发布了建筑产业互联网平台——微瓴智能建造平台(图12-14)。该平台基于CityBase打造，以“平台+服务”的工程建造新模式为工程项目层级提供全施工过程、全项目管理功能、全参建方用户、全工程类型的全体系化项目管理协同工作服务。旨在打通建造全生命期和全产业链，以统一工程建造数据标准为基础，致力于培育工程建造模块化、软件化、复用化的新平台，从而推进建筑产业互联网在工程建造、企业管理、资源调配和运行维护中的广泛应用。此平台可提升中小规模的设计、生产、施工和劳务分包企业的智能建造实施能力，加强工程项目质量安全成本计划的数字化管控，助力企业实现降本增效、合规避险，并提升这些企业的市场竞争力，以此显现数字化应用的价值。

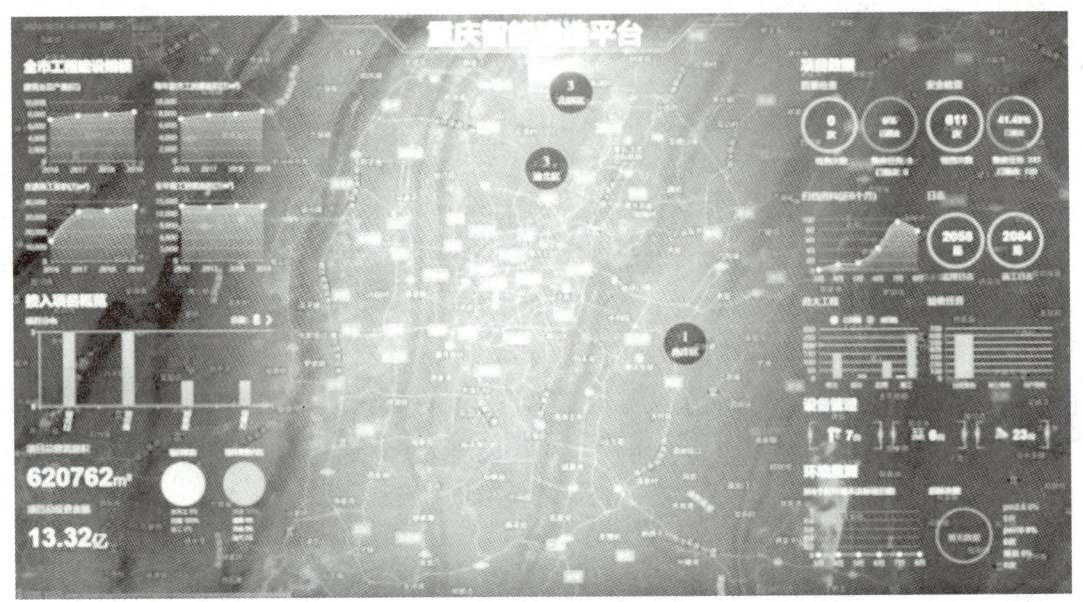

图 12－14　微瓴智能建造平台

1. 技术要点

建筑产业互联网平台的建设，牵涉政务网和互联网间的业务流程，数据、系统的交互。微瓴智能建造平台包含两个建筑产业互联网底座 CityBase——重庆住房和城乡建设委员会政务网端的底座 CityBase 以及互联网端的底座 CityBase。一方面，适合在互联网上公开的流程和数据需要在互联网上执行；另一方面，由互联网物联感知、小程序应用、Web 应用产生的大数据可以汇聚到政务网，为政府决策、监督和管理提供支撑。面向政务网和互联网交互的底座 CityBase，分别部署于政务网和互联网，创新地实现了两网之间行业监管业务流程和数据内容的交互，以及对各自网络环境应用系统开发建设的支持。在物联网、业务流程、数据内容、应用系统和接口规范等维度，该平台制定了一系列标准和规范，其中核心的标准化内容涵盖业务模型标准化、业务标准化、数据模型标准化和数据标准化。这不仅使整个监管业务流程体系在统一的框架下运行，还保障了各个环节的标准化、规范化和高质量发展。

基于这一顶层架构，该平台将施工监管应用中的各子应用、相关智能技术、现场智能设备整合到全市建筑工程施工现场中，旨在创新工程监管模式，建立覆盖“建设主管部门、企业、工程项目”三级联动的施工监管管理体系。这不仅能全面提升企业施工信息化管理水平与核心竞争力，还能进一步推动管理的精细化、参建各方的协作化、行业监管的高效化以及建筑产业的现代化。

2. 主要功能

腾讯云的建筑产业互联网平台——微瓴智能建造平台，基于 CityBase 构建，其主要产品特点和功能(表 12－1)如下。

(1)建立工程项目全过程数字化、无纸化、实时动态归档体系。

(2)构建劳务人员实名制体系、危大工程智能体系和政府智能巡检体系。

(3)打造智慧工地 3.0 体系(IOT)，实现 10 余种智能硬件与物联网的一体化交互。

(4)确立施工全过程项目内控标准化和数据结构化全体系。

(5)建立 BIM 平台等生态在线互联大数据体系。

(6)形成甲方主导、项目全部参建方人员参与、功能全覆盖的在线统筹管控与数据共享交互体系，从而全面实现“沟通在线、协同在线、组织在线、业务在线与生态在线”。

表 12－1 智能建造平台的主要功能

序号	功能版块	功能模块	简单描述
1	工程互联	施工报验、施工质量管理、施工通知、施工日志，监理质量管理、监理通知，安全管理(安全检查、安全验收)、会议管理、工作报告、月报、周报、人员轨迹管理等	主要实现施工单位、监理单位施工管理过程的质量管控、安全管控及日常施工管理工作
2	工程过程管控	计划管理、实测实量、往来函件、工序验收、过程检查等	主要实现工程各类计划管理及过程质量控制
3	规划设计管理	前期工作、工作沟通、设计图纸(含 BIM 应用)等	主要实现建设单位前期工作，设计图纸管理及 BIM 应用
4	成本动态管理	变更洽商管理、月度计价、合同管理、物料管理等	主要实现过程，现场成本、物料管控
5	公司管理	公告、会议管理、质量、安全等	主要实现公司层级管理
6	项目层统计	综合展示、计划动态、统计报表、绩效排名	主要实现项目层级数据统计及分析
7	智慧工地	环境监测、考勤门禁、实时监控、塔吊监测、劳务人员实名制等	主要实现与施工现场各智慧工地硬件系统的接口对接，同步相关数据信息
8	竣工验收管理	竣工验收、分户验收、交房管理、档案数据等	主要实现竣工阶段验收和过程验收资料数据归档

3. 应用场景

微瓴智能建造平台适用于设计院、施工方、材料设备供应方、监理方、业主方、政府方等多方协同线上作业，也适用于房屋建筑工程、市政管廊、公路交通、桥梁隧道和园林燃气等多种工程类型。

4. 竞争优势

国内同类技术产品还有腾讯智能建造慧城云平台、深圳瑞信建筑科技有限公司开发的河狸云平台等。其中,腾讯智能建造慧城云平台集云数据、BIM 应用、数字档案、物联网、移动互联等技术于一体,可优化现场管理环节,降低施工成本、提升工程质量和效率。河狸云平台则通过 App 端协同房地产甲方、施工方、监理方和第三方等,进行工程现场过程管理的数据采集,并通过系统实时进行数据同步和大数据分析展示,提升各参建单位用户的协同效率和工程建设效率,实现对工程质量、安全、进度和综合管控的多维度智慧管理。

微瓴智能建造平台侧重于打通政府监管及建筑行业企业间的沟通,可以实现沟通在线、协同在线、组织在线、业务在线和生态在线五个智能在线。其具体优势表现为项目参建各方立体交互、项目管理行为和施工作业行为数字化,以及数字化归档三个“全体系”。

5. 经验做法

(1)主要举措。

政府制定政策标准,搭建政府监管系统,培育开放的建筑产业互联网平台,通过市场机制驱动行业应用生态的发展。

(2)经验做法。

①以工程项目协同数字化评价为切入点,制定智慧工地标准及评价细则。建立统一的工程建造数据标准,由政府投入财政资金,构建以工程项目数字化为核心的全省统一的智慧工地监管平台。

②培育在一个工程全过程中数据贯通、安全可靠、开放共享的建筑产业互联网平台。为工程建造软件开发企业提供低代码开发平台,以支撑工程数据模型、工程领域微服务组件、工程 App 等的快速开发。政府监管数据通过平台提供服务的方式向市场开放,构建工程行业数据共建共用、微服务模型共建共享、应用共建共生的一站式产业互联网平台,进而大幅降低开发周期和成本,满足不同场景的应用而进行快速个性化定制的需求。此举有助于打通上下游建筑产业链,提升产业整体竞争能力。

③鼓励大型企业建设企业级智能建造平台,并贯通一套统一的工程建造数据标准。实现项目级建造数据、政府监管平台和企业级智能建造平台的三端互联互通,从而构建基于数据驱动的精细化智能建造体系。

6. 应用成效

(1)智能建造技术通过数字模型将建筑全生命周期的各种建筑信息组织成一个整体,对项目的设计、建造和运维过程进行统一管理。这有效解决了工程项目规划、设计、施工和运营各阶段的信息丢失问题,实现了工程信息在生命周期内的有效利用与管理,显著提升了设计、施工和运维的效率,为建筑业带来了巨大的效益。建筑全过程的数字化消除了工程行业大量的纸质资料文件，实现了工程档案存储的数字化和电子化。

(2)该技术解决了业务信息不对称、不透明的问题。基于同一平台的业务协同和多方交互功能，使得涉及多方的任务能够在系统中自动流转和动态查询。

(3)智能建造技术加快了建筑业的数字化转型速度。微瓴智能建造平台将行业的施工工艺、生产知识、建筑构件和岗位工作等封装成“即插即用”的微服务，为建筑企业的数字化转型提供了重要工具。

7.应用效果

从数据智能的角度看，平台必须站在行业和产业的高度，通过整合工程项目参建各方的资源，将“管理要素数字化”与“技术要素数字化”全体系融合起来，以提升数据协同和智能效率。同时，要坚定地基于移动互联网深入工地现场的“最后一公里”，真正实现随时随地数据化每个工地现场，从而解决工地现场最核心的产业互联智能问题。

在项目层级数字化方面，微瓴智能建造平台不再仅仅关注解决企业内部独立管控的私有云部署企业服务问题，而是以工程项目为产业数据枢纽中心，依托移动互联网和公有云技术，全面实现工程领域生产要素的数字化(即管理要素数字化与技术要素数字化的深度融合)。这涵盖了工程全类型、工程全参建方、施工全过程以及项目管理全功能的数字化。该平台不仅能够帮助政府对辖区内的工程项目进行智能化管控，还可以协助项目各参建企业实现工程项目层级全面的数字化转型与升级。真正推动了整个工程建设领域实现“产业数字化、数字产业化”的目标，重塑了一个“实时在线的工程基建产业”。

随着应用的推广，平台将依法有序地推动行业数据和公共服务数据向社会开放，并鼓励企业利用建筑产业互联网平台开展基于开放数据的数据增值运营和行业应用。结合腾讯云在智慧建筑领域已有的成熟平台体系，能够实现智能建造和智能建筑的融合发展，推进智能建造数据向房屋管理应用领域延伸，从而提升房屋安全管理水平和物业管理水平。此外，我们还将促进智能监测设施与主体工程的同步设计、同步施工和同步运营，以加快市政基础设施建设和智能建造数据的融合。

六、斯维尔智能建造数字化管理平台

深圳市斯维尔科技股份有限公司，成立于2000年5月，现有股本9050万元。该公司由中国中建科创集团有限公司、深圳市力合科创股份有限公司、深圳清华大学研究院共同投资组建，是一家专业为工程建设行业(包括工程设计、工程施工、工程监理、造价咨询等行业，高等院校及政府相关部门)能够提供软件产品及信息化解决方案，以及BIM咨询及智慧建造服务的专业型高科技公司。现已形成涵盖工程设计、工程造价、工程管理、智慧政务、智慧建造五大产品线及基于BIM技术的建设行业整体解决方案。

1.平台架构

智能建造数字化管理平台是一个基于BIM应用及轻量化技术，能够实现工程项目全过程多方协同管理的平台。该平台采用两端一云模式(包括 Web 端、手机端和云协同及云存储),利用 BIM 模型的数据集成能力,集成项目全过程的资料、进度、质量、安全、设计、成本、物资等信息,并发挥 BIM、信息化、云计算的优势,实现项目的可视化、过程化、精细化、规范化、档案化管理。其目的在于缩短工期、控制成本、减少设计变更、提升工程质量、预防安全事故以及打造项目数字资产。平台结构的组成情况见图 12-15。

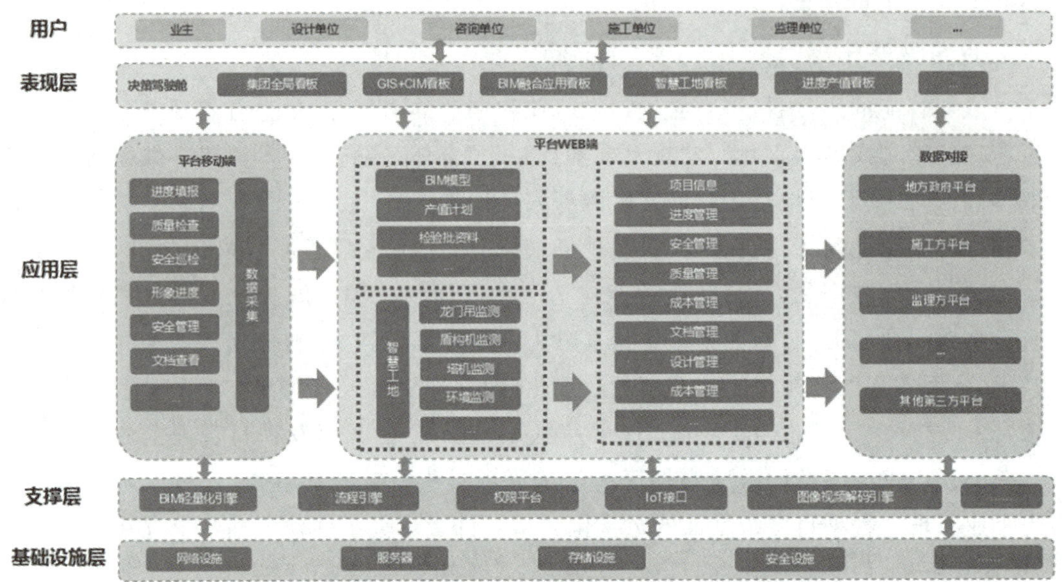

图 12-15 平台结构

斯维尔智能建造数字化管理平台由 21 个功能模块组成,包括文档管理、模型管理、进度管理、安全质量管理、成本管理、投资管控、智慧工地等,全面覆盖了项目各阶段的业务应用。

2. 平台特点

(1)基于 BIM 技术的模型轻量化。

平台以自主研发的 BIM 三维图形引擎作为核心技术之一,主要围绕施工过程中的模型变动全过程来开展各项管理业务。它能将总平面的 BIM 模型文件和建筑、结构、电气、给排水、暖通空调等专业的 BIM 模型文件组合展示,并与业务数据进行关联。这可以反映模型变动对工程进度、质量、造价的影响趋势,并允许用户随时查询、统计、分析审批过程中的各种数据。此外,还可以生成各类报表及图形,并实现这些数据的保存与打印。图 12-16为 BIM 模型的示例。

图 12 - 16 BIM 模型

(2)GIS 地理信息图层技术。

平台支持设计模型的自动轻量化、浏览及对比功能,并与 GIS 技术结合,从而实现设计方案的优化选择。新增加的大数据库存储和时空大数据治理体系等功能,能够不断提升和挖掘时空大数据的价值。通过使用 GIS 数据和工具,可以规划各种大型项目,并且这些数据也可用于解决集团多区域管理的问题,适应不同的地理信息情况。它对于线性工程(如路、桥、管网、桥梁、隧道等)的管理尤为有用,有助于实现由项目单体到片区再到 CIM 的大模型管理。图 12 - 17 展示了 CIM 系统的界面。

图 12 - 17 CIM 系统界面

(3)基于 BIM 三维算量的动态成本管理。

通过专门的算量成果软件对模型进行精确算量,线下确认算量结果无误后,将算量成果文件上传至平台。数据集成功能模块通过在算量成果文件、合同、BIM 模型与进度计划之间建立明确的关联关系,为合同管理、进度产值计算、支付管理和结算管理等提供坚实的数据支持。图 12 - 18 展示了斯维尔智能建造数字化管理平台在成本管理上的应用情况。

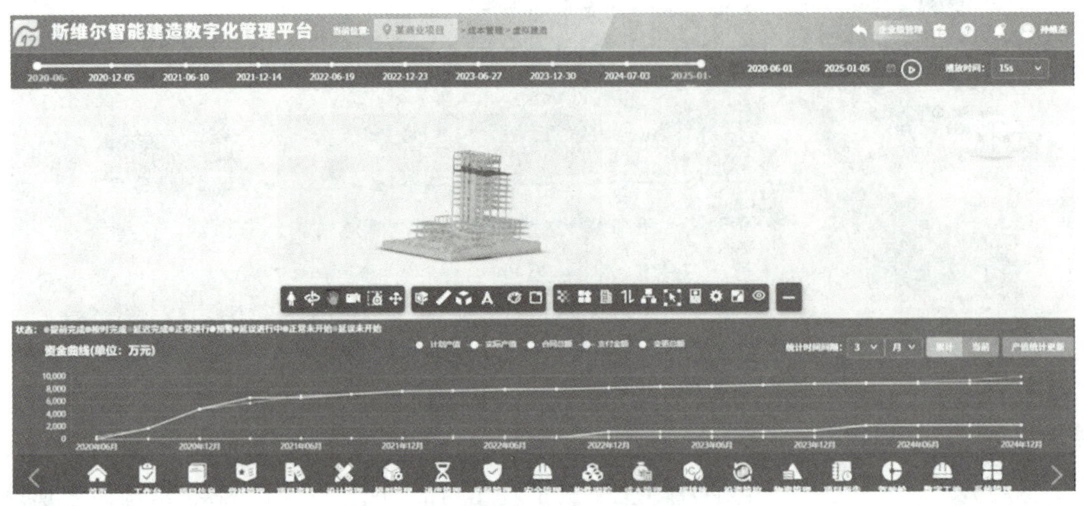

图 12 - 18　成本管理示意图

(4)全过程投资管控。

基于 BIM 平台将估算、概算、预算、过程进度支付、变更和签证费用、结算、决算以及各阶段各项费用差额对比分析整合，并与模型建立关联，实现对项目建设费用的项目全过程造价管控。图 12 - 19 展示了斯维尔智能建造数字化管理平台在投资管控上的应用情况。

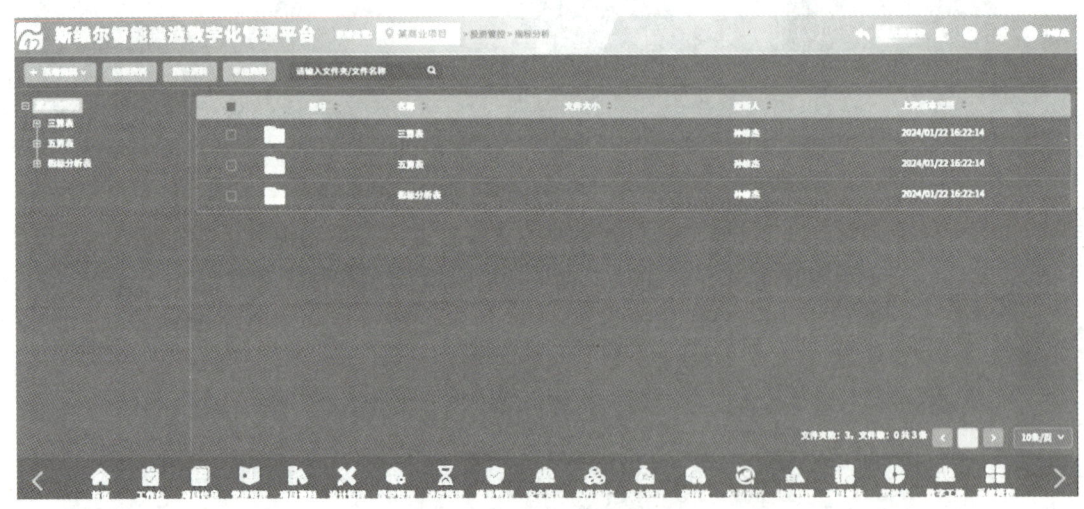

图 12 - 19　投资管控界面

(5)智慧工地现场管理。

智能建造平台集成智慧工地系统(图 12 - 20)，通过智慧工地现场的传感联网，自动获取人、机、料、法、环等多维度监测信息，提供进度、质量和安全的施工现场过程信息，从而实现集团的产值、进度、成本等重要数据信息的终端溯源。以项目现场最源头的 24 小时监测数据为依托，通过平台中枢分析结构化数据归集为业务所需的生产信息，为业主提供一个智慧综合调度管理平台，对项目整体的进度控制、质量和安全监管通盘把控，使管理有抓手、资金成本得到有效控制的同时，保证项目顺利完成。

图 12－20　智慧工地管理系统界面

(6)项目全过程文档管理。

通过平台的应用，实现了项目全生命周期的文档分类管理，管理的文档包括各专业模型、图纸、设计文档、施工文档、会议纪要等。平台支持文件的增、删、查、改，实现了文档的版本管理，可搜索浏览不同版本的文档。图 12－21 为斯维尔智能建造数字化管理平台的文档管理界面。

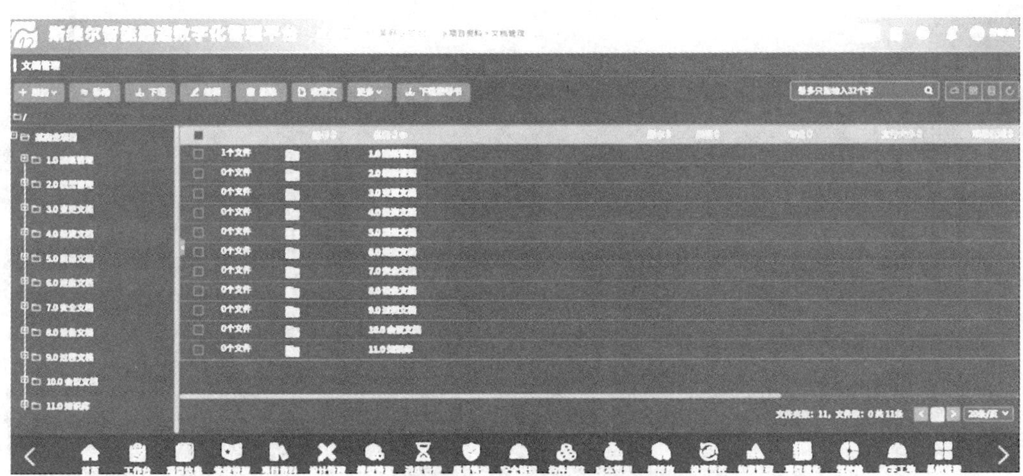

图 12－21　文档管理界面

(7)模型图纸设计管理。

设计管理包括设计审核、族库管理、标注管理等,可以对平台中的模型或图纸进行审核,针对审核发现的问题,通过位置、视角、标记对存在的问题进行记录保存并发起修改流程的设计。斯维尔智能建造数字化管理平台的图纸设计见图 12-22。

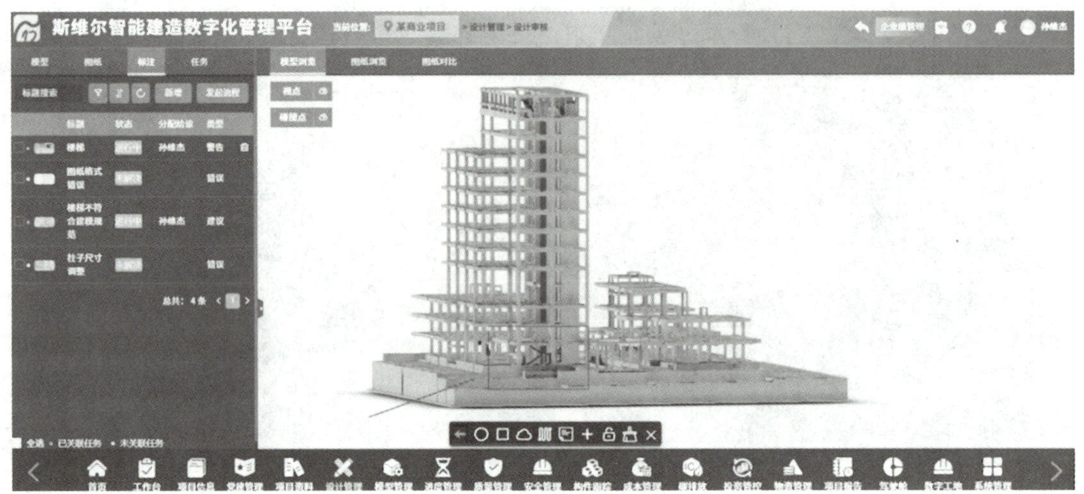

图 12-22　图纸设计

(8)项目进度管理。

通过将进度计划导入平台,可进行计划在线编辑和进度填报,将计划与模型进行关联,实现项目模型集成进度信息,以及可视化的进度管控,为进度产值计算、施工进度模拟和动态成本控制打下基础。图 12-23 展示的是斯维尔智能建造数字化管理平台的项目进度管理系统。

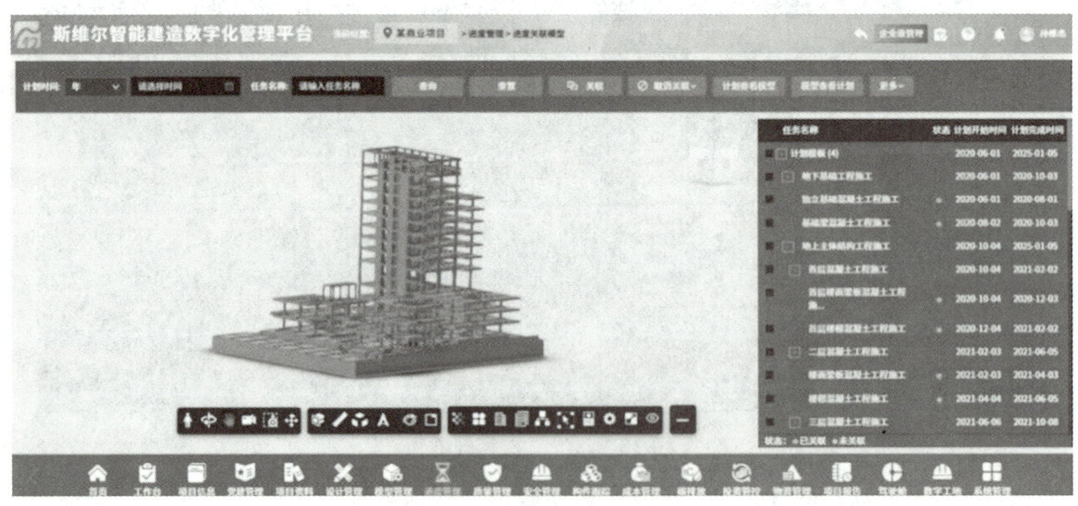

图 12-23　项目进度管理

(9)智慧工地模块。

智慧工地模块有7大系统，包括人员管理、设备管理、车辆管理、视频监控、危大工程、绿色施工以及其他管理系统。该系统适用于Web端和移动端，能够实现工程管理干系人与施工现场的智能整合，形成一种崭新的施工现场一体化管理模式。智慧工地的架构情况见图12－24。

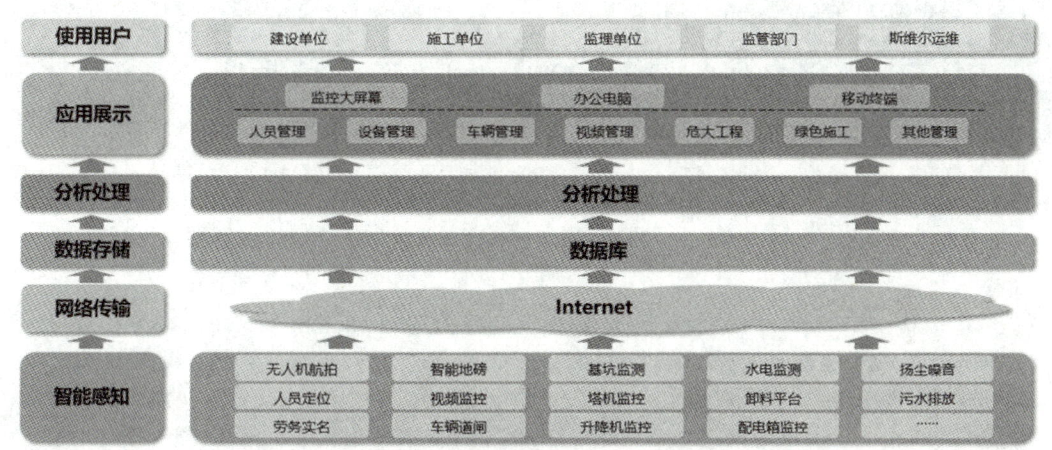

图12－24 智慧工地架构图

前端通过现场智能感知设备采集安全、进度、环境等相关信息，平台根据提前录入的项目管理组织架构、流程，自动派单流转，减少人工干预，提供工地数字化、可视化、远程智能化的管理工具，为管理方的决策提供依据。

七、毕埃慕BDIP建筑数据集成平台

毕埃慕(上海)建筑数据技术股份有限公司，在深耕BIM信息技术领域的13年间，不断对BDIP建筑数据集成平台进行升级与优化。该公司针对当前行业信息化发展中的诸多问题，进行了细致的优化工作。这不仅从技术层面解决了信息数据的统一与复用问题，更为整个行业探索出一套已成功应用的实践方法。经过多年的项目实践与产品的持续升级，毕埃慕公司以科技与实用性并重为理念，融合“BIM＋GIS＋AI＋IOT＋项目管理＋大数据技术”(图12－25)，力求实现项目全过程信息化管理。此举旨在打破数据孤岛、减少资源浪费、提升项目质量、降低成本，并规范行业流程、统一管理标准。图12－26是对BDIP系统的展示。

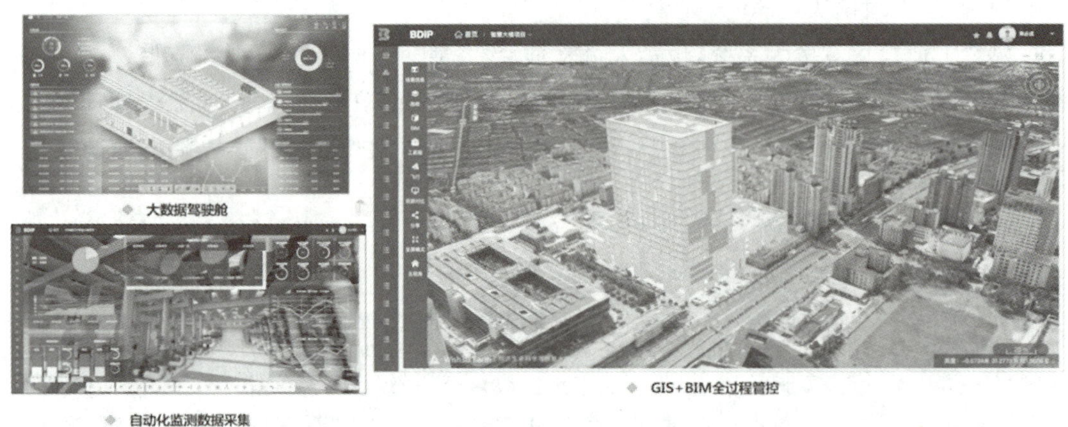

图 12-25　基于"BIM+GIS+AI+IOT+项目管理+大数据技术"的数据集成平台原型图

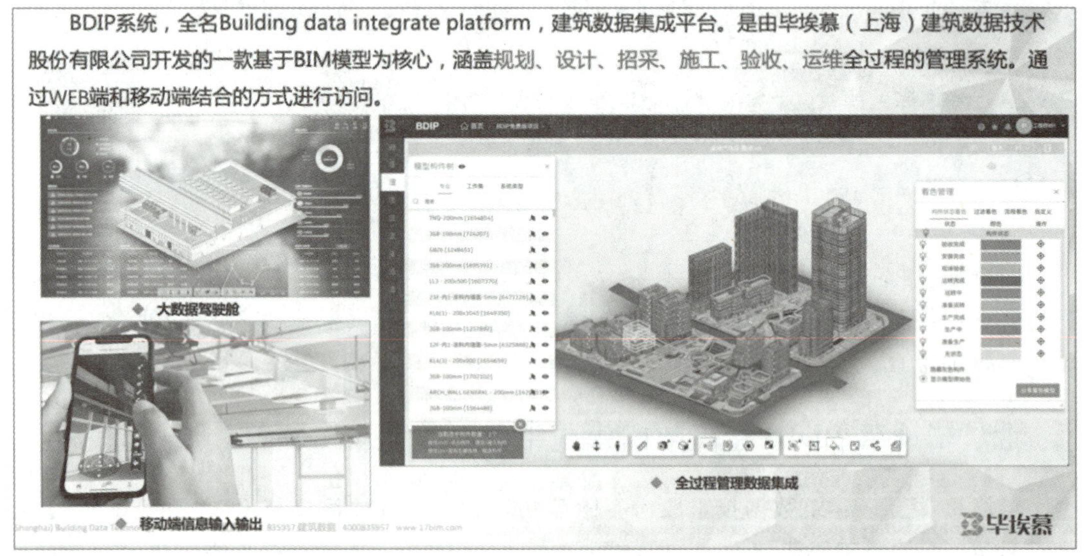

图 12-26　BDIP 系统

1. 技术特点

通过数据集成平台的技术整合，项目全体参与方得以在系统中实现协同管理与数据共享，利用信息化数据进行交互。此外，各类智能设备已替代工人进行现场监测，这不仅提升了建筑行业的整体科技形象，还为各参建方带来了更多的实用性。此举致力于打造一个数字化、智能化、工业化的建筑业新形象，推动了建筑行业逐步迈向智慧建造的新时代。BDIP 建筑数据集成平台如图 12-27 所示。

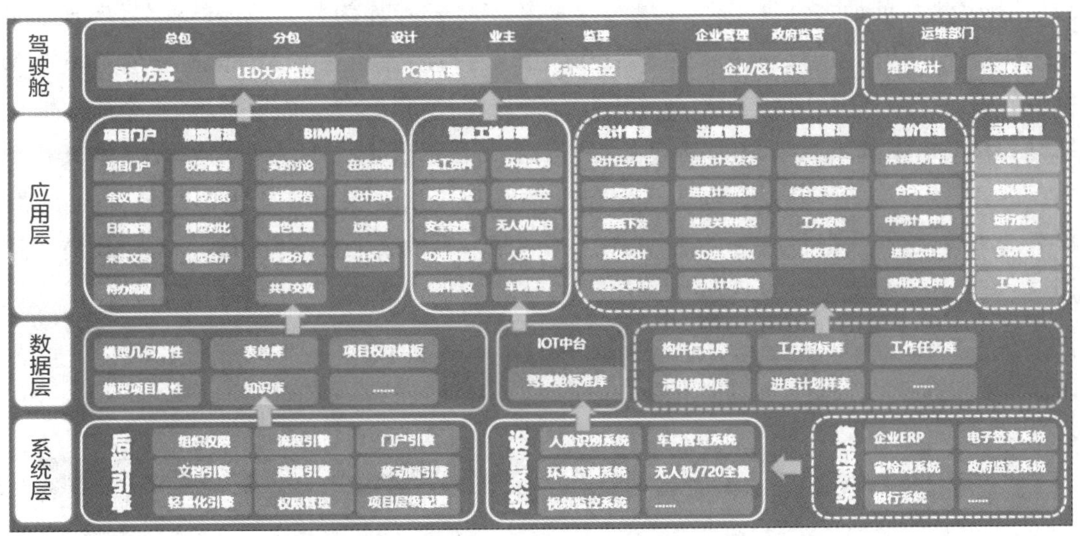

图 12－27　BDIP 建筑数据集成平台

BDIP 平台，英文全称为 Building Data Integration Platform，是由毕埃慕（上海）建筑数据技术股份有限公司自主研发的一款管理平台。该平台以 BIM 模型为核心，涵盖规划、设计、招标采购、施工、验收和运维的全过程。

BDIP 平台支持业主单位、咨询单位、监理单位、施工单位等参建各方的内部管控和外部项目协同管理。它具备完善的企业管理模块，可帮助企业建立信息化管控体系。同时，平台还提供丰富的接口，可连接如 GIS、AI、IOT、ERP、智慧工地等系统，为已建立信息化管理体系的企业提供升级扩展的可能。图 12－28 为该产品特性的介绍。

图 12－28　产品特性介绍

BDIP 平台的最大价值在于，它能充分发挥 BIM 模型作为数据载体的优势，实现项目全过程管理。从模型创建前的规划设计阶段开始，到产生初版 BIM 模型，再到基于 BIM 模型的招投标管理、合同管理，以及施工阶段的进度、质量、安全、成本管理，直至竣工验收结算和移交运维阶段管理，BIM 模型始终作为各阶段的管理核心。这一过程中，BIM 模型不仅为各阶段提供管理数据，还为下一阶段的管理应用提供上一阶段的结果作为依据。项目结束后，这些数据将成为企业内部的数字资产，为后续项目的应用提供有力支持。设计、招采、施工、竣工阶段的 BIM 数据流转流程见图 12 - 29。

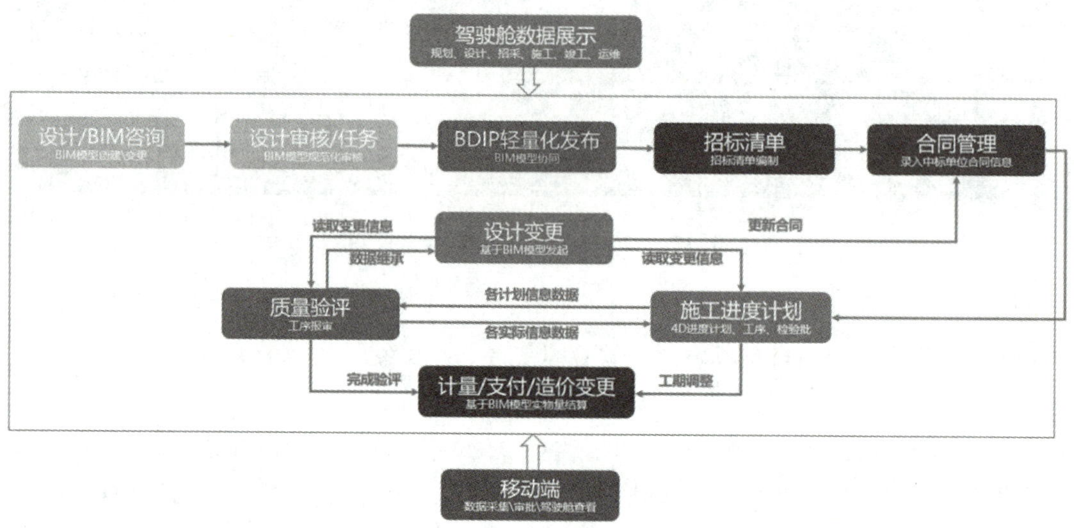

图 12 - 29　设计、招标采购、施工、竣工阶段的 BIM 数据流转流程

BDIP 还融合了当前主流的先进技术，支持 AI 查的全面应用，其 AI 查的检索功能涵盖了 BDIP 的全部业务功能和 BIM 模型数据库。用户可通过智能语音或文字描述来识别检索目标，进行智能数据检索及模型定位。该功能不仅支持单一问题检索，还能实现多条件、多维度的跨业务综合查询与统计。

利用 AI 查的技术，BDIP 系统能大幅提高信息提取效率和大数据价值，实现简洁高效的人机交互管理。同时，它还能结合各阶段的项目管理业务，发起新的管理流程，实现查询与管理的双向结合，并支持移动端操作。AI 查使用界面展示见图 12 - 30。

图 12－30 AI 查界面展示

此外，AI 查还能利用模型和 BDIP 的各项业务管理流程数据，发起和编写业务工作，实现专属于本项目应用的“文心一言”功能。该功能可以自动抓取 BDIP 系统中的相关模块数据，形成与实际项目紧密结合的报告，从而大大提升管理平台的易用性和工作效率。AI 查的功能见图 12－31。

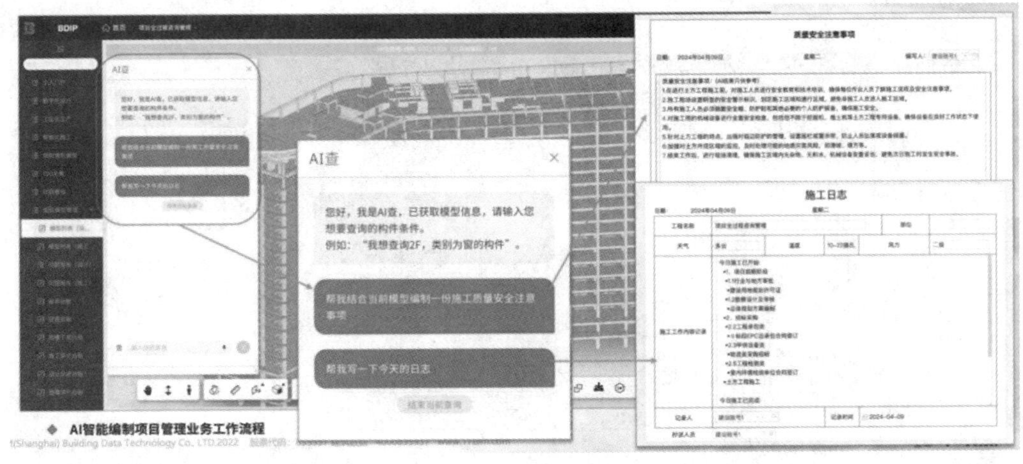

图 12－31 AI 查功能

BDIP 还支持 BIM 孪生全景技术与项目管理的融合。使用 720 度全景设备对现场进行拍摄后上传至 BDIP 平台，用户可随时查询、调阅和分享录像资源。同时，平台可根据固定位置定期上传并形成历史纪录，结合定位列表，实现时间和空间维度的自由应用。数字孪生技术还支持全景与 BIM 模型的对比功能，通过三种对比方式将设计方案与实际建成场景进行比对。这一功能不仅可用于质量验收技术，还可应用于跨阶段施工交底，对未来运维阶段隐蔽工程的查看也提供了巨大价值。BIM 孪生全景效果见图 12－32。

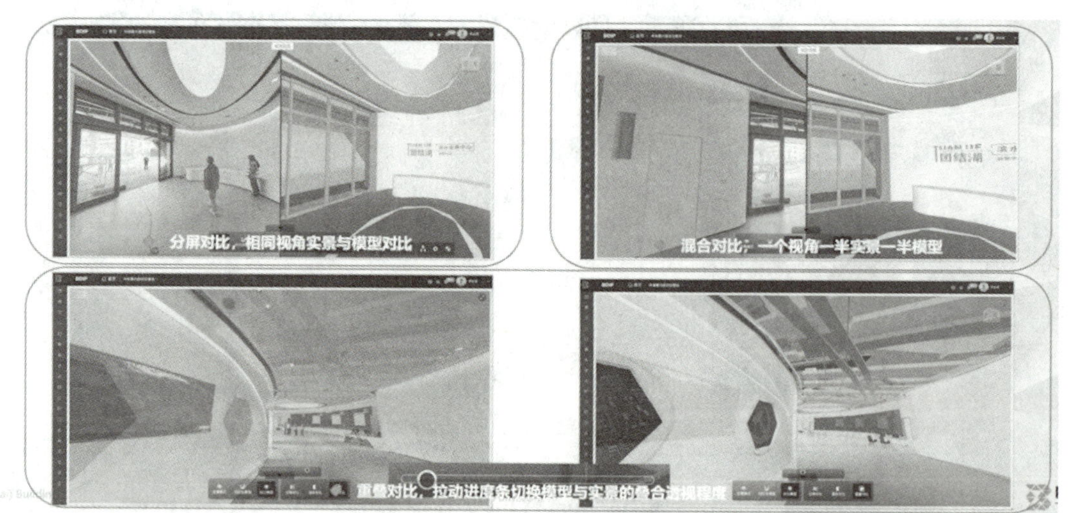

图 12-32 BIM 孪生全景

BDIP 数字孪生技术不仅能独立应用，还可与 BDIP 的项目管理体系相结合，形成整体管理体系。该技术可分别与资料文档、项目管理流程、外部网络链接进行联动定位反查，充分将全景可视化与项目管理系统结合，实现更全面的项目管理价值，提升管理效率。图 12-33 为项目可视化的场景展示。

图 12-33 项目可视化

BDIP 平台还创新性地支持与全景点云技术结合，形成了孪生激光点云技术应用。该技术采用可穿戴的扫描仪器，搭配新一代的 SLAM 技术，可实现端到端的室内移动扫描。用户可在任何地方进行移动扫描，且传感器受到保护，实现随时随地的实时交互和地图查看。这一技术能高效、快捷地完成移动式点云扫描，并支持在 Web 端进行在线查看、编辑及分享。

BIM 技术、全景图像及点云模型之间的相互协作和数据交互，已成为提高工作效率和质量的关键。通过这些技术的有机结合，可实现从设计、施工到运维的全过程管理，显著提升项目的可视性、可分析性和可操作性。特别是 BIM 点云技术，它能通过高密度三维数据精确捕捉空间信息，用于测量长度、面积、体积等，并能查看物体细节，支持问题标记和监测。结合先进的 AI 算法，点云技术还能实现自动化检测、预测分析等高级功能，形成现代化智能解决方案的重要组成部分。图 12－34 为项目驾驶舱展示。

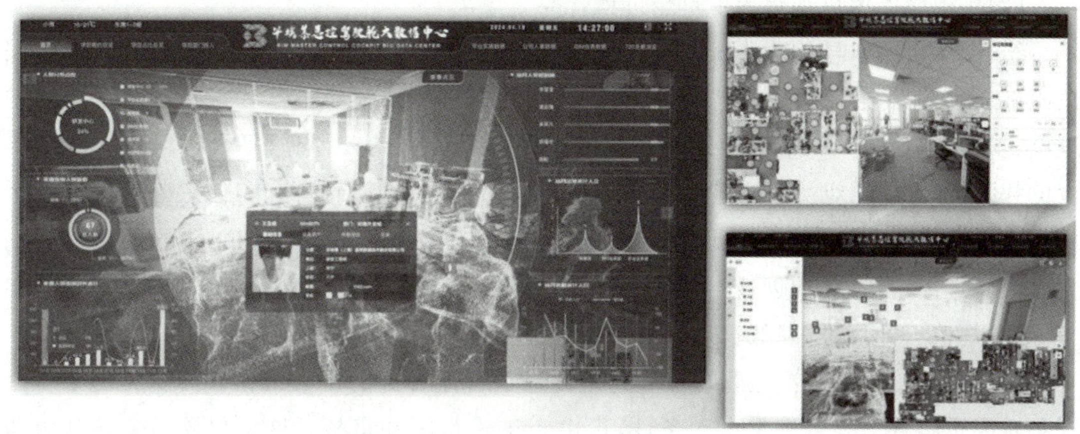

图 12－34　项目驾驶舱

2. 应用效果

平台应用实施至今，公司在传统房建项目、机场项目、电力工程项目、轨道交通项目和高铁桥梁项目中已积累了 400 多个成功案例。许多企业通过单项目试点成功后，开始转向集团级推广应用，形成企业标准，并以此标准覆盖全国项目进行统一的信息化管控。

以鄂州顺丰花湖机场项目为例，自平台启用以来，已完成了 3208 项定制开发，并进行了八次迭代升级。至今，实际产生的业务数据包括 1600 多组的钢筋材料检验，8000 多组的各类砼试块，300 多次的原材料检验。同时，平台已发现并处理了 6000 多条现场质量安全巡检问题，所有问题均得到了闭环处理。平台内记录管理的分包总合同额达到 23 亿元，平台中审批支付的款项约为 10 亿元，其中涵盖发放人员工资多达 8600 人，支付工资部分达到 9600 万元。目前，平台每天仍在以近千条各种业务数据的速度不断产生新的信息。

通过信息化管理，大大降低了人员管理成本，提升了管理效率，并有效控制了项目的成本、进度和质量。从长远视角来看，项目建设过程中产生的实际数据信息，都能为后续的项目成本估算、工作量评估、方案借鉴提供宝贵的数字资产。

3. 创新价值

(1)建立全新的数字化项目管理体系。

围绕数据集成平台系统构建了一种全新的全过程项目管理模式，这一模式将改变过去碎片化、单元化的项目管理思路，以项目全过程的视角来整合各参建方，促使各方尽早在各阶段做好项目计划。该模式的核心是在传统项目规划的基础上融入了 BIM 策划环节，借助 BIM 的可视化和可模拟化特性，能够更精准、更快速地制定计划，从而消除传统项目管理模式中的不确定性。这使得参建方能够更早地加入项目，进行前期准备，并严格按照系统流程开展活动。系统替代了人工审核和监测，实现了一周 7×24 小时不间断的工业化管理模式。

(2)实现多维度可视化的项目全过程管控。

结合 BIM 模型与各种数据集成技术，形成了数字孪生建筑。在建设阶段，现场的进展情况都通过背后数以万计的业务流程转化为可视化的状态显示。这些信息涵盖了项目的进度、安全、产值、计划、报警和处理情况等多个方面。借助云计算，平台可以生成不同维度的数据统计结果，助力管理者对当前项目进展做出准确判断。此外，任意一项统计结果的信息都可追溯其根源，从而实现精准管控。这一模式还将设计和施工阶段的全过程信息延续到运维阶段，从而创造出更大的可视化管控价值。

(3)规范行业标准，降低管理成本。

数据集成平台的标准化管理流程有效促进了参建各方的协同工作。需要先由系统判断各重要审批环节是否满足申请条件，再由人工进行闭环审核。这不仅要求参建各方遵循基本的作业规范，还消除了传统项目建设环节中的诸多管理漏洞，提升了行业的自律性。通过减少人为控制因素带来的问题，有望形成更加优良的行业作风，降低现场管控人员数量和人工成本，实现共赢。

(4)引导建筑业信息化转型，带动行业进步。

本项目的标杆性价值使行业更加明确信息化转型的必要性。期望通过这一项目，激发整个建筑行业各方的信息化转型意识，促使他们积极投入信息化技术，从而形成各自企业的核心竞争力。最终，将实现提升质量、加快进度、降低成本的直接价值，并从社会认知上改变传统建筑业落后的形象，吸引更多领域关注建筑业的价值，推动新技术的开发。

(5)形成企业标准规范，全面覆盖项目管理。

当前，建筑信息化技术仍处于多元发展的阶段，各专业和地区的标准存在差异。然而，通过本项目的实践以及其所涵盖的专业广度，我们有望形成一套新的管理标准。这套标准将覆盖项目管理的所有环节，持续创造价值，并成为企业强大的竞争力。

(6)构建企业大数据基础，全面提升竞争力。

21 世纪，大数据的重要性日益凸显。尽管建筑行业在信息化方面起步较晚，但已从其他行业的成功中找到了突破口。通过数据集成平台的建设，将逐步建立起大数据基础。通过紧密结合、结构化的数据格式与无缝的业务工作，平台将能够实现建筑行业大数据分析的价值。这将有助于施工方分析不同类型项目的设计周期指标、设计问题类别、项目赶工因素、成本测算指标以及人力投入等因素，从而不断提升企业的高效和低成本竞争力。

八、基于 BIM 的城市轨道交通工程全生命期信息管理平台

上海市隧道工程轨道交通设计研究院于 1965 年成立。作为上海申通地铁集团的直属单位，该设计院专业从事隧道、城市轨道交通等市政公用工程、公路工程、建筑工程、勘察与测量等岩土工程的国家甲级设计、咨询、勘察、监理工作。设计院已完成了上海黄浦江下绝大多数已建、在建的越江隧道设计和港珠澳大桥主体工程岛隧工程等隧道的设计、研究及咨询任务；并曾作为总体或分项设计单位，深度参与了上海轨道交通线路的设计，以及对国内外多个城市轨道交通的前期研究、设计或咨询工作；同时，还积极开展地下工程领域的 BIM 技术开发与应用。

为实现城市轨道交通的全生命期管理，上海市隧道工程轨道交通设计研究院开发了基于 BIM 技术的城市轨道交通全生命期信息管理平台。该平台利用 BIM 模型作为数据基石，在设计阶段即能实现跨地域、跨单位、跨专业的三维协同设计，助力设计全过程的数字化协同管理，提供建模效率工具包以提升设计效率。在建设阶段，该平台整合了工程进度、质量、成本和安全等核心动态数据，配合标准化管理流程和明确职责，对项目建设进行高效协同管理。进入运维阶段后，平台会继承竣工数据和数字资产，通过自动化数据集成技术构建运维数据库，进而以数据为驱动，标准化车站运维管理的业务流程，显著提升运维管理的智能化水平。

1. 关键技术

基于 BIM 技术的城市轨道交通全生命期信息管理平台，涵盖设计、建设、运维三大核心板块，共同为城市轨道交通工程的全生命周期管理提供强大的技术支持。平台架构详见图 12 - 35。

关键技术要点如下。

(1)轻量化、跨平台图形显示技术。

为确保所建立的信息模型能在各类终端设备上流畅访问，平台采用了信息模型的轻量化处理技术。这一技术在保留模型精细度和外观材质的同时，也保证了模型的顺畅展示。

(2)可视化精细管理技术。

平台将模型进行深入拆分，并整合多样化的设计、施工及运维数据，从而实现了可视化的展示、精细化的控制以及协同化的管理。

(3)多系统数据集成技术。

通过提供标准化的数据接口，平台支持对多个系统数据的集成，进而在统一的平台上实现协同工作。这一技术有效解决了城市轨道交通全过程中数据量大、参与方众多、信息系统繁杂的问题。

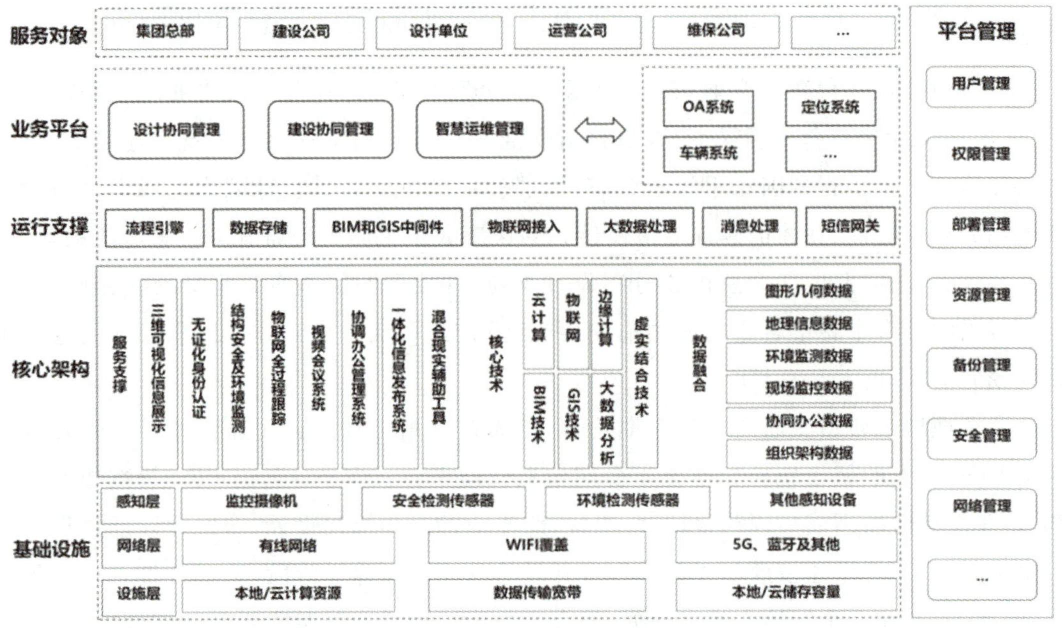

图 12－35　平台架构图

(4)物联网技术。

利用物联网技术的独特优势,能够将各种设施设备运行的相关信息集中到本平台,从而实现了车站的可视化动态管理,以及城市轨道交通信息从获取、传输到分析、综合应用的完整流程。

(5)大数据分析技术。

借助大数据分析技术,能够准确解读和综合分析轨道交通工程全过程中的多源异构数据,并挖掘出潜在的、事先未知的有价值信息,使管理更加精细化。

(6)移动应用技术。

通过移动应用技术,实现了数据的采集、共享和流转,优化了工作流程及任务管理,使协同与沟通更加高效。

(7)室内定位技术。

通过采用室内定位技术对人员进行精准定位,实现了轨迹查询、巡检打卡、重点区域出入监控以及排班布岗等功能,从而显著提升了人员的管理水平。

2.技术指标

基于 BIM 技术的城市轨道交通全生命期信息管理平台在 CPU 使用率、内存使用率、系统响应时间、应用报表响应时间、模型加载时间等方面具备较好的性能参数。

(1)CPU 使用率性能指标:在使用负荷最大时,服务器的 CPU 最大使用率应小于 70%,内存最大使用率应小于 70%。

(2)内存使用率指标:为确保系统各项应用功能正常,服务器内存使用率应小于80%,数据库内存使用率应小于90%,数据库活跃连接数应小于90个。

(3)系统响应时间指标:系统响应时间小于5s才能够满足用户的心理需求。无论是客户端还是管理端,当用户进行登录操作时,系统均会及时进行响应,且系统可自行检测出各种非正常情况,并及时提示用户。

(4)应用报表响应时间指标:每个图表的显示耗时最多不超过15s。

(5)模型加载响应时间指标:

①BIM模型承载力大于10GB。

②构件数多于100万个。

③模型加载时间少于5秒,大体量模型加载时间少于10秒。

3.技术创新

(1)跨平台的轻量化三维图形界面。

平台通过对信息模型进行轻量化处理,使得各业务板块能够调用BIM模型数据,从而实现对三维模型的可视化浏览、业务数据的结构化展示及存储。同时,平台还具备跨平台的功能,用户可以通过任意的终端进行浏览器访问和模型查看。

(2)可自定义的业务流程及标准化表单。

平台提供可自定义的流程,从而灵活快速地搭建操作、审核、管理等流程,并提供标准化表单,以实现数据自动管理、统计报表自动生成等功能。

(3)丰富的系统数据接口。

平台提供丰富的数据接口及统一的开发协议,它能结合各阶段不同等级的BIM模型数据和属性信息,对既有的、异构的、分布的多个数据库系统进行统一集成,满足信息化自主可持续发展的要求。

(4)物联网数据自动化集成及可视化。

通过对物联网数据进行获取、整理以及对其内在联系进行综合处理和优化,将其与BIM模型数据相融合,从而使平台实现不同应用场景的可视化表达。

(5)高效的项目数字化解决方案能力。

平台基于BIM模型数据,紧密结合城市轨道交通全过程管理需求,旨在全面提升数字化交付能力,是一套面向城市轨道交通全生命周期信息化管理的解决方案。

4.同类比较

(1)适用范围不同。

国内的同类产品主要适用于普通的民用项目建设,因而不能完全满足城市轨道交通工程的需求。而本平台则专为城市轨道交通项目设计,更加匹配城市轨道交通的工程特点。

(2)面向的用户群体不同。

在设计阶段,本平台能实现跨地域、跨单位、跨专业的BIM设计协同。在建设阶段,国内同类产品主要服务于施工单位的现场管理,而本平台则主要服务于项目建设方,更注重管理者对项目的整体把控。在运维阶段,国内很少有能够满足城轨运营单位需求、结合BIM数据的车站运维管理平台,本平台则满足了这些功能。

(3)BIM与城市轨道交通业务需求的结合。

经过在实际项目中的长期应用,本平台已经将BIM技术与城市轨道交通企业的管理模式、业务流程进行了深度融合,形成了一套完善的项目应用及管理模式。

5.应用情况

基于BIM技术的城市轨道交通全生命周期信息管理平台自2016年1月以来,在上海在建地铁项目中得到了全面推广,这些项目包括17、14、18号线以及13号线西延线等。同时,该平台也被推广至全国各地的城市地铁项目,如苏州S1、6、7、8号线,南通1号线,福州6号线,重庆15号线、27号线璧铜线等。

6.应用成效

本项目成果为城市轨道交通工程全生命周期管理的全过程提供了实际生产和管理工具,解决了轨交数字化转型的诸多技术问题,提高了人均效能,实现了提质增效的目的。

(1)设计阶段。

设计协同管理平台于2020年初在苏州轨道交通集团上线运行,该平台汇聚了来自9座城市、约34家设计单位、约978位设计人员参与协同设计,并取得以下突破:一是实现了广域网环境下跨阶段、跨单位、跨专业的设计协同一体化;二是打通了设计全过程管理,实现了BIM协同设计与工程项目管理一体化;三是打通了从设计到施工再到运营的全过程数据协同传递,实现了全生命周期的BIM数据一体化;四是实现了协同建模权限管理,对平台权限管理功能进行了完善与研发;五是整合了BIM设计施工管理流程,完成了无纸化管理流程再造,实现了数据可追溯,形成了数字化档案。

(2)建设阶段。

建设协同管理平台为项目各参建方提供了基于BIM技术的在线协同工作环境,实现了在管理过程中对进度、成本、质量、安全的精细化、可视化管控。其主要特色包括以下几点。

①充分利用BIM模型数字资产,开展三维可视化、数字化的建设管理,支持在线审查,优化施工管线布置及施工方案,实现了施工前"所见即所得"的目标。

②利用三维场景,辅助直观展示工程进度,支持在模型中对工程量进行统计复核。

③在线对设施、设备、产品模型进行了收集、审核、归档,并将相关数据自动同步至运维管理平台,能够为运维管理提供数字资产服务。

④提供轻量化竣工模型的管理功能，以辅助竣工验收及移交运营。

⑤为工程建设参建各方提供了协同工作工具，有效地提高了项目管理水平。

(3)运维阶段。

智慧运维管理平台为BIM技术在轨道交通车站运维管理中的应用提供了明确的解决方案。通过在上海地铁18号线的全线推广应用，取得了以下应用成效。

①建设了基于“BIM＋IOT”的轨道交通数字孪生底座。该平台将轨道交通车站的各类静态、动态数据进行集成、共享和三维可视化展示，初步形成了覆盖地铁车站各专业系统、设施设备的数字孪生底座。

②形成了数据驱动的标准化运维管理模式。在数字底座基础上，平台搭载了设备管理、客运管理、人员管理、数据分析等核心应用，实现了轨道交通车站运维的办公电子化、管理精细化、数据一体化和分析智慧化，进而对管理模式有所创新。

③实现了基于统一数据标准的全业务链数据深度融合。平台制定了设备供应商数据交付技术指导要求，实现了制造业数据与BIM数据的深度融合；同时与综合监控系统、视频监控系统、定位系统等多个外部系统进行了数据对接，提供了项目适用的标准数据接口，实现了全业务链数据深度融合。

④促进了数字资产与实物资产的同步移交。在上海地铁18号线同步推进了实物资产移交和数字资产移交，且两个移交流程已实现初步整合，从资产管理层面保证了数字孪生中虚实数据的统一性。

综上所述，基于BIM技术的城市轨道交通全生命周期信息管理平台，从顶层设计进行了整体的战略定位及统筹规划，促进了轨道交通BIM模型数据在项目全生命周期各阶段的有效传递，以及项目各参与方间的有效共享，为轨道交通工程的规划设计、施工、运维提供了可靠的数据支撑。该平台取得了较为显著的应用成效，为城市轨道交通数字化转型探索出了一条可行的技术路线。

九、特大型城市道路工程全生命周期协同管理平台

上海城投公路投资(集团)有限公司是上海城投(集团)有限公司的全资子公司，致力于成为“卓越的交通基础设施投资建设集团”。该公司承担了上海全市一半以上的市政、公路和水利基础设施建设项目。自“十五”计划以来，先后建成了中环线(浦段)上中路越江隧道、外滩通道综合改造工程、S6沪翔高速公路、S26沪常高速公路、西藏南路越江隧道和辰塔公路跨黄浦江大桥等一系列标志性、枢纽型、网络化的重大工程。同时，它还承担了上海市11条全长494公里的高速公路、东海大桥、外环隧道、复兴东路隧道，以及郊环隧道的运营保障任务，运管的高速公路里程约占全上海收费高速公路总里程的72%。

特大型城市道路工程全生命周期协同管理平台，围绕规划期、设计期、施工期、运维期的核心管理目标，将工程全生命周期的过程信息有效融合，从而打破了不同阶段、不同专

业、不同角色之间的信息沟通壁垒。这使得管理人员能够通过一个快速、直观、便捷的信息入口，进行工程全生命周期的协同管理和智慧决策。此举有利于提高施工组织的协调性，减少返工和误工，降低环境影响，实现了对项目建设的进度、成本、质量安全的动态控制，显著提升了市政工程建设的效率和效益。图 12－36 为特大型城市道路工程全生命周期协同管理平台。

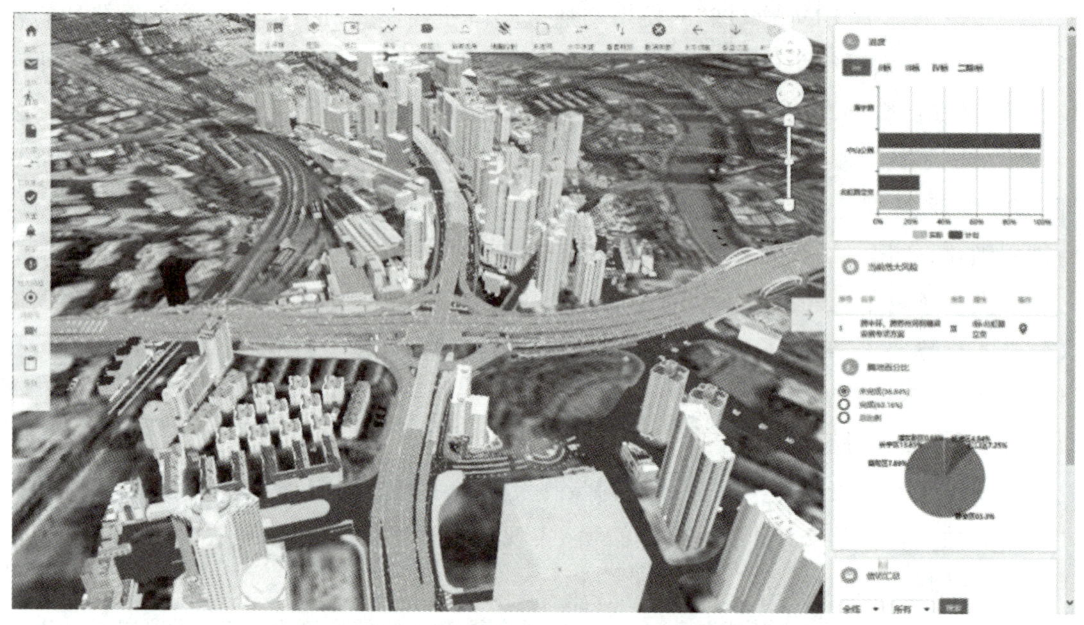

图 12－36　特大型城市道路工程全生命周期协同管理平台

1. 技术要点

特大型城市道路工程全生命周期协同管理平台，通过运用 GIS 和 BIM 技术构建的三维空间模型为载体，实现了工程全生命周期信息的融合。借助信息传递和交换中心，该平台消除了工程中不同阶段、专业和角色间的沟通障碍，确保了信息的准确传递。以此为基础，平台建立了工程协同管理机制，助力管理人员通过便捷的信息入口，实现全生命周期的协同管理和智慧决策，进而革新了市政行业的传统管理模式，并提升了工程质量。图 12－37为特大型城市道路工程全生命周期协同管理平台的架构。

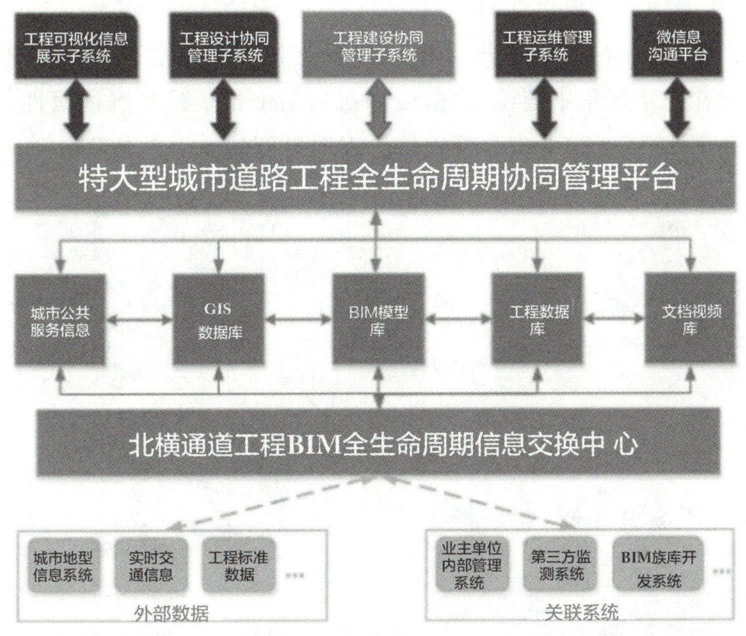

图 12－37 平台架构

2. 产品特点

(1)工程模型与周围环境轻量化集成浏览。

平台整合了工程模型和全线周围环境，支持 Web 浏览和漫游。用户可通过简单的旋转、平移操作查看整个模型，并利用模型树快速点选和隐藏构件。此外，还可利用剖面框、开洞等控件多角度查看模型。图 12－38 为模型展示与图层快速开关。

图 12－38 模型展示与图层快速开关

(2)建设信息的快速可视化查询。

平台统一汇总多方数据源,用户可根据权限查询工程的相关设计和施工关键信息。既可通过关键字在三维场景中定位设备,也可在场景中指定设备查询属性,便于各方迅速了解工程概况。图12-39为对市政管线信息查询界面的展示。

图12-39　市政管线信息查询

(3)设计资料的标准化。

平台内置了标准化的设计图纸、模型和工程变更流程,可对设计方上传的文件进行在线审查和结构化归档,形成数字资料。施工方可根据权限下载相应的设计资料,确保过程全记录,保障资料的完整性和合规性。平台的成果管理情况见图12-40。

(4)工程进度动态跟踪。

进度分析利用WBS编辑器,完成施工段划分、WBS和进度计划创建,建立WBS与Microsoft Project的双向链接。通过BIM模型对施工进度进行查询、调整和控制,使计划进度和实际进度既可以用甘特图表示,也能够以动态的3D图形展现出来,实现施工进度的4D动态管理。同时,平台可提供任意WBS节点或施工段及构件工程信息的实时查询、计划与实际进度的追踪和分析等功能。图12-41为工程4D进度展示情况。

(5)安全质量问题及时跟进。

系统将安全质量报告与BIM信息模型相关联,可以实时查询任意WBS节点或施工段及构件的施工安全质量情况,并可自动生成工程安全质量统计分析报表,使相关人员能够对工程安全质量问题进行及时查看和回复处理。图12-42为系统的安全质量管理界面。

图 12－40　成果管理

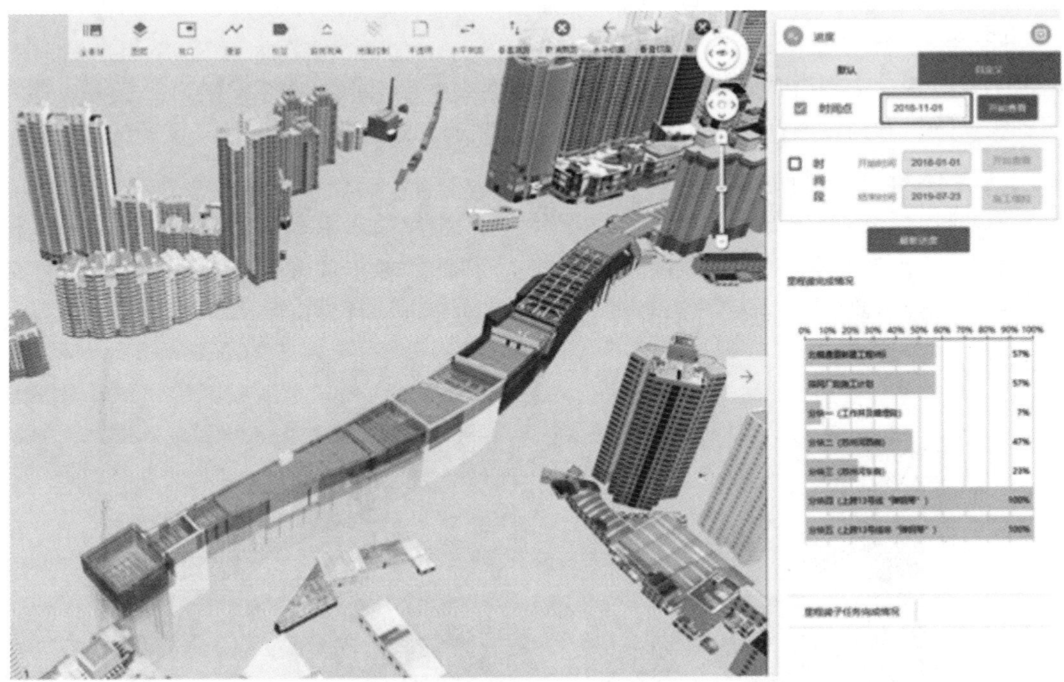

图 12－41　工程 4D 进度展示

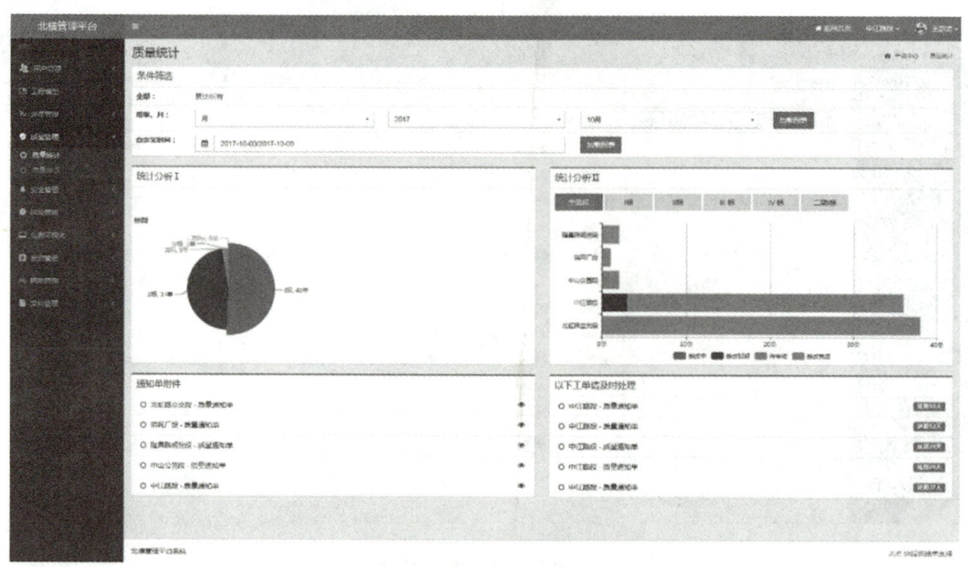

图 12－42　安全质量管理界面

(6)基于 BIM 的进度投资管理。

平台主要基于 BIM 模型自动生成工程量表，并可自动根据进度情况生成周、月、季度的工程量统计和指定时间段的工程量，并可以根据施工进度预测下一计算区间的工程量。

(7)危大风险全面管控。

系统针对不同风险源位置以及风险等级，标注相应的风险或安全标志。系统接入监测数据，与风险源关联，实现了风险预警报警。同时，实现了危大风险专项技术方案在线流转审批，能够根据工程进度自动激活风险，每日两次推送日报给相关人员。图 12－43 展示了盾构穿越风险。

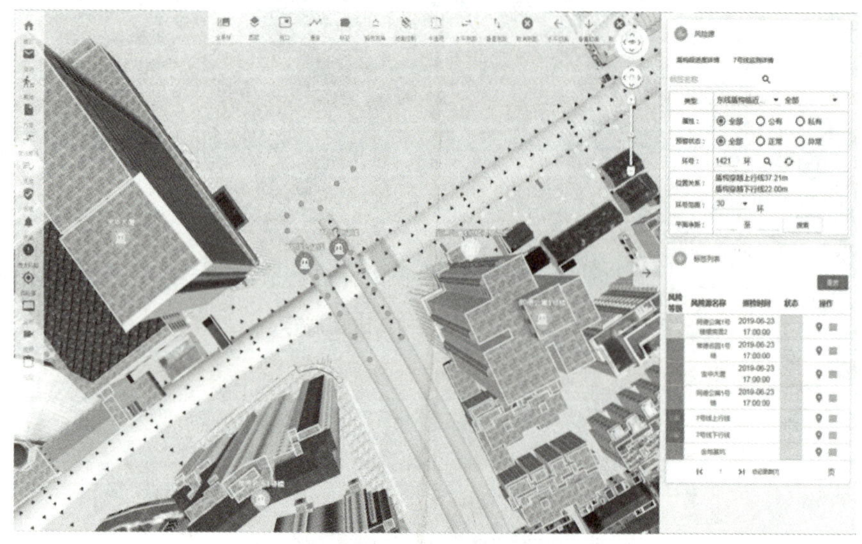

图 12－43　盾构穿越风险

(8)监测可视化及预警报警。

以 BIM 模型为基础，将施工方、监理方以及第三方监测数据与 4D 信息模型相关联，可以反映工程当前的安全状况(危险区域和预警区域)、实时查询任意施工段及周边环境的安全情况，并可进行预警信息自动推送。图 12－44 为系统的监测可视化管理界面。

图 12－44 监测可视化管理界面

(9)现场施工面远程掌控。

平台通过与施工现场监控摄像头的数据对接，能够获取即时的监控图像，相关人员也能够控制摄像头的方向，实现通过平台对施工现场具体情况的观察。

(10)第一时间处理信访问题。

将通过 12345、投诉信箱等投诉渠道获得的针对工程各工地产生的投诉工单，根据来源、时间、工段、地区、类型的不同对投诉进行分类统计并关联模型，形成分析图表，将具体问题推送给相关施工单位进行核实与反馈，并能根据时间维度导出信访工单的统计信息，帮助指挥部对实际存在的问题进行监管与督促整改。平台的信访管理系统展示见图 12－45。

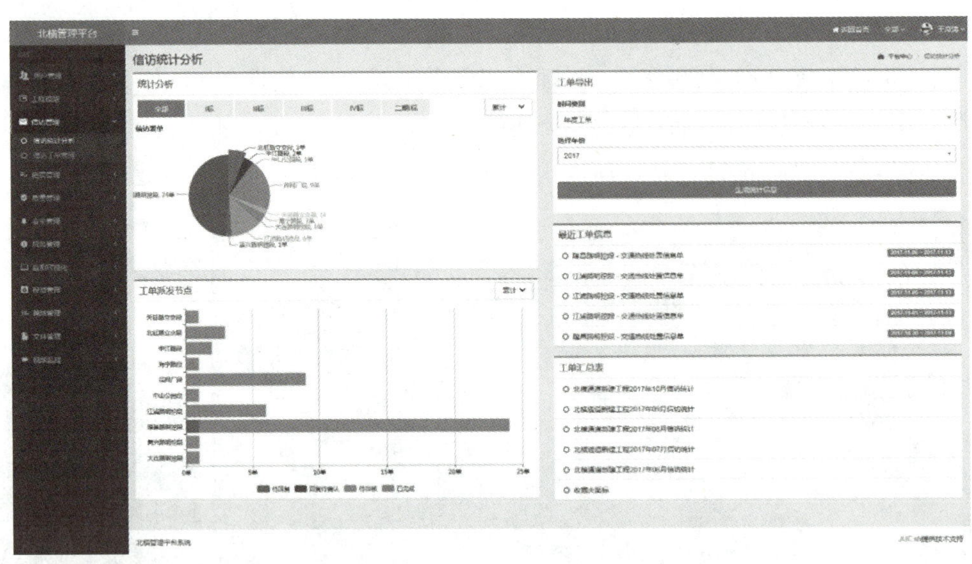

图 12－45　信访管理

(11)微信息沟通平台。

用户可通过移动端轻量化访问平台,并且可以通过手机、平板等各种移动设备随时随地记录与推送包括文字、声音、图片、视频等各类信息,实现实时沟通和信息共享。图 12－46 为移动端模型展示界面。

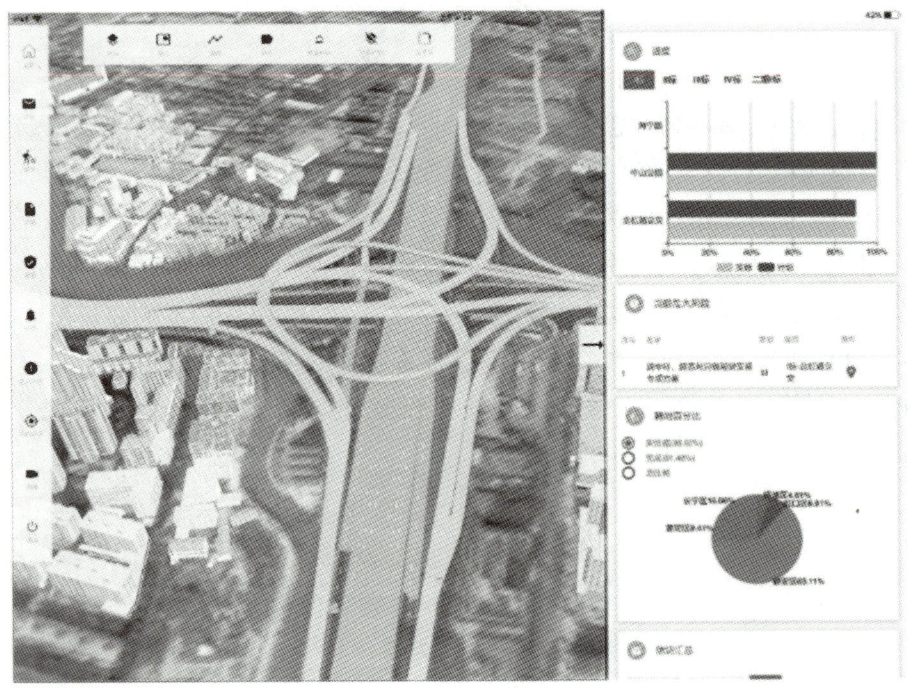

图 12－46　移动端模型展示界面

3. 技术创新

(1)针对特大型城市道路工程,进行了大体量的模型数据的自动分层分块、数据自动优化以及动态加载技术的研究。这些研究成果不仅为大体量模型的轻量化在线高速展现提供了有效的解决路径,而且为城市级工程信息管理带来了更多实现的可能性。

(2)从空间一体化和信息时间性的角度出发,平台深入研究了施工信息、地理信息和模型信息的时空映射转换及其表达方法。进而,形成了以漫游与动态交互为目标的 BIM 模型与 3D GIS 模型之间的创新性整合方法,同时,也探索出特大型城市道路工程各类信息存储集成的技术路径。

(3)公司提出并建立了专门针对特大型城市道路工程的、基于 BIM 的全生命周期协同管理平台。该平台能够集成工程建设信息及运维管理所需的基础信息,形成一套完整的、可交付的建设全过程数字资产。各参建方可以基于这一统一平台,实现信息的追溯、共享和交互,为全生命周期的运维提供坚实的数据基础。本项目以数据标准为基础,模型为载体,并通过平台作为信息汇集的手段,为城市道路工程建设带来了管理上的创新。

4. 应用场景

通过信息化、数字化的先进手段,特大型城市道路工程全生命周期协同管理平台对大型市政道路工程的建设全过程进行了精细化管理。这一平台主要服务于政府主管部门、建设单位、施工单位以及设计单位等。

5. 应用价值

(1)提升建设工程的管理质量。

通过预计工期与实际工期的可视化对比,平台能够生动形象地展示工程建设过程,以确保施工关键节点的可控性。同时,对施工质量和安全问题的处理全过程进行监控,将通知单处理转为线上操作流程,从而提升流转效率,减少隐患,并确保质量安全整改的落实。

(2)提高各方之间的沟通效率。

市政道路工程涉及众多参与方,信息交互量大,外部接口也多,这对项目组织管理和沟通效率提出了极高要求。平台通过数据集成和可视化展示,结合移动端应用,打通了各阶段、各专业和各参与方之间的信息传递渠道,保障了信息共享的精确性。

(3)促进各方的数字化转型。

按照政府对于城市精细化管理的要求,并围绕北横通道的建设目标,我们通过应用 BIM 技术和信息化平台,提升了各参建方的信息化和数字化管理水平,实现了智慧建造的目标。

6. 应用效益

特大型城市道路工程全生命周期协同管理平台为北横通道工程提供了三维可视化信息模型、动态建设管理以及全生命周期的信息管理功能。在工程建设阶段,它提高了工程效率、减少了失误、节省了资源,使所有利益相关方都能从中获益。更为重要的是,该平台能够合理降低和有效控制工程建设的整体投资，并为运维阶段提供了一套完整的数字资产。这便于在运维管理过程中快速查询和筛选各个构件的信息，从而在中长期运维期间产生巨大的经济效益。

本平台的使用将进一步推动 BIM 技术在市政工程建设中的应用与发展，并对未来城市市政基础设施建设水平的提高产生积极的推动作用。同时，基于 BIM 技术的工程建设全生命周期管理，将为政府主管部门提供管理上的便利，并为智慧城市的建设提供基础数据支持。

十、基于 BIM－GIS 的城市轨道交通工程产业互联网平台

北京市轨道交通建设管理有限公司成立于 2003 年 11 月，是北京市负责组织城市轨道交通建设的专业管理公司。其职责包括轨道交通新建线路的初步设计、施工设计，以及施工队伍、车辆设备的招标、评标和决标。同时，负责组织轨道交通新建线路的土建结构、建筑装修、设备安装工程及相应市政配套工程的实施，还有系统调试、开通、验收直至交付试运营全过程的建设管理。

北京市轨道交通设计研究院有限公司成立于 2012 年 11 月，是为满足城市轨道交通快速发展需求，实现网络化资源共享，提高网络运行效率而组建的研究型设计院。其业务范围涵盖轨道交通设计、网络总体设计咨询、BIM 信息技术研发、人防工程总承包和系统集成研发五大业务板块，致力于以高标准的专业资质，引领高质量的技术创新。

基于 BIM－GIS 的城市轨道交通工程互联网平台（图 12－47），能够对各类线路 BIM 模型（包括建筑物、地质、市政管线、轨道交通等）及业务数据进行轻量化处理和组织，实现在 GIS 环境下的模型数据统一集成和动态调度组织。这一平台服务于轨道交通规划设计、前期工程、进度控制、风险管控、安全质量、联调联试、数字资产移交、设备资产智能运维等全周期管理，推动建设管理从“二维平面化”向“三维立体化”的转变，进而提升智慧建造水平及管理能力。

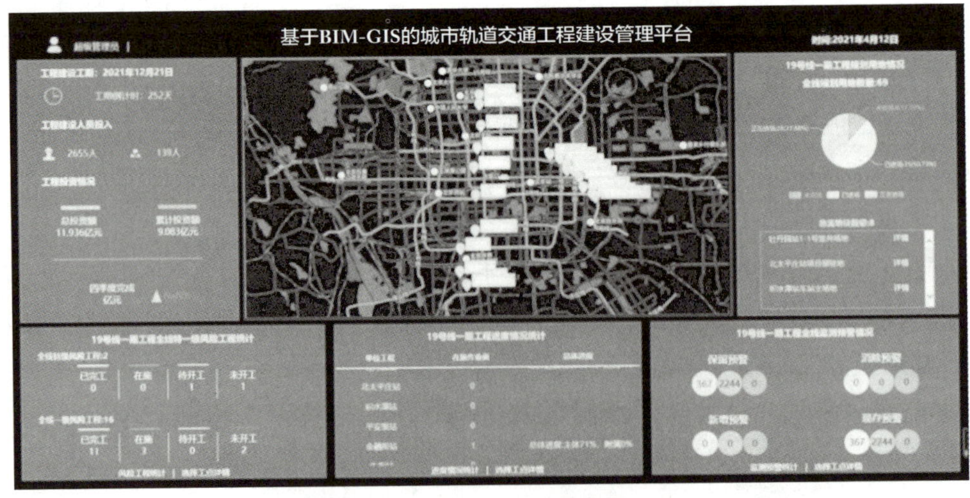

图 12－47　基于 BIM－GIS 的城市轨道交通工程建设管理平台

1. 技术要点

基于 BIM - GIS 的城市轨道交通工程产业互联网平台的核心是“以数据信息管理为核心、以优化管理理念为根本、以信息化开发为依托、以全生命周期应用为目标”的总体工作目标。在项目实施过程中，平台以建设三维数字轨道交通数据库为主线，采用数据采集、管理、服务、应用成体系性分离的构架思想（图 12 - 48），以确保数据采集的标准化、数据入库及管理的规范化、服务的智能化、应用的实效化。

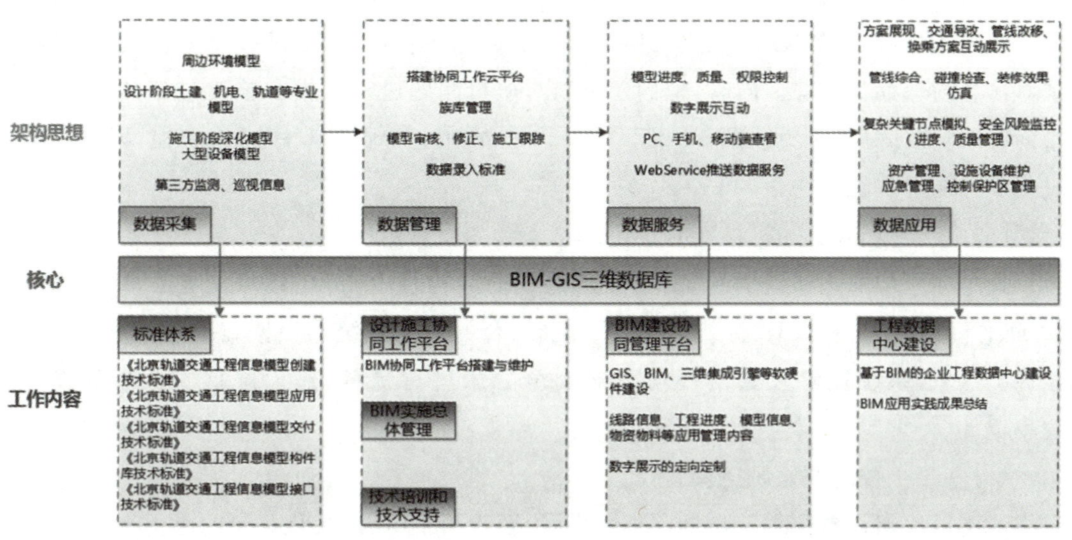

图 12 - 48 技术架构

以全过程的管理平台应用为依托，来保证数据的传递和共享能够符合工程建设应用要求。同时，通过建立创新型工作体系，保障全生命周期各阶段、各参建单位的 BIM 协同、共享和数据传递。

2. 关键技术

(1)轨道交通工程进度智能采集与分析。

由于现场情况复杂多变，地铁施工进度计划一般每个月都会进行重新布置。本平台实现了进度计划管理，能对线性构件进行合理的粒度划分，从而满足日工作计划的可视化与管控需求。

(2)轨道交通工程风险数据实时采集与风险识别。

平台能够结合 BIM 技术的三维可视化特点以及 GIS 技术的大场景真实再现，进行优化工程信息、监测点位置、监测信息等数据的显示，这可以在系统上分层次、动态地展示安全风险监测信息。通过设定风险源影响的空间范围，并结合工程的进度、工况等动态信息，平台能对重点关注的问题及范围进行突出显示，并进行实时提醒。

(3)轨道交通工程隐患排查过程实时采集。

平台建立了完善的隐患排查制度,并全面总结归纳隐患清单。通过充分发挥全员参与现场管理的作用,并依靠安全巡查管理制度和隐患清单,由巡查人员和项目部管理人员进行现场巡查。工作人员会对现场安全隐患问题进行拍照、描述、上传,然后将整改、返工等信息发送给对应的管理人员。系统会自动提醒其整改期限,整改完毕后,相关人员会拍照、描述、上传,并提醒问题发起人审核,最终实现现场安全、质量隐患问题的闭环管理。

(4)轨道交通工程质量控制采集与管理。

施工人员可以将施工过程中的质量信息上传至平台,并与三维模型进行关联,从而实现对信息的保存与追踪。同时,他们还可以对质量问题进行上报和整改监控,以此实现质量问题的整改闭环,避免缺漏等。此外,平台还能对主要质量步序进行卡控,以监督施工过程中可能出现的问题。

(5)施工现场人员与机械实时定位。

通过在基坑周边布设信号基站,在已建成的结构物上布设 Beacon 节点,以及为施工人员、作业机械佩戴 RFID 标签,形成了一个闭合的网络系统。根据虚拟场景中定义的安全风险区域,系统能够在真实环境下对安全隐患进行预警,进而降低安全事故发生的概率。

(6)基于全智能的通风空调管控。

通过对底层设备数据接口的深度开发,以及上层 BIM 可视化场景的应用交互,平台突破了软硬件层面的若干关键技术。这使得系统能够从“只监不控”转变为“既监又控”,并形成完全自主化的软件产品。该产品能实现多场景高效运行和一键开关机,同时融合了设备监控、通风空调系统风水联动控制、故障报警、节能分析、环境监控等功能,从而能够进行数据积累和统计分析,为智能运维提供数据基础。

3. 产品特点

(1)目前,现有的 BIM 工程项目管理平台存在以下问题。

一是目前现有的平台主要适用于工业和民用建筑领域,而在城市轨道交通领域缺乏相应的设计、施工管理经验。

二是轻量化处理的效率不佳,这导致其性能在普通的电脑上无法有效运行,使得推广程度低。

三是这些平台未解决建设全过程中数据标准不统一的问题,存在各环节数据标准不一致、模型粒度不统一和各模块之间存在数据孤岛等问题。

四是平台未能有效解决行业内普遍关注的数字资产移交问题。

(2)本平台与目前现有的其他平台相比有以下优势。

一是本平台是国内开发的、适用于城市轨道交通施工管理应用的 BIM - GIS 数据库平台。

二是平台形成了一套基于 BIM 模型、以分项工程标准化管理为目标的处理进度、质量及安全管理问题的方法。

三是本平台将物联网技术、移动互联网技术、大数据技术应用于城市轨道交通现场质量采集、分析、追溯。

四是利用图像识别、增强现实、激光扫描等多种技术来辅助 BIM 模型和施工现状的比对,以此辅助质量验收。

五是将进度的智能采集与风险源的动态管理相结合,实现风险工程的动态提示与管理,从而补充既有安全风险管理体系。

六是本平台兼容性与数据承载能力强,支持 rvt、dgn、dwg、3ds 等多种格式的数据。

七是采用了模型无损轻量化技术,因而具有很强的数据承载能力。

八是平台支持设备资产的编码内置,实现了基于 BIM 的正向数字资产移交与智能运营。

4. 应用场景

基于 BIM - GIS 的城市轨道交通工程产业互联网平台可应用于建筑工程建设全过程的各环节。目前,它主要应用于城市轨道交通工程、枢纽工程、民航运输工程等不同类型的工程项目建设管理之中,同时,受地域、规模、环境等因素的影响较小。

5. 应用成效

通过对城市轨道交通 BIM - GIS 平台的应用,能够以三维可视化的方式集成全专业多源异构数据,进而实现城市轨道交通设计、施工全过程数据的自动采集、多方共享、无损传递和智能分析。这提升了城市轨道交通系统复杂的数据信息的智能化应用水平。此外,通过结合 BIM 设计技术研究成果,平台全面突破了城市轨道交通大数据建设和应用的成套关键技术,从而推进了自主化的数字城市轨道交通建设,为实现我国城市轨道交通建设的信息化和智慧化奠定了坚实基础。

(1)在规划设计阶段。

平台内嵌了针对勘察、初步设计、施工和设备模型的审核流程,这提供了模型快速传递和审查意见线上留痕的途径。此举减少了线下纸质审核记录单的使用以及模型传递时间,使得参建单位 BIM 模型工作效率提高了 50%以上。

(2)在施工管理阶段。

平台能在 Web 端、手机端上实现可视化浏览,从而快速掌握施工过程中隐蔽工程(地质、市政管线、工程自身)的空间位置关系,有效减少施工现场的管线开挖事故。同时,平台还具备了进度数据、安全风险数据和隐患排查数据的集成能力,能实时获取相关监测、预报警、巡视、视频监控等数据,以便在三维场景下进行项目管控。

(3)在施工深化阶段。

平台利用BIM技术优化管线布置,让设计和施工单位联合解决复杂节点管线排布,从而及时发现遗漏系统管线和孔洞预留的问题,并优化风道隔墙、风阀墙、设备机房布置。通过以BIM模型优化设计、指导机电施工,解决了因安装空间不足导致的95%以上的现场问题(变更)及窝工情况,从而既节省了工期又减少了投资。

(4)在建设过程中。

平台积累了设施设备的分类编码、设计信息、厂家信息、施工安装信息等,并能智能输出资产清册,实现基于BIM的可视化数字移交。这种方式领先于行业内通车后组织施工单位现场集中梳理1~2年时间的现状模式,它避免了对隐蔽工程无法及时核验的情况,提高了资产盘点、现场核验等管控能力,为运营阶段开展数字化资产管理、维保管理和智慧车站应用提供了数据基础。

(5)数据资源积累。

本平台集中存储轨道交通设备实时模型,并向设计单位、施工单位、设备供应商等单位开放使用。这为全线网提供了统一的构件库资源,从而满足了施工深化模型和数字化交付的需要。通过形成一套完整的资源库平台管理体制,平台确保了资源库的不断更新及充分共享,进而提升BIM技术应用的效率及质量。

十一、筑慧云建筑全生命周期管理平台

江西恒实建设管理股份有限公司成立于1999年,是一家专业从事工程建设综合咨询服务的创新型企业。公司于2016年在新三板上市,并在同年获批成为国家高新技术企业。公司于2018年获得南昌市政府批准,建立了院士工作站。其主要业务范围包括规划、设计、招标代理、造价咨询、项目管理、工程监理、BIM设计咨询,以及绿色建筑设计咨询等。

筑慧云是由江西恒实建设管理股份有限公司研发的,是一个涵盖建筑工程全生命周期的大数据管理平台。该平台将"互联网+"的理念和技术引入建筑工地,从项目源头开始管理,结合物联网、BIM、AI、大数据等技术,提供智慧全过程工程咨询服务综合解决方案。这实现了企业、项目部与各参建方的信息共享以及管理决策的协同,构建了"端+云+大数据"的全新的数字化管理模式。

1.技术要点

筑慧云平台涵盖四大板块和六类产品,为建筑工程全生命周期提供"1+2+N"的智慧全过程服务解决方案。此方案以物联网、互联网为基础,创建了云端大数据管理平台,进而形成"端+云+大数据"的业务体系和管理新模式。

（1）一个数据仓库。

该数据仓库以管理驾驶舱为驱动，旨在将数据转化为个性化的服务数据中台。它提供了报表展示、绩效查询、数据分析及数据挖掘等多项应用。

（2）两套核心平台。

中台管控系统已建立起集企业端、项目端、智慧工地与大数据于一体的综合信息化管控平台，而协同管理平台 CBIM（即基于 BIM 技术的多方协同管理平台）则实现了从一线操作到远程监管的数据链条的贯通。这使得项目建设过程中各业务环节能实现智能化、互联网化管理，参建单位能够实时共享信息，及时进行数据结构分析，从而实现互联网与建筑工地的跨界整合。

（3）N 个数字应用系统。

这些系统针对各业务主题而设计。其一，数字安全监管平台。该平台利用 IOT、AI 人工智能算法等技术进行违章行为识别，以预防安全风险。其二，复杂工程专家远程诊断系统。该系统可以在线解决复杂问题，并向社会开放专家技术。其三，基于 BIM 的智慧运维数字管理平台。该平台能直观地呈现建筑物的多系统空间定位，从而提升了人机交互效率及运行管理水平。

2. 产品特点

（1）该系统的架构采用 B/S 框架模型进行 Web 访问。前端利用 MVC4 实现前后端分离的模型构建，并使用 bootstrap 样式确保页面的自适应。在数据通信方面，采用了先进的 IBatisNet 框架，而后端则基于多层架构体系进行搭建。此架构灵活、简单易用，并具有高可靠性、强可扩展性及高可移植性的特点。

（2）平台在设计和实施过程中遵循了标准性和开放性原则，采用了模块化设计方式，确保随着业务种类的增多和用户数量的增长，系统也能够进行平滑升级。同时，平台还提供开放的协议接口，使“筑慧云”具备良好的互操作性和扩展性。

（3）平台结合了先进的精益建造项目管理理论方法，成功集成了人员、流程、数据、技术和业务系统。这使得平台能够管理建筑物从规划、设计到施工、运维的全生命周期，实现全过程、全要素、全参与方的数字化管理。

（4）建立以集团一体化管控为基础的中台管控系统和以项目管理为核心的 CBIM 管理平台。这一举措成功地将传统建筑信息的碎片化数据整合为全生命周期的建筑数据，从而实现了项目建设全过程的数字化管控。

（5）借助互联网和生物识别技术，平台综合应用了 BIM、IOT、AI、无人机和激光扫描等多种专业技术。这不仅实现了管理的智能化和可视化，还能自动采集数据，减轻现场人员的事务性工作负担，并显著提高了施工现场人员的工作效率。

（6）筑慧云基于 BIM 轻量化和互联网云技术，能够线上解决业主、设计、施工、监理和物业等在信息共享、多方协同管理方面的难题。同时，它还实现了跨阶段的交互式数据赋能应用，进一步提升了管理效率和协同能力。

3. 应用场景

筑慧云特别适合综合咨询服务类企业的使用，在搭建企业级工程项目信息管理平台方面表现出色。它能够实现项目群管理，并覆盖从建筑规划、设计到施工、运维的全生命周期全过程项目管理。目前，该平台已在大型公共建筑、学校、医院、厂房等各类型项目中得到广泛应用。通过产品的不断迭代，筑慧云有望进一步集智慧全过程咨询、远程管控、风险预警、一站式评价、智慧建筑、智慧监管等多项功能于一体。这将为建筑咨询、施工企业提供全面的信息化解决方案，为智能建造提供高效的工作协同平台，为行业主管部门提供数字安全监管平台，并为业主提供全生命周期的建筑数字信息数字运维服务平台。

4. 应用成效

(1)解决实际问题。

①为建筑咨询、施工管理企业提供了信息化管理解决方案。筑慧云借助子系统中台管控系统，可有效打造总公司—分公司—项目部三级管控体系，为独立运营分公司构建服务支撑及信息共享，进而实现企业、员工办公自动化，并打造企业知识共享中心。通过软件程序将标准化管理固化，从而提高工作效率，降低企业运营成本。

②利用筑慧云的子系统中台管控系统，搭建了企业级的工程项目信息管理平台，解决了多个项目群的动态管理。此平台强化了工程项目部的管控，确保了人员调配、车辆管理、财务管理、仓库管理、考勤、考核、物资领用、人员培训等功能从企业层面穿透到项目中去，实现了数据的无缝对接。

③通过筑慧云知识库的不断积累以及未来的机器学习，构建了大数据中心，以实现信息数据共享。此外，还建立了人员、材料、问题、规范、培训方案、设计方案、施工方案和运维方案等数据库，这些为项目整体策划提供了强大的数据支撑。

④通过专家诊断系统，实现了复杂问题的线上解决，使得总部技术能够向项目端延伸，进而实现了技术资源共享。

⑤自主研发了图形轻量化引擎，筑慧云 CBIM 管理系统解决了传统 BIM 数据生成及共享交互过程中软件“卡顿”的问题，确保建筑数据在云端的互联互通和全面应用，从而解决了施工管理中数据实时共享、协同管理的难题。

(2)应用效果。

2018 年恒实股份通过筑慧云大数据平台的应用，提升了人力资源管理、行政审批、用印管理、方案审批和资料归档等方面的效率，在财务成本核算、考勤、考核效率方面也有所提升，使月工资造表时间由 7 天缩短至 2 天。2018 年度公司节约了办公差旅费约 46 万元，同时其他费用也合计节约了百万元以上。

在玉湖岛项目管理方面，累计节约了300余万元。具体来说，通过减少变更、签证、返工等措施减少了直接费用约100万元，同时提出了各类图纸问题及优化建议共435条，其中确认修改的有383条，为公司节省了230余万元资金。此外，在进度方面，通过设计成果线上交付的方式，使图纸交付提前了20天，使精装修工程工期节约了约30天，并且设计变更、签证电子资料管理齐全，从而使造价审计时间缩短了15天。

(3)推广价值。

借助筑慧云的应用，打破了建筑产业链中条块分割、信息不通的壁垒，以及改变了各专业咨询碎片化、分段式管理的状况。该系统整合了传统建筑产业链上下游的数据资源，并融合了规划、设计、采购、施工、运维管理等要素。通过数字化设计、数字建造、数字运维、数字化管理，能够确保项目策划合理、设计方案最优、建设进度最快、成本最低、风险可控，并实现施工管理的智能化高水平，从而为施工总承包及全过程咨询企业的转型升级发挥了巨大作用。

十二、装配式建筑工程项目智慧管理平台

浙江省建材集团浙西建筑产业化有限公司，作为浙江省建设投资集团股份有限公司的子公司，成立于2018年6月27日，拥有注册资金5000万元。这是一家集研发、设计、生产、供应和安装于一体的新型建材企业。公司致力于成为全省建材龙头企业、全省建筑工业化领军企业，其主要业务方向包括特色专业培育、建筑产品生产、工程管理服务以及建筑科技创新等。该公司是国家高新技术企业，并已获得13项国家授权专利和6项软件著作权。

装配式建筑工程项目智慧管理平台是基于BIM和物联网技术研发的综合性预制构件生产工厂管理平台。此平台以工厂生产管理为中心，向上下游同时整合装配式建筑设计、材料、生产、施工等环节。通过具备可追溯性质量管控的生产管理系统，平台实现了构件加工过程的规范化管理，并能够将BIM数据直接导入构件生产设备，从而使生产进度和质量得到有效管控。目前，该平台已在浙江省建材集团的三个生产基地以及部分外协厂得到应用。

1.技术特点

(1)主要特点和指标。

该平台面向众多装配式建筑项目和多构件工厂，针对项目的整个生命周期和工厂的全面生产流程实施管理。作为装配式建筑项目和构件厂的可视化和精细化管理的基石，平台强化了构件厂与装配式建筑设计、招标采购模块、装配式施工现场以及政府监督部门之间的协同合作。其主要特色有以下几点：第一，系统结构技术领先，功能简洁、实用、高效、稳定，同时拥有高度的集成性和扩展性。第二，采用统一的平台、标准及软件，实现数

据共享。第三，拥有强大的综合分析能力，能进行实时监控和在线快速查询决策处理。第四，系统平台保持独立，确保信息传递的安全与保密，从而保障系统的安全性。

(2)创新点。

①多级权限管理。此功能支持多工厂管理，允许上级集团统一指派单个项目，与集团内其他预制构件工厂同时生产。这不仅实现了集团层面的生产管理，还加强了各平台应用企业间的协作，特别是在对工期有严格要求的项目中，显著提升了客户服务质量。

②设计、生产一体化。平台能够直接对接 BIM 模型，自动生成 BOM 清单，大幅减少了设计和生产环节中物料统计的重复工作。同时，劳务班组、施工员和质检员可在生产车间通过 PDA、PAD、App 查看每个构件的图纸和轻量化 BIM 模型，以辅助生产和质量管理工作，实现了无纸化办公。特别是在处理异形构件时，通过浏览 BIM 模型，产品合格率得到了显著提升。此外，平台还能为 MES 系统直接导出生产数据，从而实现钢筋的自动化加工和混凝土构件的自动浇筑，加强了数据的流通与共享，并提高了生产效率。

③物联网技术的应用。平台建立了装配式预制构件的编码体系，并在构件生产过程中集成了二维码、条形码、RFID 及各种传感器等物联网技术。产业工人只需在各个场景中使用 PDA 和 App，扫描每个构件自动生成的唯一二维码，即可对隐蔽检查、成品检查、入库、出库等关键工序进行追踪记录和管控，这实现了构件全生命周期的信息化管理和可追溯的质量管理。

④平台提供基于多层级的决策支持和分析预警。它贯通了公司、多工厂、多项目等多个层级，集成了业务数据、管控流程和决策分析等信息。不仅实现了多个不同层级间的高效协同和可视化管理，还提高了公司多层级的管理能力。通过该平台，上级集团决策者可以实时掌握各预制构件工厂的运行状况，动态分析新签合同额、产值等主要指标的完成情况；而工厂决策者则可以动态掌握各项目的履约和库存信息，从而有效提升决策分析水平，增强企业的核心竞争力。

⑤通过攻克设计、生产与施工环节的信息化管理，平台形成了高度集成、共享和协同的信息系统。这能够为智能工厂的生产管理提供有效的技术和平台支持，提高预制构件的产品加工精度，降低工人的操作误差，进而推动构件的精细化生产，使平台在施工中得到广泛应用。

⑥该平台还有助于推动一个高度灵活、数字化和协同化的建筑产品与服务的生产模式。通过 BIM 技术、MES、PCS(生产工控系统)与生产设备的深度融合，平台为建筑工业化中的重要环节——“加工工厂”的自动化、协同化、智能化生产提供了坚实的技术保障。同时，BIM 技术还打通了其他环节，加速促进了建筑行业全过程、全产业链的工业化、信息化和协同化的转型升级。

（3）适用范围及条件。

该平台以预制构件的全生命周期为主线，全面覆盖了从设计、生产到现场施工等各项功能。借助此平台，能在设计环节与 BIM 系统实现数据交互，提升数据的使用效率。在工厂生产环节，对预制构件的生产进度、质量和成本进行精确控制，确保构件能高质量、高效率地生产出来。在施工现场，可以实时获取和监控装配进度。值得一提的是，平台操作简单方便，产业工人只需在各个场景使用扫码枪扫描构件的唯一二维码，即可完成各项操作。

（4）市场应用总体情况。

目前，集团旗下的所有预制构件工厂和部分外协厂均已应用装配式建筑工程项目智慧管理平台。通过这一平台，参与项目的产业链上下游企业能够实现项目的整体管控和多方协同，从而打通了装配式企业内部管理的难点、外部协同的堵点和监督的痛点。

2. 解决的主要问题

第一，解决了管理难以复制的问题。借助平台的应用，预制构件工厂能够根据装配式建筑项目合同来组织生产，从深化设计、生产数据、生产计划、生产管理到成品交付，并针对每个环节、每道关键工序和流程都进行了规范化、标准化管理。

第二，解决了工厂各部门、岗位之间存在的信息孤岛问题。平台打通了装配式建筑项目的设计、生产、仓储、物流和施工等多个阶段，从而实现了从生产订单到深化设计、计划排产、物料采购、产品质量控制、发货计划和装车出库等多个环节的信息高效传递和应用。

第三，解决了工厂排产无序、产能发挥不足的问题。平台建立了经营、生产和发货环节的协同工作机制和数据体系，使得生产部门能够根据工厂产能、堆场库存和项目施工进度，对周生产计划、日生产计划进行排产优化。同时，平台能够直接从 BIM 模型中为 MES 系统导出生产数据，通过生产计划管理，动态地关联项目、构件产品、生产线、工位、班组和物料清单，进而有效提高了生产效率，充分激发工厂产能。

第四，解决了工厂堆场管理混乱的问题。通过对堆场进行合理的网格化规划，平台实现了构件入库和发货引导，从而显著提高了入库和发货效率，大幅度提升了堆场的管理水平。

3. 应用成效

（1）实现了设计与生产、生产与采供的协同管理。

借助 BIM 模型的导入，平台实现了设计与生产端数据的高效流通与应用，这不仅大幅减少了生产端的重复计算工作，还有效提升了工作效率。在导入 BIM 模型后，系统能自动生成 BOM 清单，进而生产部可按月编制排产计划。根据月度生产计划，系统又能自动汇总并生成物料需求计划，为物料采购提供明确指导。

(2)实现了生产全过程的数字化管理。

建立了装配式预制构件的编码体系，并将预制构件的编码与 BIM 模型及构件数据库进行了关联。在构件生产过程中，平台集成了二维码、条形码、RFID 及各种传感器等物联网应用。能够通过二维码或 RFID 电子标签对构件的全生产过程进行数字化管理，特别是对钢筋笼入模、隐蔽检查、混凝土浇筑、脱模、成品检查、入库和出库等关键环节进行跟踪与记录。从而实现了构件全生命周期的可追溯性管理。图 12－49 为全周期管理的情况示意图。

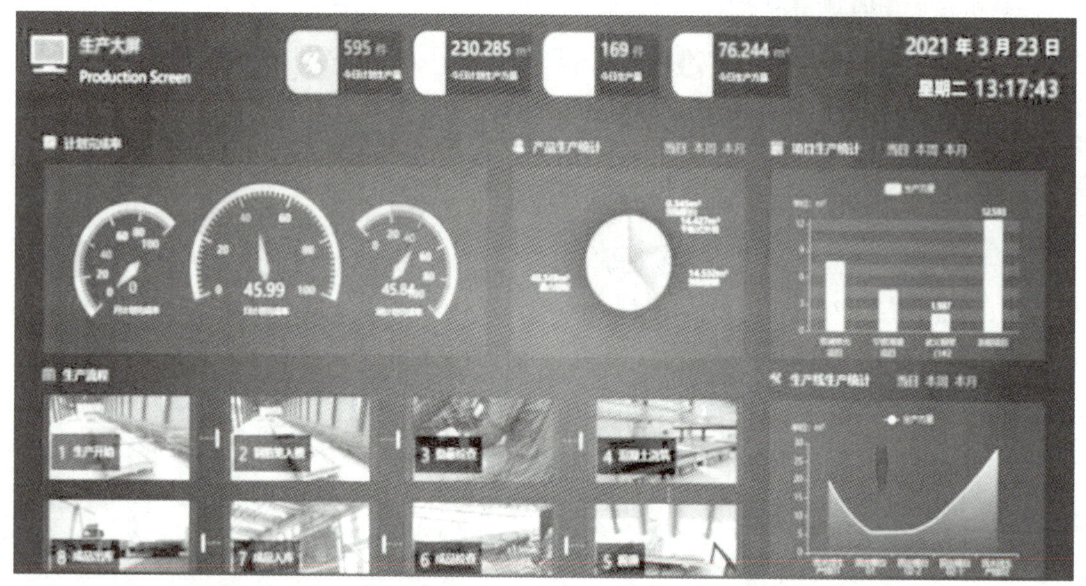

图 12－49　全周期管理示意图

(3)建立了精细化成本管理体系。

根据工厂、项目和构件等不同维度，平台建立了一套完整的成本分析体系，推动公司从粗放型管理向精细化管理转变，以及从传统经验型管理向科学化管理转变。在每月的成本分析会上，会重点对预制构件工厂的成本分析对比数据进行深入研讨，从而有效制定“降本增效”的策略。

(4)显著提升了经济效益。

通过平台建立的经营、生产和发货环节的协同工作机制，生产部门能够根据工厂产能、堆场库存、项目施工进度和配模情况，对周生产计划和日生产计划进行优化排产，这不仅有效提高了生产效率，还使日产能提升了约 10%。同时，也提高了库存周转率，使成品库存大约降低了 20%。根据排产计划，平台设置了安全库存，并能自动汇总材料月度需求计划，为材料采购提供指引，从而合理降低了原材料库存，使材料库存大约减少了 20%。此外，根据模具数据库，设计院能进行更具针对性的深化设计，这不仅提高了模具的周转次数，还使模具费用大约降低了15%。与此同时，平台还能自动统计生产和发货数据，通过合理的堆场规划引导发货人员快速找到构件，这不仅使预制构件工厂节约了生产统计员和发货人员等管理人员的开支，还使管理人员的数量大约减少了5%。经济效益示意图见图12-50。

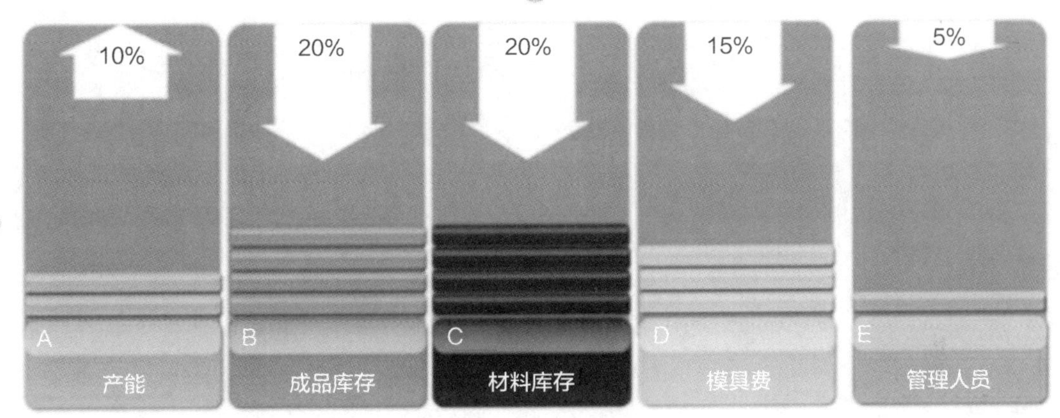

图12-50 经济效益示意图